LES TECHNIQUES DE LA VENTE

Éditions d'Organisation
Groupe Eyrolles
61, bd Saint-Germain
75240 Paris Cedex 05
www.editions-organisation.com
www.editions-eyrolles.com

La collection EFFICACITÉ COMMERCIALE dirigée par René Moulinier regroupe des ouvrages opérationnels, consacrés à la vente et aux équipes de vente. Ses auteurs sont d'abord des praticiens : l'expérience du terrain est en effet essentielle dans ce domaine clé de la pérennité et du développement des entreprises.

René Moulinier

Diplômé de l'Institut d'Études Politiques de Paris
Diplômé de l'ESCAE de Marseille
Directeur de Moulinier et Associés

LES TECHNIQUES
DE LA VENTE

Prix 2000 des Dirigeants Commerciaux de France
« Meilleur ouvrage économique consacré à la fonction
commerciale »

Septième édition

EYROLLES

Éditions d'Organisation

Ouvrages de René Moulinier

Aux Éditions d'Organisation

- *Les techniques de la vente (Prix DCF)*
- *Vendre aux grands comptes*
- *Les entretiens de vente*
- *Vendre pour la première fois*
- *Prospection commerciale, stratégie et tactiques*
- *Comportements de vente (avec Jean-L. Lehmann)*
- *Comment rater une vente (avec Sophie.-Charlotte Moulinier, illustré par Mick)*
- *Visites clients : préparez vos négociations*
- *Optimisez vos visites commerciales (les tournées des vendeurs)*
- *L'efficacité du commercial, les 14 clés de la réussite (Prix DCF)*
- *Manager les vendeurs*
- *Le livre du chef des ventes*
- *Le recrutement des commerciaux (avec Florian Mantione)*
- *Mener une réunion efficace*
- *Former pour la première fois*

Chez d'autres éditeurs

- *Guide du savoir-vivre des affaires* (Chiron éditeur)
- *L'essentiel de la vente* (Chiron éditeur)
- *L'évaluation du personnel* (Chiron éditeur)
- *Dictionnaire de la vente* (Vuibert)
- *Gestion du temps : manager son travail, manager sa vie* (Chiron éditeur)
- *Techniche e psicologia della vendita* (avec Carlo Rotondi) (Rizzoli – ETAS)
- *Guidare una forza di vendita* (avec Carlo Rotondi et Giancarlo Morganti) (Rizzoli – ETAS)
- *La Valutazione dei collaboratori* (avec Carlo Rotondi et Giancarlo Morganti) (Rizzoli – ETAS)

Cassettes audio

- *Mieux vendre I – Mieux vendre II*
  Disponibles chez Moulinier et Associés.
  E-mail : rene.moulinier@wanadoo.fr
  Tel. : 01 45 22 67 76

Audiolivre

- *Vendre avec succès* (www.audible.fr)

> *« On peut convaincre les autres*
> *par ses propres raisons, mais on ne*
> *les persuade que par les leurs. »*
> JOUBERT (*Pensées*)

Ce livre s'adresse à tous ceux qui cherchent à obtenir de quelqu'un, par la persuasion plutôt que par la conviction, qu'il adhère à une opinion, qu'il modifie son raisonnement et qu'il s'engage dans une action.

Plus généralement, c'est à tous ceux qui souhaitent convertir une de leurs relations à faire ou à ne pas faire quelque chose, à tous ceux qui ont à préparer et à réaliser une vente d'idées, de services ou de produits qu'est dédié cet ouvrage.

Le « persuadeur » sera désigné indifféremment comme le vendeur, le « commercial » (adjectif substantivé) ou le chargé de négociation, même si l'échange n'est pas marchand, même si le « vendeur » ne fait pas métier de sa démarche de persuasion, parce qu'il exerce un rôle de vendeur.

Aussi, que le lecteur qui sera entré dans ce livre sur le seul appel du titre ne s'étonne pas de l'extension que nous donnons à la notion de vente.

Le vis-à-vis du vendeur sera nommé indifféremment l'interlocuteur, le client ou l'acheteur. Parce que la crise économique a rendu les discussions plus âpres entre vendeurs et acheteurs, cet ouvrage considéré unanimement comme le classique de la vente, s'enrichit à l'occasion de cette nouvelle édition d'importants développements consacrés à la phase finale de la vente : traitement des objections, défense du prix, résistance au marchandage, conclusion.

L'extension de notre expérience de la vente au-delà de nos frontières a fait apparaître que si quelques adaptations de surface sont nécessaires en fonction des cultures locales (tel geste anodin ici sera déplacé là-bas, tel regard, telle façon de saluer en usage dans une région du monde seront considérés comme inacceptables dans une autre), les principes, les méthodes, les techniques de la vente ont un caractère immuable quel que soit le lieu ou l'époque où on les pratique.

Paris, Beijing, New-York, Tokyo

Sommaire

12. Faire parler
Techniques de communication 157

1 Les techniques de la vente

Ce qu'on appelle couramment les techniques de la vente est l'organisation d'une négociation de type constructif où les protagonistes, tout en défendant leurs intérêts d'acheteur et de vendeur, participent à un échange productif et cherchent à parvenir à une entente.

Comme toute négociation, la vente est un acte de communication qui n'admet pas l'improvisation ou la spontanéité. La préparation de chaque entretien avec le client, la réflexion sur les personnes à rencontrer, l'examen du déroulement et des acquis des rencontres antérieures, la fixation d'un objectif, l'élaboration de la tactique en sont une première illustration.

Au cours de chaque étape de la démarche de vente, la gestion du stress (surtout quand l'enjeu est important), les comportements attendus, les rituels à observer, le respect de l'ordre des étapes (découverte, proposition, argumentation, conclusion), la mobilisation de l'attention pour capter les informations émises par chacune des parties, l'intégration de ces informations pour modifier instantanément la tactique initialement prévue, puis l'amalgame de la volonté de conclure et la souplesse de l'expression pour parvenir à un accord témoignent du professionnalisme indispensable aux deux partenaires.

À cause de la caractéristique d'échange entre deux personnes qui sous-tend les techniques de la vente, ces dernières ne sont pas une sorte de mécanique implacable dont le résultat pourrait être écrit d'avance.

Les techniques de la vente sont les composants du savoir-faire de tout bon vendeur, mais il n'est pas excessif d'écrire que la vente est un art dont le vendeur et l'acheteur sont les interprètes, plus ou moins doués, et qui réalisent à chaque rencontre un scénario unique.

MEILLEURES VENTES, MEILLEUR CHIFFRE D'AFFAIRES

Nous entendons parfois certains esprits décréter que la méthode et les techniques de la vente s'adressaient à des vendeurs sans talent et que les excellents vendeurs n'en avaient pas besoin.

Notre observation constante infirme totalement ce point de vue. Si, après avoir suivi l'un de nos séminaires de vente, l'ensemble des commerciaux a progressé, ceux qui en ont tiré le meilleur parti sont les vendeurs qui obtenaient déjà les résultats les plus élevés.

Ainsi, loin d'être une sorte de « béquille pour petit calibre », la méthode, quand elle est appliquée, encadre et favorise la démarche de vente et a pour conséquence l'amélioration de la proportion de négociations réussies et le développement du chiffre d'affaires.

D'autre part, chaque fois que nous avons accompagné l'un de ces commerciaux en tête du classement, avant même qu'ils aient suivi une formation à la vente, nous avons trouvé dans leur manière d'être et d'agir bien des éléments des méthodes et des techniques que nous enseignons.

Nous rappellerons à cet égard que « Les Techniques de la Vente » n'est pas un ouvrage théorique, mais la formalisation de l'observation de plusieurs centaines de commerciaux talentueux.

QUAND LE MARKETING RETROUVE LES FONDEMENTS DE LA VENTE

La crise de ce début de vingt-et-unième siècle a mis en évidence les carences, non pas du principe du marketing, mais de l'application qui en était faite. La sophistication excessive des concepts, la perte de contact avec la réalité de la clientèle sont les traits les plus marquants de cette dérive.

Aujourd'hui, après une période de flottement, le marketing retrouve de nouvelles marques. Il est significatif d'observer plusieurs tendances de fond.

• L'une concerne un rapprochement entre les disciplines fort différentes quoique inévitablement associées du marketing et de la vente. On attend des spécialistes du marketing un profil de vendeur et une solide expérience de la vente, obtenue non pas en accompagnant pendant quelques journées un vendeur sur le terrain, mais en prenant la responsabilité d'un secteur de vente pendant une à deux années.

On assiste à un mouvement corollaire avec le décloisonnement des fonctions de marketing qui sont désormais accessibles à de bons vendeurs pour un séjour de quelques années avant un retour à la vente à un poste d'encadrement.

• L'autre tendance se traduit par une exploration individualisée et plus complète des clients, l'enregistrement et le traitement des données étant rendus possibles par des ordinateurs de plus grande capacité, plus compacts et avec une vitesse de traitement supérieure. Il s'agit des bases de données qui deviennent de gigantesques instruments de connaissance de la clientèle (mégabases).

On parle maintenant de marketing relationnel[1] ou interactif[2], c'est-àdire d'une discipline qui abandonne la prise en compte de groupes de clients homogènes en fonction de critères socio-démographiques ou en fonction de leurs attitudes, dites styles de vie, au profit d'une saisie de données comportementales de chaque individu.

Il convient de remarquer en passant que la considération individuelle est le propre de toute démarche de vente, dès lors que le commercial cherche à comprendre son interlocuteur.

Mais le « dialogue interactif » via la base de données est un dialogue virtuel, alors que le vendeur a devant lui la personne même du client et qu'il capte, au moment de l'échange, le dernier état de ses senti-

---

1. Jean-Claude Boisdevésy, *Le Marketing relationnel*, Les Éditions d'Organisation.
2. Jean-Marc Lehu, *Le Marketing interactif*, Les Éditions d'Organisation.

ments et de son raisonnement. La mégabase stocke des informations qui sont déjà du domaine du passé, même si celui-ci est très récent, et qui nécessite une interprétation toujours aléatoire.

Le vendeur, même s'il interprète aussi les réponses et les comportements de son vis-à-vis peut immédiatement confronter son interprétation à ce que pense le client, ce dernier pouvant corroborer, ou infirmer et rectifier, la compréhension du vendeur.

COMPRENDRE POUR ÊTRE COMPRIS

Le vendeur est en « temps immédiat », si l'on appelle « temps réel » la consultation d'une information qu'il a fallu collecter, saisir, stocker (donc figer) et traiter. Le vendeur aura toujours plusieurs temps d'avance sur l'ordinateur.

Un vendeur prendra connaissance avec amusement (« ils en sont donc seulement là ») de la recommandation de Stephen Covey, un gourou américain du marketing, rappelant que « l'entreprise doit comprendre ses consommateurs avant d'être elle-même comprise par ses consommateurs. »

Comprendre pour être compris, c'est le fondement même de la vente persuasive. Il était temps en effet que les états-majors du marketing y pensent. Mieux percevoir les attentes du client, personnaliser les réponses apportées par le produit, dont les nouveaux spécialistes du marketing découvrent aujourd'hui la nécessité, sont aussi des principes fondamentaux de toute vente.

Et quand les théoriciens du marketing s'interrogent aussi sur l'abandon de l'idée de vendre au profit d'une démarche qui donne au client l'envie d'acheter le produit, ne se rallient-ils pas en définitive au processus de la persuasion. Seul le client sait en quoi consiste son besoin ; le vendeur est l'assistant qui en facilite l'expression et qui la restitue au client pour que celui-ci prenne la décision d'acheter.

2 Mieux se comprendre

L'une des transformations la plus sensible de notre époque, bien que faisant l'objet d'une longue évolution qui est loin d'être achevée, concerne le mode de relation souhaité par les individus entre eux.

Pendant des siècles, cette relation, si elle reposait sur un mode approximativement égalitaire, quand deux individus appartenaient à un même milieu social, à un même sexe et étaient de statut identique, cette relation, était envisagée en revanche comme un rapport entre un dominant et un dominé – donc un rapport de forces – dès que l'on sortait de la triple identité de statut, de sexe, de milieu social.

Il semble qu'aujourd'hui, un courant profond et de plus en plus ample, se développe, qui réalise l'aspiration naturelle – utopique ? – de chacun à être considéré par l'autre, à être traité en tant que personne humaine, donc à être sur un plan d'égalité dans tout échange.

Il serait imprudent toutefois de considérer que ce courant, par sa dynamique propre, va rapidement transformer le mode de relation existant aujourd'hui dans nos société occidentales.

Le nombre d'individus profondément imprégnés de cet esprit de relation égale de personne à personne, quel que soit l'individu, quelles que soient les circonstances, est aujourd'hui encore infiniment faible.

Et pourtant ressentir combien ce mode de relation est plaisant est à la portée de chacun. Un certain nombre d'hommes publics – politiques, religieux par exemple – pressentent la force de l'aspiration et, si certains, pour des raisons diverses, en font seulement un thème de propagande, d'autres ont bien compris qu'il fallait encourager par leur comportement la diffusion de ce mode de relation équilibré.

Ce livre veut, pour sa modeste part, proposer une méthode pour mettre entre les mains de chacun, la démarche nécessaire à la pratique de cette relation d'égalité.

Pourtant, ce livre – son titre l'indique clairement – a été écrit d'abord pour tous ceux qui doivent persuader (plutôt que convaincre)[1], non seulement par métier, mais pour vendre, produits, services ou idées.

L'auteur propose à son lecteur de considérer que la méthode qu'il a expérimentée avec succès pour des actions intéressées vaut, sans doute, d'être essayée pour d'autres démarches à but désintéressé. L'idée de retour à une relation d'égalité, d'homme à homme, quels que soient son apparence, sa race, son milieu, son statut, ne peut pas être soupçonnée d'être la dernière invention diabolique des nouveaux maîtres de l'efficacité. Nous essayons de retrouver une idée que nous avons perdue, et que nous n'aurions jamais dû perdre.

Bien que l'enjeu la dépasse considérablement, cette méthode est un moyen d'entrer insensiblement dans cet esprit de rapports d'homme à homme, un peu comme Pascal se mettant à genoux (méthode) pour trouver Dieu (enjeu) ; la distance est moins importante toutefois entre notre enjeu et notre méthode.

« Utopies », « Mythe de l'égalité » pensera-t-on. Nous ne prescrivons aucunement – ce n'est d'ailleurs même pas notre option fondamentale – à travers ces pages, une autre société.

Nous pensons seulement, d'une manière limitée, que parler d'égal à égal avec un interlocuteur facilite la compréhension, favorise la conviction de l'un par l'autre.

Abolir, l'espace d'un instant, toute inégalité réelle ne met en cause – qu'on le déplore ou qu'on s'en satisfasse – ni l'organisation de la société, ni la distribution des fonctions, des utilités, des rôles, ni les différences entre milieux sociaux, ni les inégalités physiques et physiologiques.

---

1. Voir en postface la distinction que nous établissons entre convaincre et persuader.

On peut s'entendre mieux sans bouleverser la société, voilà l'esprit de ce livre. Si nous contribuons à un progrès des relations humaines nous en serons heureux. Mais n'est-ce pas une autre histoire ?

VENDRE

Quand on demande à un groupe de vendeurs ce qu'est pour eux la vente – leur métier – on recueille les réponses les plus variées.

Pour les uns, c'est le moyen de gagner leur vie. Pour d'autres, avec un peu d'agressivité, il s'agit de posséder, d'abattre, de violer le client.

D'autres encore, plus prosaïquement assimilent la vente à un certain résultat : la prise de commande.

Le mot « vente » est aussi un repoussoir pour beaucoup. Repoussoir que les entreprises admettent en désignant les vendeurs sous des appellations variées : chefs de secteur, délégués, attachés, chargés de mission, représentants, voyageurs, etc.

Mais, qu'ils soient appelés vendeurs ou pas, cette réponse – ce cri – s'entend souvent :

– « *Mais, Monsieur, nous ne vendons pas !... »*

En poussant l'investigation un peu avant, on entend dire que l'on représente la société, qu'on en est l'ambassadeur, que l'on fait des relations publiques.

Vendre, être vendeur, en somme n'est pas très bien vu. Et si l'on admet que le *Dictionnaire Le Robert* reflète à peu près l'état de l'opinion à travers ses définitions et ses rapprochements par analogie, ce qu'on y lit permet de comprendre le peu de cas que l'on fait de cette action de vendre et de ce statut de vendeur.

Vendre, y est-il écrit, c'est « céder à quelqu'un en échange d'une somme d'argent ». La définition est partielle (elle ne s'intéresse qu'à la conclusion) et ne recouvre pas toute la négociation qui constitue le support même de la vente.

D'autre part ce « céder à quelqu'un » respire un certain abandon teinté de regret ou de lassitude dans lequel un vendeur retrouverait mal ce qui est le propre de l'action de vente.

Les analogies de ce dictionnaire n'entourent pas la vente d'un cortège prestigieux : on pense à « brader », à « liquider », à « solder », à « écouler ». Passons sur « trahir » pour éprouver un moment de satisfaction quand ce dictionnaire renvoie à « échanger ». Nous reviendrons sur cet échange : c'est d'ailleurs une des lignes de force de ce livre.

Mais alors qu'est-ce que la vente ? Que se passe-t-il au cours d'une vente ? De quoi parle-t-on ? Et même parle-t-on ? Dans quel climat cet entretien de vente se déroule-t-il ?

Un observateur invisible enregistrerait, d'un métier à l'autre, d'une négociation à l'autre, des thèmes d'entretien très variés.

Ici, on prend des nouvelles de sa santé. Là, on annonce des nouvelles ou on en sollicite. On s'inquiète des affaires, de la conjoncture, des projets et décisions gouvernementaux, des clients de son client, de la concurrence, des projets d'extension ou d'investissement. Et toujours, il est question du prix de ce qu'on vend, des qualités de ce qu'on propose. Assez souvent encore on essaie d'arrondir les angles à la suite d'un incident.

On parle donc, au cours d'une vente. On parle beaucoup. On dirait même, poursuivrait cet observateur, que les interlocuteurs prennent un certain plaisir à parler ensemble.

Bien sûr, par moment, le ton monte. On se fâche tout rouge. Cependant, ce n'est pas le climat habituel.

On peut même considérer, en généralisant, que les ventes réussies, celles qui se dénouent par un accord, ne se déroulent pas comme un pugilat verbal et que, au contraire, elles reflètent une certaine connivence entre les interlocuteurs.

Cette connivence passe par un certain cérémonial, sobre dans certains cas, chaleureux dans d'autres relations de vente, mais qui se rapproche beaucoup de la visite que fait une personne à une autre personne. On observe donc qu'un processus identique régit le déroulement des entretiens de vente, malgré leur extrême variété : on se rencontre, on se salue, on échange un certain nombre de propos, chacun à son tour, on scelle un accord, positif ou négatif, on prend congé de son interlocuteur.

Est-il prématuré de conclure, provisoirement, que vendre ce n'est pas engager un pugilat où l'un des adversaires terrasse son vis-à-vis, mais que vendre c'est être côte à côte pour dialoguer avec son interlocuteur.

Nous proposerons plus loin, une définition de la vente.

LES DIFFICULTÉS DE LA VENTE

La vente semblerait donc quelque chose de naturel (deux êtres se rencontrent pour parler), d'agréable (on dialogue d'une manière équilibrée), à la portée de tous ?

Pourtant les vendeurs de métier nous détrompent : vendre est difficile.

La vente est difficile parce que le vendeur ne sait pas quand il prospecte, qui sera son interlocuteur ni quelle situation et quelle ambiance il va rencontrer, parce qu'il est difficile de bien connaître son client habituel, et de savoir ce dont il a besoin.

La vente est difficile parce que la concurrence est active, parce que le produit ou le service que l'on est chargé de vendre n'est pas le plus performant au prix le plus intéressant.

Le vendeur éprouve encore de la difficulté parce qu'il n'est pas toujours au mieux de sa forme physique ou intellectuelle, parce qu'il a conscience d'être parfois maladroit et de ne pas savoir comment influencer, persuader, convaincre son acheteur, parce qu'il souffre de l'insuffisance de son argumentaire, et aussi parce qu'il est allé chez son client à l'aventure, sans réfléchir à ce qu'il allait exactement y faire (« je passais par là, je suis venu vous dire un petit bonjour... »).

UN ENTRETIEN DE VENTE : DUO OU TRIO ?

L'entretien de vente ne concerne pas seulement deux personnes : le vendeur et l'acheteur. Une troisième entité, combien présente parfois, en est l'objet. Cet objet n'est pas seulement un produit ou un service. Ce peut-être une idée.

Par exemple, convaincre un interlocuteur de ne pas s'allier à tel groupe financier, mais d'accepter une prise de participation de notre société est authentiquement une vente, mais une vente d'idée.

Ce livre s'adresse aussi à ceux qui n'ont pas conscience de vendre, mais que leur métier entraîne à convaincre leurs collègues, leurs relations, leurs supérieurs, leurs amis.

Un entretien de vente se distingue d'une simple conversation entre deux individus précisément par la présence de cet objet de la vente : bien, service ou idée (que nous appellerons habituellement « produit »).

Un entretien de vente repose ainsi sur un triptyque client + vendeur + produit.

UN ENTRETIEN DE VENTE : RELATION PSYCHOLOGIQUE, ARCHITECTURE TECHNIQUE

Ce triptyque, cependant, ne suffit pas pour que la vente se réalise. La présence de deux interlocuteurs crée entre eux une relation psychologique.

Et si l'on poursuit l'observation attentive d'une série d'entretiens de vente qui parviennent à la bonne fin, c'est-à-dire à un accord positif, on voit apparaître une sorte d'organisation de cette relation psychologique. Celle-ci ne se déroule pas au hasard, mais obéit à ce qu'on pourrait appeler une architecture.

Mais cette architecture ne serait qu'un assemblage un peu sec et décharné si l'on ne constatait également que les vendeurs persuasifs ont des habiletés et utilisent des agencements rigoureux que nous appellerons « techniques ».

Ainsi, au-delà de la relation psychologique, un entretien de vente rigoureux est charpenté par une solide architecture, organisant entre elles des techniques de vente, ou techniques de persuasion.

3 Vous en tant que vendeur

Se connaître soi-même est – les Anciens nous le prescrivaient déjà – d'autant plus indispensable que notre présence, en tant que vendeur ne saurait être neutre. Nous sommes – avant même d'avoir parlé – émetteur d'un message parfois plus fort que celui que voudraient imposer nos paroles.

L'effet extérieur que nous pouvons produire n'est pas la seule raison qui nécessite cette auto-analyse. Notre personnalité favorisera – ou non – notre aptitude à mener l'entretien de vente à bonne fin.

Enfin, nous ne sommes pas seulement porteurs de nous-mêmes dans cette confrontation entre un vendeur et son client. Dans la mesure où nous sommes mandatés par une entité qui nous dépasse (organisation, pouvoirs publics, société, groupe humain, parti politique) un contrepoint va se construire entre ce que nous sommes en tant que personne et ce que nous représentons en tant que défenseur d'une cause, d'une idée, d'un service, d'un bien, d'un produit.

C'est par ce dernier point que nous allons commencer nos réflexions sur le vendeur.

Nous avons supposé, pour écrire ce chapitre, que nous conseillons directement un homme ou une femme venu nous consulter pour savoir comment s'y prendre pour mieux convaincre[1]. Cet homme ou cette femme, quel qu'il ou elle soit, nous l'appellerons : le vendeur. Nous lui parlerons comme si nous dialoguions ensemble.

---

1. Nous ferons évoluer cet interlocuteur vers une démarche persuasive, telle qu'elle est abordée en fin de chapitre 4 et dans la postface de ce livre.

BIEN CADRER SON ACTION

Quel que soit votre titre : ambassadeur, représentant, délégué, attaché, chargé de mission, fondé de pouvoirs, et quelle que soit l'organisation qui vous mandate : État, groupe humain, société, votre activité de vente vous est demandée en raison de votre place ou de votre statut et elle implique que vos mandants attendent de vous un certain comportement, c'est-à-dire que vous exerciez un certain rôle.

Normalement, votre définition de fonction, votre guide d'activité, le texte qui vous mandate définit votre fonction, votre place, vos objectifs, vos activités, vos missions. Normalement... Car en principe, si ce texte existe, il n'a souvent qu'un lointain rapport avec ce que vous faites.

Autant procéder comme si ce document n'existait pas. Vous essaierez de l'établir vous-même en suivant les repères que voici :

Votre description de *fonction* explique la raison d'être de votre emploi dans la structure humaine de l'entreprise.

On peut retrouver la définition réelle de fonction en se posant des questions telles que :

• quelle est mon *utilité* ?

• quelle est ma *contribution* à l'entreprise ou l'entité à laquelle j'appartiens ?

En tant que titulaire d'un emploi de vendeur, vous bénéficiez d'un *statut*, ou, en d'autres termes, vous êtes en mesure d'attendre, de la part des autres un certain comportement.

On observera rapidement que, selon que votre statut de vendeur est ou n'est pas en faveur dans l'organisation à laquelle vous appartenez, les comportements des autres pourront avoir un caractère encourageant ou décourageant.

Mais, en même temps, vous êtes l'acteur de votre propre statut, et vous avez la capacité de modifier par votre action le comportement des autres à votre égard.

Si les autres se comportent d'une certaine façon envers vous, vendeur, réciproquement, parce que vous exercez la fonction de vendeur, on attend de vous que vous ayez les comportements propres à votre rôle, le rôle étant l'aspect dynamique et actif du statut : votre rôle de vendeur se définit par ce que vous devez faire pour confirmer votre droit au statut de vendeur.

En somme, par leur interaction permanente, statut et rôle se confortent en permanence, à condition toutefois que vous soyez actif.

Votre fonction s'exerce au sein d'une hiérarchie ou d'un réseau de relations qu'on appelle *structure* humaine de l'organisation.

En principe, une structure place chaque homme au niveau qu'il mérite en raison de ses compétences pour assumer les responsabilités qu'on lui confie.

La preuve de vos *compétences* s'affirmera dans l'exercice habituel de vos activités, ou si vous le préférez, de vos tâches productives, ces activités étant orientées par vos objectifs.

Les *objectifs* d'un vendeur, contrairement à la définition trop étroite qu'on en donne habituellement, ne consistent pas seulement à atteindre ou créer un certain chiffre d'affaires...

Si la *politique* commerciale de votre organisation ou entreprise est définie d'une façon complète, vos objectifs seront exprimés aussi bien quantitativement que qualitativement.

Quantitativement, il peut s'agir d'atteindre une certaine proportion de résultats par visite, d'implanter un nouveau produit dans une certaine proportion de points de vente, d'augmenter le profit du secteur, d'augmenter le chiffre d'affaires, ou le nombre de lignes commandées par client, etc.

Qualitativement, on peut demander d'améliorer le climat de collaboration entre l'entreprise et ces partenaires extérieurs que sont les clients, de participer aux volontés définissant l'image de marque de la société, de diminuer la proportion de réclamations remontant vers la direction commerciale, etc.

Quant aux activités du vendeur, outre les visites de ses clients actuels ou potentiels, elles consistent à faire circuler l'information de l'entreprise vers ses clients, du marché vers l'entreprise, à gérer son temps, son territoire de vente, son marché, sa clientèle, à conseiller et à servir ses interlocuteurs, en tant que représentant et défenseur des intérêts légitimes de son entreprise sur le territoire qui lui est attribué.

Se bien situer dans la société ou l'organisation qui vous envoie vendre, avoir bien compris les volontés politiques de vos mandants, avoir en tête ses propres objectifs généraux sont le préalable indispensable à toute activité de vente.

CE QUI FAVORISE LA RÉUSSITE

Être porteur de l'image de marque prestigieuse d'une société bien connue vendre des produits demandés, disposer d'une gamme de produits ou de services répondant à tous les besoins de l'interlocuteur, être appuyé par des services auxiliaires (expéditions, après-vente, installations) efficaces, sont des atouts irremplaçables.

Sans vouloir passer pour un esprit chagrin, nous pensons cependant que ces atouts ne favorisent pas le pouvoir de conviction du vendeur : celui-ci ne vend pas, il se laisse porter par quelque chose qui le dépasse.

De plus, même si vous avez la chance de disposer de ces atouts, il vous faut connaître vos produits (notions plus ou moins poussées sur leur fabrication, leur application) votre société, votre profession, vos confrères (et concurrents), votre marché.

Cela ne suffit encore pas : il vous faut encore être vendeur c'est-à-dire être apte à évaluer la personnalité, la psychologie, les problèmes de votre interlocuteur d'une part, et d'autre part, savoir pratiquer les techniques de persuasion. C'est l'objet de ce livre.

Enfin, le dernier facteur de votre réussite dans la vente, c'est vous-même, votre personnalité.

LA PERSONNALITÉ DU VENDEUR

Dissipons tout de suite un risque d'équivoque. Quand nous rencontrons des jeunes désireux de faire carrière dans la vente, ceux-ci ont peur que ce métier « déforme leur personnalité », et qu'on les convertisse en « robots ».

Tirons cet aspect au clair, avant d'engager notre réflexion sur la personnalité du vendeur.

Quand on parle de personnalité, il faut distinguer en gros, deux aspects[1] :

• un aspect profond, intérieur, durable que nous appellerons les traits du caractère ;

• un aspect extérieur, perceptible plus aisément par autrui, que nous appellerons le comportement.

Le comportement et le caractère sont l'aboutissement des apports de l'hérédité (inné), de ce qui a été subi et de ce qui a été voulu par l'individu (acquis). Aussi pourrait-on penser que le caractère est en liaison directe avec le comportement et l'inspire.

Si l'on y regarde de plus près, on constate que si dans la constitution du caractère, l'inné tient une très large part et l'acquis une part plus faible, il en va tout autrement dans l'élaboration du comportement

---

1. Le psychologue professionnel s'irritera de notre schéma simpliste. Bien entendu, il existe des bibliothèques entières d'ouvrages sur la psychologie, et notamment sur l'inné et l'acquis. Nous n'avons cherché ici qu'à fournir quelques points de repère.

où l'hérédité joue un rôle mineur, au contraire de ce qui a été subi et surtout voulu.

On pourrait écrire en résumé qu'on ne peut pas grand-chose pour changer son caractère et qu'on est à peu près maître de son comportement.

C'est votre comportement que perçoit votre interlocuteur et ce comportement peut vous permettre de dissimuler partiellement ou totalement les traits de votre caractère estimés par vous mal venus.

Votre comportement peut annoncer une personnalité qui ne reflète pas vraiment votre caractère. Les Anciens l'avaient déjà compris qui appelaient *Persona* le masque de l'acteur antique.

Dans ce chapitre, nous parlerons, bien entendu, du caractère pour souligner les aspects les plus favorables du vendeur et sans nous faire trop d'illusions sur nos possibilités de le modifier fondamentalement, et surtout du comportement puisque notre pouvoir d'intervention personnel est beaucoup plus manifeste.

L'ensemble nous permettra de trouver le profil d'une personnalité de vendeur.

QUELQUES TRAITS COMMUNS AUX BONS VENDEURS

Tracer le profil-type d'une personnalité de vendeur est un leurre. Chaque vendeur de bonne qualité est authentiquement lui-même et ne saurait être assimilé à ses confrères, à cause de sa fonction.

Cependant, une longue fréquentation de cette catégorie professionnelle permet de définir un certain nombre de points communs, plus ou moins universellement rencontrés et qui ont, à notre sens, un certain pouvoir explicatif des talents des vendeurs.

Il y a chez les bons vendeurs de l'ambition, de la volonté, de la combativité, du courage et de la persévérance, un esprit sportif, de l'autorité, de l'intelligence, du bon sens, de la maîtrise de soi, une sensibilité certaine.

Leurs manifestations envers autrui – et leurs clients – affirment un bon contact, une facilité d'expression, de l'enthousiasme. Une certaine originalité leur permet de ne pas passer inaperçus. Ils aiment influencer autrui.

On apprécie leur attention aux autres, leur loyauté, leur imagination, leur présence.

Leur efficacité tient à leur faculté d'observation, à leur méthode, à leur organisation.

Ce sont des hommes et des femmes de mouvement, ayant le goût pour une certaine indépendance, prenant facilement des initiatives, autonomes. Quant à leur rapport à l'argent, il est ardent dans les deux sens : pour le gagner et pour le dépenser ; ils ont le sens des affaires pour eux, autant que pour leur entreprise.

Quelques commentaires nous permettront de nuancer ce portrait cavalier et parfaitement inexact : aucun vendeur, à notre connaissance, ne possède autant de qualités à la fois.

Nous ne nous excuserons même pas des pages de morale qui suivent, au risque de paraître démodé pour quelques beaux esprits. Ce langage garde son actualité et son utilité.

AMBITION

Il y a dans l'homme d'ambition, une volonté de se dépasser, et avant de considérer l'aspect parfois démesuré et dévastateur de l'ambition, il convient de retenir une quête inlassable de ce qui vous élève au-dessus de vous-même. Il y a de l'avidité chez l'ambitieux, mais il y a aussi la puissance de travail sans lequel les sociétés ne progressent pas.

VOLONTÉ, COMBATIVITÉ, COURAGE, PERSÉVÉRANCE

La volonté, fuite de la facilité et de la mollesse, nourrit et éclaire les qualités de combativité, de courage, de persévérance indispensables aux vendeurs, et ce d'autant plus que, psychologiquement, ce sont en général des cycliques, passant par des alternances d'enthousiasme et de pessimisme.

Être courageux, c'est-à-dire développer en soi la qualité qui permet de ne pas s'arrêter à un échec, de savoir en analyser les causes pour augmenter notre expérience et notre habileté.

Être courageux, c'est-à-dire savoir repartir chaque matin de pied ferme, même si on n'en a pas envie.

Le courage est une des qualités que le monde d'aujourd'hui oublie le plus. Et pourtant combien le bonheur a plus de saveur d'avoir été conquis par la lutte et la persévérance.

La persévérance vient à bout de tout. Vouloir c'est pouvoir. C'est à leur qualité de persévérance que l'on détecte les vendeurs solides, même s'ils ne sont pas toujours très brillants.

ESPRIT SPORTIF

Il y a deux composantes dans l'esprit sportif : le goût pour la compétition, avec ce que cela comporte de combativité pour repartir malgré l'échec, et l'esprit d'équipe c'est-à-dire la recherche de la réussite collective, un vendeur agissant rarement seul, mais étant intégré dans une force de vente.

L'esprit sportif implique également la « forme » aussi bien physique que morale.

La pratique d'un sport, le souci de se décontracter chaque fois que cela est nécessaire vous permettront de résister à l'épreuve d'un métier exigeant sur le plan nerveux.

Quant au moral, la meilleure solution pour le garder élevé est d'avoir une certaine méthode pour surmonter les échecs :

• analyser rigoureusement les raisons des échecs, sans se payer de mots (mon client est un... !) ;

• et si l'échec est définitif, combler le vide par une autre affaire et oublier celle qui a échoué.

De façon plus générale, il est important dans ce métier d'être optimiste, de surmonter ses peines (et certaines sont bien réelles) en essayant de libérer son esprit des choses désagréables – au moins pendant le temps de travail.

AUTORITÉ

Une étude réalisée aux États-Unis s'est intéressée aux facteurs explicatifs des performances des vendeurs. L'un des facteurs les plus significatifs est la prédisposition des vendeurs à la domination, à la direction, à l'influence sur les hommes ou les situations.

Nous observons fréquemment chez les vendeurs un manque d'assurance, un « complexe » de la vente qui nous conduit à penser que peu de responsables des ventes se sont penchés sur le développement de la personnalité du vendeur afin de leur donner plus d'autorité vis-à-vis de son interlocuteur.

Un entretien de vente bien conduit exige des partenaires de force sensiblement équivalente. Tant que le vendeur se sentira en position diminuée par rapport à son client, nous nous trouverons dans un rapport de dominant à dominé et l'entretien s'en trouvera déséquilibré[1].

---

1. Lire à ce sujet, du même auteur *L'essentiel de la Vente*, Chinon éditeur, pages 87 à 93.

INTELLIGENCE

Être intelligent c'est comprendre, « prendre avec », c'est-à-dire être capable de replacer une information dans un ensemble, saisir, interpréter ou comparer ce qui est nouveau à la lumière de ce que nous savons déjà.

Il ne faut pas confondre l'intelligence et la culture. On peut être intelligent et dépourvu de culture. À l'inverse, il semble qu'il faille une certaine intelligence pour être cultivé.

Cette faculté de mise en ordre et de synthèse, cette capacité de passer du particulier au général qu'est l'intelligence, se développe par l'exercice constant de l'attention auditive, de l'observation visuelle, de la lecture, de l'échange stimulant avec des personnes d'un bon niveau intellectuel.

BON SENS

Est-il déraisonnable de tenir quelques propos sur : « La chose du monde la mieux partagée ? »

Mieux que Descartes, Bergson analyse le bon sens comme « l'effort d'un esprit qui s'adapte et se réadapte sans cesse, la mobilité de l'intelligence qui se règle sur la mobilité des choses. »

Le bon sens est un facteur important de l'appréciation correcte d'une situation commerciale. Par son contenu d'humilité, il nous permet de corriger l'aveuglement suscité par une intelligence orgueilleuse figée dans ses certitudes.

C'est encore le bon sens qui s'exerce au cours d'un entretien de vente, face à un interlocuteur déraisonnable, en nous incitant à maintenir ou à ramener la conversation dans un climat sans passion, équilibré et aussi impartial que possible en appréciant avec réalisme les situations rencontrées.

GÉRER SON STRESS

Quand il appréhende une situation dont l'issue est incertaine, quand l'enjeu est important et qu'il sent le regard de la direction peser sur ses épaules, le vendeur peut entrer dans un état d'angoisse ou à tout le moins de tension accusée, le stress.

Nous devons dire à ceux qui vivent mal cette circonstance que, malgré le sentiment désagréable qu'il engendre, le stress résulte d'un désir de bien faire. Certes, si pour les uns il est un stimulant, pour d'autres il a un effet d'inhibition, de paralysie des facultés d'invention et de répartie. Ces derniers partent battus... et le client le remarque.

Sans jouer les thérapeutes[1], nous indiquerons sobrement quelques pistes pour atténuer, voire abolir le stress.

• Il s'agit d'abord d'en parler ouvertement à vos meilleurs amis et à votre conjointe ou conjoint.

Élargissez vos centres d'intérêt : tout consciencieux que vous soyez et que vous devez continuer à être, ne faites pas de votre travail votre seul but dans la vie.

• Comme nous vous l'avons déjà recommandé ci-dessus, pratiquez un sport et apprenez à vous détendre.

• Après avoir acquis une solide méthode de vente, entraînez-vous systématiquement, pour que la vente devienne un véritable réflexe.

• Enfin préparez soigneusement chaque entretien de vente : quel est l'état de la relation et des affaires entre le client et votre entreprise ? Quel objectif atteindre ? Comment réussir l'entrée en matière ? Que découvrir ? Quels arguments préparer ? Quelles objections envisager ? Comment les traiter ?

---

1. François Lelord, *Pour bien vivre avec son stress* (Publi-Union).

MAÎTRISE DE SOI

Combien la boutade fameuse des vendeurs se trouve vérifiée :

– « *Ah si l'on n'avait pas de clients, ce que la vie serait facilitée !* »

Bien sûr, il nous arrive de rencontrer un client exigeant, client qui ne veut pas admettre notre point de vue, un client de mauvaise foi, un client qui ne respecte pas ses engagements, un client qui n'est pas un « gentleman », qui nous choque et nous blesse.

Et ce jour-là vous étiez fatigué, ou souffrant ou énervé par... le client précédent. Alors, votre réaction a été un peu rapide, vous n'avez pas maîtrisé vos nerfs vous n'avez pas gardé la maîtrise de vous-même au moment où il le fallait.

L'orage est arrivé.

Permettez-nous quelques remarques et quelques conseils à ce sujet :

1. Il ne sort jamais rien de bon d'un entretien dans lequel la colère a pris place. La voix prend un ton acariâtre, le ton monte, on s'échauffe, les mots finissent par dépasser la pensée.

2. Pour un vendeur, se laisser emporter par la colère c'est montrer sa faiblesse d'homme et de vendeur.

3. Il peut arriver que certains interlocuteurs dépassent la mesure :

   • conservez votre calme ;

   • écoutez avec attention ;

   • évitez de laisser paraître sur votre visage un signe quelconque qui puisse laisser supposer à votre interlocuteur que vous le prenez pour un pauvre type, que vous êtes las de l'entendre, que vous n'accordez aucune attention à son explosion de colère. (Attention : le mépris, l'impatience, la moquerie, la colère rentrée se lisent sur votre visage) ;

   • s'il vous dit : « Foutez-moi le camp », restez ;

   • soyez sûr que, ayant dépassé cet orage, votre client appréciera votre aplomb. Qui sait, si plus tard vous ne nouerez pas ensemble de fructueuses négociations ?

SENSIBILITÉ

Nous n'avons pas osé accoler la tendresse à ce titre de paragraphe. Et cependant, les tests de recrutement de vendeurs nous ont montré que les vendeurs, s'ils n'ont pas tout à fait la célébrité qu'ils affirment vis-à-vis des femmes, sont des êtes sensibles vis-à-vis d'eux-mêmes et vis-à-vis des autres.

Ce sont des personnalités riches en émotions, et au fond assez latines dans leur expression.

À propos de femmes, quel conseil de comportement peut-on donner quand un vendeur-homme rencontre une femme d'affaires ?

Nous pensons que l'expression « femme d'affaires » indique les deux pistes à suivre.

• on a affaire à une femme. La prise de contact et la prise de congé seront teintées de la relation homme-femme traditionnelle : charme et galanterie ;

• on traite d'affaires. Le corps de l'entretien se déroulera entre gens d'affaires, même si la partenaire-cliente tend à jouer de sa féminité pour aplanir certaines difficultés.

Inversement, parce qu'elle traite des affaires, la femme ne devient pas davantage un être asexué. Sa féminité est une des composantes de son style et ce serait appauvrir son expression de rechercher une quelconque neutralité sur ce point. Il serait encore pire de jouer une sorte de mascarade masculine.

Pouvons-nous cependant à cet égard rappeler que les affaires sont un exercice qui demande un certain sang-froid, une stabilité nerveuse et que c'est se créer des handicaps que de ne pas comprendre cette indispensable discipline. « Et je sais sur ce point... » comme l'écrivait si bien La Fontaine.

Qualité du contact, courtoisie, charisme

On sait qu'en psychologie, on distingue deux grands tempéraments dans la relation à autrui, le tempérament dominateur, aimant à prendre l'ascendant et le tempérament séducteur, agissant par le charme. Mars et Vénus.

Il semblerait que les bons vendeurs allient en eux le difficile compromis entre Mars et Vénus.

Les vendeurs courtois que nous avons connus se remarquent par une certaine souplesse d'attitude, sans agressivité, ni angles aigus – qui est plus que simple gentillesse –, par une amabilité et une éducation qui sait mettre l'interlocuteur à l'aise.

Ce compromis entre Mars et Vénus, entre la domination et la séduction est sans doute à l'origine du charisme du vendeur.

Et bien que le charisme soit de notre point de vue – par ses caractéristiques de foyer et de rayonnement – indépendant de la perception de ceux qui le subissent, nous avons préféré aborder ce sujet comme facteur favorisant la compréhension entre individus (voir chapitre 5 « Se comprendre »).

Enthousiasme

« *Rien de grand ne s'accomplit sans enthousiasme.* », écrivait Bergson.

L'action se nourrit rarement de l'enthousiasme d'un seul. Aujourd'hui, les œuvres se bâtissent de plus en plus en équipes et l'enthousiasme s'entend autant pour soi que pour sa capacité de communiquer son enthousiasme à autrui.

Ne caricaturons pas l'enthousiasme. Il n'est pas le rire hilare du vendeur jovial solidement installé dans l'esprit de beaucoup. L'enthousiasme se manifeste par la chaleur de l'entretien, la fermeté des propos, l'expression de la conviction intérieure.

L'enthousiasme s'oppose à ses multiples contraires : douce philosophie, aimable scepticisme, flegme, froideur, apathie.

ORIGINALITÉ

Pour ne pas passer inaperçus, certains vendeurs se sont transformés en clowns : leur vêtement étonne par son caractère voyant, leurs boutons de manchettes, leur briquet, leurs bijoux attirent immédiatement l'attention, leur comportement est très composé et incontestablement mobilise l'attention de leur interlocuteur.

Mais à vouloir trop en faire, s'ils se font remarquer, ce n'est pas dans le meilleur sens du terme : ils ont recours à des accessoires, ils ne travaillent pas l'essentiel.

C'est dans l'exercice de votre métier qu'il faut investir votre intelligence et votre souci légitime de révéler à votre interlocuteur le caractère unique de votre personnalité.

C'est par rapport à votre client qu'il faut définir votre comportement.

Le reste, chaussures, serviette, vêtement, gadget ne sont qu'accessoires qui, s'ils se multiplient risquent de faire écran à vos qualités réelles.

SINCÉRITÉ, LOYAUTÉ

S'il n'est pas adroit de dire tout ce que l'on pense, il est important d'avoir l'air de penser tout ce que l'on dit.

Il ne s'agit pas de faire ici l'apologie de l'hypocrisie et de la dissimulation, mais de rappeler qu'il est toujours plus sain de ne pas laisser dans l'ombre les inconvénients d'emploi d'un produit ou d'une méthode, ni les clauses d'un contrat difficiles à faire accepter. Sinon, vous en supporterez ultérieurement les conséquences (voir chapitre 15 « Votre proposition »).

Vous avez, de toute façon, des avantages réels à faire valoir en contrepartie.

Vous n'êtes pas dans les affaires pour dépouiller vos interlocuteurs comme dans un grand bois. Outre qu'une telle politique est strictement limitée à court terme, ne vaut-il pas mieux que votre interlocuteur ait de vous l'image d'un homme correct et loyal en affaires ?

Ceci ne veut pas dire qu'il faut manquer de flair pour détecter les gens de mauvaise foi ou trop astucieux. C'est une affaire de métier et d'expérience.

AGENT D'INFLUENCE

Le descriptif qui précède pourrait laisser supposer que les qualités attendues d'un vendeur sont innées et que seraient exclus de ce métier ou de cette pratique ceux qui ne disposeraient pas de la totalité ou au moins de la majeure partie des caractéristiques décrites. Nous avons déjà souligné précédemment que les traits propres aux bons vendeurs sont plutôt du domaine de l'acquis.

Jusqu'à présent nous nous sommes centrés sur le personnage du vendeur, sans entrer beaucoup dans sa relation avec autrui, et notamment cet autre qu'est le client. Or il est important de considérer que tout vendeur doit être conscient de l'effet qu'il produit sur autrui et, mieux, d'en user volontairement. Nous avons distingué onze effets d'ambiance, de prestige, de méthode, de compétence, de culture, de crédibilité, de construction, d'implication, d'exemplarité, de détermination et d'empathie[1] qui président à l'image que se formera de vous votre client. Le but recherché est d'apporter une contribution favorable à l'influence qu'exerce tout vendeur digne de ce nom sur son interlocuteur.

---

1. René Moulinier, L'essentiel de la Vente, Chinon éditeur.

© Groupe Eyrolles

L'ESPRIT DE MÉTHODE

Vous connaissez tous des gens courageux, actifs, mais dont le travail dispersé et désordonné ne produit guère d'effets. Sans méthode que d'efforts perdus ! Que de temps gâché ! Que de clients en puissance ignorés ! Quel chiffre d'affaires perdu !

Dans l'esprit de la méthode, il y a, pour ce qui vous concerne :

- voir clair dans la société, sa politique, sa structure, votre fonction, vos missions, vos objectifs, vos moyens ;
- voir clair sur son territoire de vente (données économiques), marché, projets de la clientèle, portefeuille de clients acquis et potentiels ;
- définir et voir clair dans les tactiques concernant le secteur, les clients, la gamme de produits ou de services, les tournées ;
- s'être construit une méthode de gestion des clients, des moyens, des opérations et du temps[1].

ENTREPRENEUR

Contrepartie de son goût pour le mouvement (le vendeur n'aime guère le travail sédentaire) pour son indépendance et pour son autonomie (il faut être solide et savoir prendre des initiatives quand on est, en tant que vendeur, le fer de lance de son entreprise), le vendeur est en quelque sorte le patron de son territoire de vente, c'est-à-dire, dès qu'il a atteint un bon niveau de qualification, le responsable de la défense et de la progression des intérêts de son entreprise sur la part de marché qui lui est attribuée, dans le respect des grandes options de la politique commerciale, de la politique générale et des finalités définies par son entreprise.

---

1. René Moulinier, *L'efficacité du commercial,* Éditions d'Organisation.

L'ÉVOLUTION DU COMPORTEMENT DU VENDEUR
AU COURS D'UN ENTRETIEN DE VENTE

En mettant en mouvement toutes les qualités décrites ci-dessus, deux comportements doivent pouvoir être exercés par le vendeur au cours de sa rencontre avec son interlocuteur.

Dans un premier temps – qui correspond à la prise de contact et à la découverte (voir ces chapitres) – celui qui mène le jeu est tout en amabilité, en courtoisie et d'un effacement remarquable. C'est qu'il doit permettre à son interlocuteur de se libérer au maximum de ses contraintes, de s'exprimer aussi largement que possible, de se révéler aussi complètement que le nécessite l'exposé complet du problème à résoudre.

Mais ensuite, pour annoncer la proposition, la soutenir par l'argumentation et conduire vers la conclusion (voir ces chapitres) c'est un autre personnage que va révéler le vendeur, fait d'ardeur, de chaleur, d'enthousiasme, de volonté de construire et d'aboutir.

Enfin, certains comportements sont indispensables tout au long de l'entretien : habileté, rigueur de l'attention (une négociation est un exercice qui demande une bonne santé nerveuse et une certaine constance du tonus !), absence d'agressivité (un vendeur « agressif » serait un psychopathe : – Étiemble observerait qu'en traduisant littéralement l'anglais on a adopté un faux sens, l'expression propre étant : vendeur combatif).

4 Intervenir pour influencer
La psychologie du client

« L'influence ne crée pas.
Elle éveille. »
André GIDE

Quoi qu'en disent certains vendeurs, la décision d'achat est prise par le client. Si cette décision d'achat était purement rationnelle, avec la pesée objective des avantages et des inconvénients, l'affaire serait simple. Et même deux ordinateurs, celui du client et celui du fournisseur pourraient régler rapidement la question.

Seulement, voilà : nous n'avons pas affaire, qu'il soit homme ou qu'elle soit femme, à un être seulement logique.

Ah, si l'on pouvait lire les pensées et les cheminements de son interlocuteur !

Mais, sans pour autant prétendre qu'il soit aisé de sonder l'esprit et le cœur de notre interlocuteur, on peut effectuer un certain nombre de constatations.

Que demande-t-on à un véhicule automobile ? De nous permettre de nous déplacer sans fatigue d'un endroit à un autre, de nous abriter des intempéries, de partir quand on le sollicite, de s'arrêter si l'on freine.

Tout véhicule est sensiblement équipé des mêmes équipements essentiels : châssis, carrosserie, moteur, transmission, portes, volant, freins, sièges, etc.

Zadig se serait étonné que chacun ne roule pas en mini-voiture : ce véhicule répond strictement à ce qu'on demande à une automobile... et pourtant le parc automobile est loin de se limiter à un seul ensemble de voitures de petite dimension.

Cette observation élémentaire peut conduire à plusieurs réflexions qui vont nous permettre d'approcher les cheminements d'un client pendant l'achat.

L'achat est un choix

Tout achat procède d'un choix entre plusieurs solutions. Plusieurs modèles de voitures existent. Et votre produit, votre service, votre idée est en concurrence avec plusieurs produits, services, idées.

Refuser, c'est choisir

Malgré la surabondance et la variété de l'offre de véhicules, il y a encore des personnes qui n'utilisent pas ce moyen de déplacement. On peut considérer que refuser l'achat est également une des possibilités de choix de votre interlocuteur.

Ainsi, nous sommes concurrencés et par les concurrents qui proposent des produits, des services ou des idées comparables aux nôtres, et aussi par le refus de notre interlocuteur de s'engager dans la voie de l'achat.

Les raisons du choix

Il doit y avoir une explication au choix qui est effectué, puisque fondamentalement, à quelques détails près, les produits concurrents sont comparables et assurent un service identique au nôtre. Il y a des automobilistes acquis à telle ou telle marque et d'autres qui vont de l'une à l'autre au fur et à mesure de l'épuisement des charmes et des performances de leurs véhicules successifs.

L'ÉQUATION PSYCHOLOGIQUE DE VOTRE INTERLOCUTEUR

Résumer une personne humaine en un catalogue de besoins et de motivations peut passer pour un procédé odieux et méprisable pour les uns, pour une scandaleuse fumisterie pour les autres.

Bien entendu, des bibliothèques entières tentent de cerner l'infinie complexité de l'être humain. Est-on d'ailleurs jamais parvenu, même vis-à-vis de soi-même, à étudier et à prévoir en toute certitude une psychologie et un comportement ?

Cependant, tout en étant conscient de cette immense difficulté – accrue du fait que notre interlocuteur n'est pas disposé à se considérer comme un sujet d'étude psychologique – il nous paraît indispensable de situer, grossièrement sans doute, notre interlocuteur, en présentant quelques points de repères.

L'INDIVIDU ET L'ACHAT

Tout homme inscrit sa vie alternativement et avec des intensités variables dans trois relations – individualiste, altruiste, spirituelle. La relation individualiste (ou égoïste si l'on veut) est considérée ici sans évaluation morale. Nous observons seulement que pour diverses raisons, pas forcément répréhensibles, un individu se privilégie lui-même.

La relation altruiste peut avoir plusieurs degrés, le premier fortement affectif, le dernier parfaitement intellectuel.

La relation altruiste affective est celle qui nous fait considérer l'autre en relation de tête à tête : épouse ou époux, enfant, parent proche, ami. Notre choix vise à la satisfaction de ce ou de ces autres qui sont proches à notre cœur.

Une seconde relation altruiste, sociale celle-là, nous fait choisir en fonction de notre appartenance à tel milieu de travail, telles relations mondaines, tel milieu social ou politique.

Jusqu'à ce point, on peut écrire que la relation est réelle.

Mais il est fréquent d'observer, y compris chez des individus parfaitement équilibrés, une recherche d'appartenance à un ou plusieurs milieux inaccessibles. Tel adopte le modèle de comportement d'un personnage célèbre qu'il ne rencontrera jamais – tel déguste un certain cognac comme un prince imaginaire dont c'est la boisson favorite, telle encore se figure que le port de ce foulard à la marque bien en évidence la fait pénétrer dans un milieu favorisé au sein duquel sa situation de fortune ne lui permettra jamais d'être admise[1].

Laissons à chacun ses recettes de bonheur. Nous serions même tenté de les respecter, notre propos ici étant de comprendre et non de juger – au nom de quoi jugerions-nous ?

La relation spirituelle repose sur un dépassement de l'homme. À sa source l'attirant et l'expliquant, Dieu pour les uns, une exigence supérieure pour les autres qui transcende l'homme.

Une clé de lecture des besoins et des motivations d'achat

Au fond, nous reprenons les éternelles questions du vendeur – « Pourquoi mon interlocuteur achète-t-il ? Que dois-je connaître de la logique et de la sensibilité de son raisonnement pour l'aider à se décider en faveur de ce que je lui propose ? »

Nous essaierons de saisir notre interlocuteur à deux niveaux. L'un, statique, vise à retrouver les grandes catégories de réponses apportées par l'achat à tels besoins ou telles motivations. L'autre, dynamique, cherche à situer les forces qui feront passer notre interlocuteur d'un état passif à la décision et à la réalisation de l'achat.

---

1. Lire Edgar Morin, *Les Stars*, Seuil.

BESOINS ET MOTIVATIONS

Un interlocuteur achète parfois, tout simplement pour satisfaire un besoin élémentaire d'ordre physiologique : il a *faim*, il a *soif*, il est *fatigué*.

Cependant, même dans ce cas, dès qu'il existe une possibilité de choix – nous avons déjà vu que le refus de faire est un des termes de l'alternative (ne pas boire le seul breuvage existant momentanément pour étancher sa soif est un choix) – on aborde un degré supérieur d'explication du comportement d'une personne (que nous appelons motivation).

Cette explication du comportement correspond-elle à un *besoin* ou à une *motivation* ?

Le besoin est défini comme le désir ou la nécessité de compensation d'un manque (*Littré*) ou comme une exigence née de la nature ou de la vie sociale (*Robert*). Si nous suivons ces définitions, tout ce qui explique l'achat est besoin, et le terme « motivation » ferait double emploi avec le besoin.

Il nous paraît plus explicatif de réserver le besoin aux degrés élémentaires de la nécessité et la motivation aux degrés élaborés. Le besoin sera, dans notre convention, physique ou naturel, la motivation sera psychique.

Nous distinguerons les motivations personnelles (individualistes) des motivations altruistes.

LES NEUF FAMILLES DE MOTIVATIONS PERSONNELLES

Les motivations relatives à la *sécurité*

Qu'il ait besoin d'être *défendu*, d'être *protégé*, qu'il demande que l'on *prévienne* tout danger, tout inconvénient dommageable, l'individu estime fondamentalement que son équilibre est rompu tant qu'il ne peut pas accorder sa confiance.

À cette famille, on rattachera le désir de *garder son intégrité*, de *ne pas perdre de sa substance*, d'être en quelque sorte couvert par une garantie ou par une assurance.

Les motivations d'*avidité*

Ici l'individu ne se replie plus sur lui-même, comme dans le groupe de motivations précédent, mais au contraire se fait conquérant : il est ambitieux, il veut agrandir son domaine, *posséder, accumuler, dominer*.

L'intérêt pour *l'argent* en tant que tel se rattache à cette famille, mais l'avidité ne s'exprime pas seulement en termes d'argent.

On notera d'ailleurs au passage que la manipulation de sommes considérables par un trésorier-payeur général lui crée des soucis explicables par la motivation de sécurité et non pas celle d'avidité : il ne s'agit pas pour lui, dans ses fonctions, de son argent.

Les motivations de *confort*

Apparentées à l'antique paresse, mais toujours actuelle, on trouvera dans cette famille le souci de *facilité*, de *commodité*, de *bien-être* matériel ou intellectuel (le confort moral n'est-il pas paresse, indolence ou mollesse intellectuelle ?).

Les motivations *hédonistes*

Si le confort est attaché à une certaine passivité, la recherche du plaisir peut rendre l'individu plus actif.

Un degré plus intense de l'hédonisme est constitué par la *jouissance*, cette pleine *volupté*.

Nous rattachons à ce groupe la recherche de satisfactions esthétiques en ce qu'elle participe au plaisir.

Sous l'appellation d'*estime de soi*, on trouve un groupe de motivations que les psychologues des dernières décennies ont mis en lumière et qui, selon leur intensité, vont de l'*orgueil* et du *narcissisme*, au simple souci d'avoir de soi une *image distinctive*.

Également, sujet d'attention récente, le *besoin d'appartenance* que ce soit à la famille, à un milieu social, à un groupe humain dépasse le seul instinct grégaire pour susciter soit des attitudes conformistes (adoption de styles de vie, de modèles de comportement et de consommation) soit en sens contraire des attitudes anticonformistes (dont certaines sont de nouveaux conformismes) nourries par la curiosité et ouvertes à la *nouveauté*.

« *Le comportement d'un individu ne peut être compris qu'en liaison avec le comportement de tout le groupe social dont il est membre* », George Herbert Mead.

Être relié à un réseau humain, chaleureux avec lequel on puisse échanger, se sortir de son isolement, est une force à laquelle l'urbanisation nous a rendu plus sensible qu'auparavant.

Notre civilisation – si nous pouvons ainsi qualifier un résultat parfois aussi sinistre – nous engage à l'isolement, au cloisonnement, à la déshumanisation. Il y a en contrepartie une violente aspiration à faire éclater cette gangue.

La nécessité d'obtenir l'*estime des autres* se rapporte-t-elle au groupe de motivations précédent ? Bien sûr, il y a dans cette aspiration comme un pont jeté entre les autres et nous ; peut-on pour autant fonder ce groupe de motivations sur un quelconque comportement par référence à un groupe humain, à un conformisme ? C'est plutôt un signe de *reconnaissance*, un signe d'intelligence, de perception qui est appelé.

Un individu se révèle par ses œuvres. L'*expression de soi, le besoin de créer*, de se manifester par ses réalisations, est une motivation peut-être d'autant plus ressentie que le travail devient de moins en moins manuel, tant en raison de la mécanisation et de l'automatisation que par la diffusion des emplois tertiaires et quaternaires.

À un plus haut degré d'exigence personnelle se trouve *l'accomplisse-ment de soi*, et sa version la plus haute, le *dépassement de soi*, quête raffinée de plein emploi de ses capacités et de mise à l'épreuve des dites capacités en excédant ses propres limites.

Les motivations altruistes

Donner aux autres (conjoint, enfants, proches, amis) procède d'une démarche par laquelle la priorité est d'abord accordée à la satisfaction d'autrui.

Ces motivations sont en fait complexes puisqu'elles étendent leur spectre de la physiologie au don de soi sublimé, en passant par toutes les qualités *d'abnégation*, de *désintéressement*, d'*oubli de soi*, ou si l'on veut d'un besoin naturel à une vertu, la plus riche de toutes me semblant être de *répandre le bonheur* autour de soi.

L'AGENCEMENT DES MOTIVATIONS : L'ÉQUATION PSYCHOLOGIQUE

Si peu ou prou, chaque personne humaine possède la totalité des besoins et des motivations, l'existence de ces besoins et de ces motivations ne se manifeste pas avec la même intensité d'un individu à l'autre. Les entrelacs et l'organisation de ces motivations diffèrent en chacun. Chacun a sa propre équation psychologique (nous verrons de plus, un peu plus bas, que le produit, le service ou l'idée proposée influent sur le jeu des motivations dans la prise de décision).

Peut-on trouver une explication à ces différentes équations psychologiques ? Nous hasarderons quelques réflexions en forme d'hypothèses.

PRESSIONS, MOUVEMENTS, FILTRAGE DES MOTIVATIONS

La libre expression des motivations est altérée par différents phénomènes de pressions, de mise en mouvement, de filtrage.

La personnalité de l'individu (son caractère), le milieu dans lequel il vit, les idées du temps (aussi appelées courants socioculturels) exercent autant de pressions sur ses pulsions motivationnelles, soit pour les développer soit pour les réprimer.

Les motivations sont mises en mouvement pour toutes sortes de stimulants internes ou externes : besoins physiologiques d'une part (faim, soif), représentations diverses, soit réelles (vue et odeur d'un plat appétissant), soit artificielles (publicité, photos d'un magazine). On se rappelle les expériences de Pavlov sur les réflexes conditionnés.

Mais dans sa riche complexité, l'individu va se trouver soumis à des conflits de motivations de forces contraires. L'expression de soi peut se heurter à la recherche de la sécurité : le comportement de cette personne dira laquelle des motivations a prévalu.

On peut également observer que l'énergie, les ressources financières, le temps d'un individu, en raison de leur caractère limité, l'obligent également à gérer ses motivations et à exercer des choix par élimination.

Enfin chaque motivation fait l'objet d'une évaluation qui constitue une sorte de filtrage. Cette évaluation est nourrie par les connaissances vraies ou fausses de l'individu (« je sais » – « je crois savoir ») par son affectivité ou ses sentiments (« j'aime » – « je déteste »), par son souci de cohérence avec ses attitudes passées (telle mise en valeur ou telle censure de certaines motivations risquent de se prolonger dans le temps) par l'ignorance volontaire de sujets censurés (cancer, maladie, décès).

DES MOTIVATIONS AU COMPORTEMENT

Besoins, motivations, équation psychologique : a-t-on décrit complètement ce qui fera passer notre interlocuteur de l'acceptation du produit, du service ou de l'idée à l'acte d'achat ?

Pas tout à fait. Le passage à l'action est tributaire de facteurs propres à l'objet de la décision et de facteurs propres à l'individu.

Claude Werk, reprenant des travaux de Yannenbaum Swanson et Kurt Lewin[1] estime que le changement d'attitude que provoquerait l'acceptation de notre proposition est d'autant plus improbable :

- que l'attitude est extrême ou qu'elle est liée à la satisfaction d'un besoin très puissant ;
- que l'attitude est incluse dans un système vaste, équilibré ou structuré ;
- que l'attitude est liée à une autre attitude puissante ;
- que l'interlocuteur est peu intelligent, ou est hermétique aux influences.

En revanche, le changement d'attitude est positivement influencé :

- par le caractère isolé de l'attitude (non incluse dans un système plus vaste) ;
- par l'intelligence de l'interlocuteur qui le conduit plus aisément à modifier volontairement son attitude ;
- par la suggestibilité de l'individu ;
- par le prestige et la crédibilité des sources d'information (on perçoit ainsi le rôle considérable que peut jouer le vendeur à cet égard, ainsi que le poids de l'organisation qu'il représente) ;
- par l'effet de contagion provoqué par les décisions en groupe.

---

1. Claude Werk, « La notion d'attitude », *Revue Française du Marketing*, 1968, n° 26.

PRATIQUE DE L'AIDE À LA PRISE DE DÉCISION

Ayant essayé d'approcher le système des besoins et des motivations, leur mise en mouvement et les conditions à remplir pour passer de la décision intellectuelle à l'action, il faut maintenant proposer un processus d'aide à la prise de décision de notre interlocuteur.

Nous avons déjà observé que tout achat procède d'un choix entre plusieurs solutions. Ce qui veut dire que tout individu effectue – plus ou moins consciemment et plus ou moins parfaitement – un raisonnement où la logique et l'émotion sont mêlées, sur les avantages et inconvénients respectifs des différentes solutions en présence.

En définitive, de notre point de vue, notre interlocuteur va considérer :

* notre solution ;
* la solution du concurrent le mieux placé ;
* les solutions des autres concurrents, s'il y en a.

Cette mise en comparaison concerne aussi bien une proposition de produit, une proposition de service, l'énoncé d'une idée.

LE VENDEUR INFLUENCE LA DÉCISION DU CLIENT

Nous sommes, bien entendu, persuadés (ou nous feignons de l'être) que le produit, le service, l'idée que nous présentons à notre interlocuteur est la meilleure solution qu'il puisse trouver à ses préoccupations.

Si nous en sommes persuadés, notre interlocuteur n'a pas forcément le même point de vue. C'est alors que l'on comprend le rôle indispensable d'un vendeur. Le vendeur est celui qui comprend le cheminement d'un client pour intervenir et modifier le point de vue de son interlocuteur afin de le décider en faveur de la solution qu'il lui recommande d'adopter.

Un vendeur influence la décision du client.

Oui, mais en pratique, selon quel processus peut-on agir pour influencer, sans décider à la place du client ?

ANALYSE D'UN CHOIX

Pour simplifier notre exposé – mais la démonstration s'applique naturellement à des choix multiples – nous limiterons notre analyse au choix entre deux solutions, la nôtre et une solution concurrente.

Nous allons de plus, admettre que notre interlocuteur penche spontanément plutôt en faveur de la solution concurrente ou peut-être même l'a déjà expérimentée ou envisage sérieusement de l'adopter.

En tout état de cause, dans le cas d'un choix multiple, après éliminations successives – si tant est que notre solution soit encore dans la compétition – la comparaison s'établira entre une solution et celle que nous préconisons, à laquelle nous accorderons modestement la position de challenger.

Objectivement, si l'on compare les deux solutions en présence, chacune possède :

• des avantages communs aux deux solutions ;

• des avantages exclusifs ;

• des inconvénients communs aux deux solutions ;

• des inconvénients exclusifs.

On pourrait représenter ainsi ces deux solutions :

Solution concurrente		Notre solution	
Avantages communs	Inconvénients communs	Avantages communs	Inconvénients communs
Avantages exclusifs	Inconvénients exclusifs	Avantages exclusifs	Inconvénients exclusifs

Le « jeu » dont nous disposons dans cette compétition a pour éléments favorables (zones claires sur le schéma) :

* les avantages exclusifs de notre solution ;
* les avantages communs aux deux solutions ;
* les inconvénients exclusifs de la solution concurrente.

Ce sont les éléments que nous allons nous charger de mettre en évidence au cours de la négociation.

En revanche nous allons préparer des esquives ou des traitements des objections au sujet des inconvénients communs aux deux solutions, des inconvénients exclusifs de notre solution et des avantages exclusifs de la solution concurrente (zones ombrées sur le schéma).

LES QUALITÉS COMMUNES

Est-il judicieux de mettre en évidence les avantages communs aux deux solutions en présence ?

En apparence, parce que ces avantages sont comparables ils se neutralisent. C'est d'ailleurs ainsi que raisonnent la plupart des chargés de négociation : « puisque l'avantage n'est pas exclusif, il est inutile d'en parler » : on fait le jeu de la concurrence.

Or, c'est oublier que votre interlocuteur n'a pas forcément étudié à fond les différentes solutions. Il ignore peut-être la présence de cette qualité commune chez votre concurrent. Si vous soulignez cet avantage commun comme un avantage propre à votre produit, vous pouvez le faire passer pour un avantage exclusif. Et ce d'autant plus que le vendeur concurrent, tenant le même raisonnement (« nous avons tous cette qualité, inutile d'en parler ») commettra l'erreur que vous n'aurez pas commise.

LES CHANCES D'UN PRODUIT MOYEN

Quand on compare, comme nous le faisons ici, notre solution et les solutions concurrentes, on peut prendre conscience qu'une ou plusieurs autres solutions ont objectivement des avantages supérieurs à ceux que notre produit ou service peut aligner.

Et quand bien même cela serait, notre produit ou service est-il pour autant condamné ?

Il ne faut pas commettre l'erreur classique des techniciens qui recherchent la performance sans se soucier de l'effet qu'elle produira sur le client ou l'utilisateur. Ceci ne condamne aucunement, bien au contraire, la volonté de progrès technologique. Mais, comme nous le soulignons tout au long de cet ouvrage, seul le client possède les clefs de la décision.

Donc si notre solution semble, sur le papier, inférieure à telle ou telle solution concurrente, la compétition n'est pas nécessairement perdue si le commercial comprend que son client est moins sensible à telle supériorité technique qu'il ne peut lui offrir (au contraire d'une ou plusieurs solutions concurrentes) qu'à des caractéristiques qui correspondent à ses aspirations, ses objectifs et ses contraintes.

Ainsi peut-on voir – pas toujours bien entendu – réussir certains produits classiques parce qu'ils sont bien centrés sur les attentes des clients, tandis que d'autres, techniquement supérieurs, voient leurs ventes stagner.

DIRE DU MAL DE LA CONCURRENCE ?

Dans cette comparaison entre les solutions proposées à un client, on peut envisager d'attirer son attention sur les inconvénients exclusifs du produit ou du service concurrent. Mais cela ne comporte-t-il pas quelques risques ?

Il est entendu qu'un vendeur n'est pas chargé de parler de la concurrence même pour en dire du mal. Il est reconnu qu'attaquer de front la concurrence est mal vu – du moins en France. De plus, si notre client a déjà envisagé de choisir l'autre solution ou s'il l'a expérimentée, il s'est impliqué personnellement dans cette décision. Attaquer la solution qu'il va ou qu'il a adoptée, c'est en somme l'attaquer lui-même.

Pour toutes ces raisons, l'attaque de l'autre solution sera effectuée par suggestion et non par affirmation directe.

Ainsi, au lieu de dire par une attaque frontale qui sera probablement mal reçue :

– « *Le dispositif technique de transmission n'est pas fiable.* »

Vous suggérerez, en douceur, sous la forme interrogative :

– « *Êtes-vous attentif à la conception technique de la transmission ? Quels résultats en attendez-vous ? En cas de dérèglement quelles en sont les conséquences sur la régularité de votre production ? N'est-ce pas un critère de choix auquel devrait être soumise toute décision concernant l'acquisition d'un matériel ?* »

Une autre formulation est très efficace. En présence d'un interlocuteur qui a l'expérience d'un produit, d'un équipement, invitez-le à critiquer indirectement les points faibles de sa solution actuelle par la question, anodine en apparence :

– « *Qu'aimeriez-vous améliorer ?* »

Au fond, vous chargez votre interlocuteur, par vos questions et vos suggestions, de détruire lui-même l'envie qu'il avait de renouveler l'autre expérience ou de s'engager en faveur de l'autre produit, de l'autre service, de l'autre idée.

ÉVITER DE PARLER DE NOS INCONVÉNIENTS ?

Peut-on éviter de parler de nos inconvénients, communs ou exclusifs ? Non, bien entendu, si vous n'avez pas à les évoquer, votre interlocuteur se chargera de vous les rappeler. Mais celui qui aura pris soin d'analyser les forces et les faiblesses de sa solution par rapport à la concurrence pourra préparer les esquives qui lui permettront de diminuer son handicap (voir chapitre 18 : Origines et traitement des objections).

LA DÉMARCHE PERSUASIVE

Il n'est pas inutile de rappeler que la persuasion ne s'apparente ni aux débats politiques, ni aux discussions du café du Commerce.

Dans le débat politique, deux adversaires s'affrontent non pour chercher à se convaincre mutuellement du bien-fondé de leurs thèses, mais parlent pour conforter leur clientèle électorale dans leur opinion favorable, en lui démontrant qu'ils ont été capables de secouer, voire de rosser ou de terrasser l'homme et les idées auxquels ils s'opposent.

Il ne s'agit pas ici de convaincre un autre homme.

De notre point de vue, ces « face-à-face » politiques, dont certains sont restés fameux, sont les successeurs des tournois de chevalerie où chaque cavalier en armure sur son palefroi portait à sa lance ou à son bras le foulard de la jeune femme qu'il désirait conquérir, la joute étant moins fondée sur la volonté de renverser son adversaire que de faire valoir sa vaillance et séduire ainsi sa belle.

La « discussion du café du Commerce », quel qu'en soit le sujet, ne vise pas non plus un accord final. À propos de voitures, d'équipes de football, de Corse, d'Occitanie ou de Bretagne, chaque adversaire va chercher à contredire son interlocuteur et l'utiliser comme tremplin pour se conforter lui-même dans ses affirmations. On a un peu l'impression dans ces discussions passionnées, pittoresques si les acteurs ont du talent, que chacun travaille pour lui : on part de son point de vue, on n'en démord pas et on trouve dans la résistance de l'autre des ressources nouvelles pour développer et approfondir son point de vue.

Tout autre est la démarche de vente.

Il y a pourtant les mêmes prémisses. Deux interlocuteurs, chacun portant une idée différente (si les deux interlocuteurs sont d'accord au départ, on concédera qu'il n'y a plus de vente !), mais réunis pour essayer de trouver un terrain d'accord. Chacun a son point de vue. Chacun a ses nécessités. Chacun a ses préjugés. Chacun a ses émotions propres.

RÉCIT D'UNE VENTE

L'entretien commence. Il respecte un certain nombre de rites : échange de salutations, propos anodins d'abord.

Puis on s'installe au centre du sujet et le vendeur, en même temps qu'il conduit en souplesse l'entretien, observe et enregistre les réponses et les réactions de son interlocuteur. Et tout à coup surgit la solution concurrente. C'est le client qui l'a évoquée.

Observons bien le vendeur et sa manœuvre.

Il commence par rendre hommage à l'autre solution évoquée par son interlocuteur. Ainsi faisant, il respecte en apparence le choix de son client parce qu'il soupçonne celui-ci de s'impliquer plus qu'il ne le laisse paraître dans ce choix.

En évitant d'attaquer la solution concurrente de la sienne, il évite d'attaquer le choix personnel de son interlocuteur. Il n'oublie à aucun moment qu'il est là pour conduire vers l'accord, pour construire l'accord.

Écoutons encore notre vendeur. Il reprend les avantages communs aux deux solutions, celle à laquelle pense le client et celle qu'il voudrait lui faire adopter.

Mais il reprend la description de ces avantages d'une curieuse manière : il ne cite jamais le nom de la solution concurrente. Il dit :

– « *Si j'ai bien compris, vous appréciez tels et tels avantages... »*

Et nous savons que ces avantages sont des avantages communs à la solution concurrente et à la nôtre.

En procédant ainsi, il rassure son client sur sa compréhension de la question, sur la connaissance qu'il a non seulement de son produit ou de son service, mais aussi de ses concurrents.

Par son ton d'autre part, le vendeur endort tout risque d'agressivité de son interlocuteur.

Puis le vendeur fait prendre un tournant à la conversation. Il dit à son client :

– « *Cependant, si l'on évalue les mérites respectifs des deux solutions, quelques différences apparaissent... »*

Et il complète par l'énoncé des inconvénients exclusifs de la solution concurrente, sans toutefois citer le concurrent. Il procède par questions-suggestions telles que :

– « *Que se passe-t-il quand vous constatez tel défaut de fonctionnement ? Ça doit avoir des conséquences désagréables pour vous... »*

Très subtilement, mais très clairement, le vendeur que nous observons après avoir apprécié le premier choix effectué par son interlocuteur est en train par petites touches, de saper ce bel édifice en profitant de toutes les fissures qu'il a pu remarquer dans la solution concurrente, en chargeant son interlocuteur de constater lui-même qu'il y a un inconvénient et en développant les désagréments pour lui de tels inconvénients.

Le client éprouve l'impression que son vis-à-vis se met à sa place et l'aide à raisonner. C'est d'ailleurs bien ce que fait notre vendeur. Mais le vendeur n'a pas achevé son œuvre.

Ayant rejeté le doute chez son client sur les mérites de la solution que celui-ci envisageait, il avance les avantages de la solution qu'il propose, en reprenant les avantages communs et en faisant définitivement pencher la balance en sa faveur par l'exposé des avantages exclusifs de son produit, de son service ou de son idée.

– « *Ce n'est pas une histoire, c'est un conte que vous nous récitez-là !* », observeront quelques lecteurs.

Le croyez-vous ? Ce récit reprend en l'expliquant la démarche persuasive, et intègre quelques-uns des conseils contenus dans le présent ouvrage. On aura reconnu au passage l'empathie, l'argumentation structurée, la reformulation, l'art de suggérer, etc.

Pour tirer l'essentiel de ce récit, on soulignera que le vendeur réussira d'autant mieux à vendre qu'après avoir compris les besoins, les possibilités et les motivations de son interlocuteur, il s'assure de la présence éventuelle de solutions ou d'idées concurrentes dans la place et conduit son client à les écarter, et après seulement, quand le champ devient libre, il avance sa propre solution.

Vendre, ce n'est donc pas proposer d'emblée son produit, son service et son idée. Vendre c'est-à-dire *bien vendre*, c'est préparer soigneusement son terrain et sa manœuvre pour trouver enfin l'accord.

*Je sais que vous pensez avoir compris
ce que vous pensez que j'ai dit ;
mais je ne suis pas sûr que vous
vous rendiez compte que
ce que vous avez entendu
n'est pas ce que je voulais dire. »*

COMMUNIQUER EST DIFFICILE

Tout entretien de vente est fondé sur une relation, donc une communication entre deux individus. Notre expérience des phénomènes de communication entre individus nous fait toujours trouver surprenant que deux personnes arrivent facilement à un accord.

Sans être trop pessimiste, nous nous demandons souvent au prix de quels malentendus, mineurs sans doute, cet accord a été conclu. Soyons clair. Nous pensons que deux individus en relation d'affaires, en négociation d'idées peuvent se comprendre. Ce chapitre essaie de clarifier cette affirmation. En revanche, l'état présent des individus rend cette compréhension difficile.

LES CAUSES DE MALENTENDU

Cette compréhension est difficile parce que chacun a ses propres objectifs, poursuit sa propre idée, ne s'intéresse pas à l'autre et l'écoute mal, ne répond pas à la véritable question de l'autre, emploie un langage ou fait référence à un système de pensée, d'éducation, de société, de sensibilité, de morale incompris.

Sans reprendre ici la théorie générale de la communication, mais rappellons que la communication se fait selon le schéma suivant :

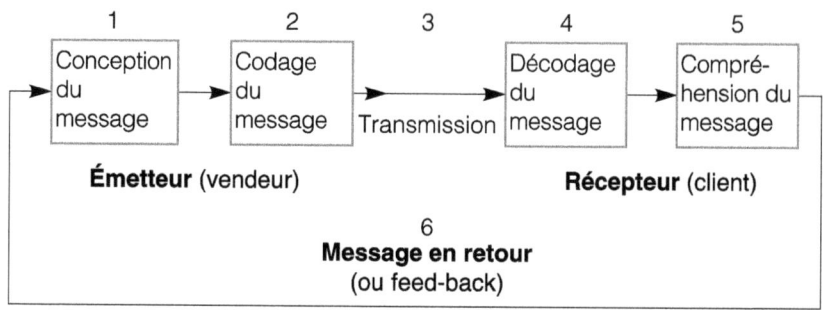

En bref, un individu, le vendeur par exemple (l'émetteur), envisage de dire quelque chose à un autre individu, son client (le récepteur).

1. L'émetteur va concevoir son message en fonction de son propre objectif, et s'il se soucie de son interlocuteur, en fonction de ce qu'il suppose être l'objectif propre de cet interlocuteur.

    Pour le moment, l'émetteur n'a rien exprimé de son message. Il l'a seulement pensé. Le message est une idée pure.

2. Maintenant l'émetteur a choisi de s'adresser par la parole à son interlocuteur : les mots qu'il choisira (cet aspect est traité dans le chapitre 17 « Parler »), le timbre et la force de sa voix, la vitesse du débit, l'articulation et les silences, mais aussi son attitude physique, l'expression de son visage, son vêtement, ses gestes, tout ce qui constitue l'expression va altérer la pureté de l'idée. On dit que le message est codé.

3. La parole est émise et la vibration acoustique qu'elle représente est susceptible de connaître d'autres altérations, les altérations de transmission (appelées en acoustique « bruits »). Ce phénomène d'altération est, par exemple, sensible dans la transmission

téléphonique. Le vendeur peut la rencontrer dans un local sonore (écho), bruyant, etc.

4. Le message est reçu par l'oreille du récepteur. Selon quelle grille – et quelle nouvelle déperdition – va-t-il le recevoir ? C'est le décodage du message. Ce décodage est tributaire de l'intérêt que le récepteur porte au message de l'émetteur : y prêtera-t-il seulement attention ? Ira-t-il jusqu'à l'écouter ?

5. Ce message entendu, écouté – c'est-à-dire ce qu'il reste encore du message initial de l'émetteur – va s'inscrire dans les systèmes de valeurs, de référence de sensibilité de l'interlocuteur qui va en accepter une partie, rejeter une autre, ignorer (censurer) une troisième, transformer en le reconstruisant une quatrième partie.

6. Le récepteur va alors manifester par un message en retour, sa réaction envers ce qu'il a effectivement enregistré du message initial.

La question importante qui se pose consiste à savoir si on peut effectivement maîtriser ces multiples transformations du message et diminuer fortement les distorsions qu'il subit.

Dans un premier temps, le vendeur ne peut pas maîtriser les données internes de compréhension propres à son interlocuteur : son caractère, son système mental d'échelle de valeurs, de références lui sont mal connus – voire inconnus quand il s'agit d'un premier entretien.

Cependant, au fur et à mesure de la poursuite de l'entretien, à travers les propos de son interlocuteur, le vendeur va « lire » un caractère, une expérience, une vie et déjà mieux comprendre son interlocuteur.

Un certain nombre de moyens (de techniques) sont à sa disposition et nous verrons que derrière l'aspect peut-être déplaisant de ces techniques se profile un esprit de compréhension et de construction qui transcendent ce que de telles techniques peuvent avoir au premier abord de mécanique.

Nous traiterons successivement des attitudes favorables à la communication, puis des techniques de communication.

ATTITUDES FAVORISANT LA COMMUNICATION

« Ce que tu es parle si fort que je n'arrive pas à entendre ce que tu me dis. »

Le comédien Claude Rich raconte qu'il joue malgré lui des tours pendables à ses partenaires de théâtre. En effet, il est tellement sensible et perçoit si bien l'état psychologique intérieur de ses partenaires qu'il leur répond, non pas avec le ton que voudrait la réplique écrite par l'auteur mais en fonction de l'état réel qu'il devine chez son ou sa partenaire.

Ce qui a parfois des effets curieux...

Cette anecdote nous semble la meilleure introduction aux attitudes qui gouvernent – favorablement ou non – la communication.

Les attitudes qui favorisent ou défavorisent la communication peuvent être regroupées selon trois grands thèmes : psychique, social et physique.

PSYCHISME ET COMMUNICATION

Si chacun était capable de maîtriser ses émotions et d'organiser logiquement les informations qu'il reçoit de son interlocuteur, on n'assisterait pas à autant de discussions âpres, ni à autant d'incompréhension.

Seulement voilà, et c'est bien entendu ce qui apporte encore beaucoup de charme à nos rencontres avec autrui, même si elles sont professionnelles, nous sommes ainsi faits que notre sensibilité commande et notre cerveau n'a pas la rigueur implacable du calculateur électronique.

Sans vouloir chercher à nous transformer en monstres froids, il nous faut bien raisonner sur ces troubles que nous apportons à notre entretien avec un autre.

Sur un plan émotionnel, nous nous maîtrisons si peu que, dès qu'une objection ou une simple difficulté surgit, notre sensibilité nous empêche de replacer cette objection ou cette difficulté dans un contexte beaucoup plus vaste.

« Nous avons perdu une bataille ; nous n'avons pas perdu la guerre » s'applique ici très exactement.

Voir surgir une difficulté ne signifie nullement que notre vente est dans une impasse. Elle prend au contraire, un tour passionnant.

« Les difficultés ne sont pas faites pour abattre, mais pour être abattues ».

C'est précisément une des premières responsabilités de tout vendeur, face à ces difficultés, de garder une parfaite maîtrise de luimême, de repérer qu'il est en face d'une difficulté, de la situer – avec la collaboration de son interlocuteur – dans un contexte relatif (nous reprendrons ce point dans les chapitres sur les réponses aux objections).

DÉDRAMATISATION ET HUMOUR

Deux dispositions nous semblent très recommandables à cet égard : la dédramatisation et l'humour.

- *Dédramatiser,* c'est aider son interlocuteur à maîtriser sa propre sensibilité. C'est donc l'inviter à prendre du recul par rapport à sa situation, par rapport à sa réaction, c'est le conduire à se reprendre en l'aidant à raisonner, à « relativiser » ce qui est cause de son émotion.
- *L'humour* a un peu les mêmes caractéristiques en ceci qu'il oblige les interlocuteurs à prendre leurs distances par rapport à eux-mêmes, à être spectateurs de leur propre personnage et de leur propre comportement, à s'abstraire de leur passion ou de leur émotion[1]. L'humour est un médicament qui ne réussit pas à tous les individus, tous n'étant pas prêts à s'échapper brutalement d'eux-mêmes pour s'en moquer légèrement.

---

1. « Le rire n'a pas de plus grand ennemi que l'émotion. », écrit Henri Bergson en soulignant combien il aide à se détacher, à « anesthésier momentanément le cœur. »

LE MÉDIATEUR

À l'humour et à la dédramatisation, nous voudrions ajouter l'aide précieuse que peut apporter un médiateur pour nous aider à nous comprendre.

Notre métier de conseil nous a fréquemment conduit à observer des tensions dans les relations entre les individus. Nous avons, par rapport à deux individus qui se retrouvent régulièrement, l'immense avantage d'être « naïf », de pouvoir jeter un regard neuf, sans préjugé, sur un état des relations que nous ignorions jusqu'à ce que nous soyons consulté : sans être plus adroit qu'un autre, cet œil neuf nous permet de distinguer immédiatement le principal de l'accessoire et donc, d'aider les deux interlocuteurs à dépassionner leurs relations.

Cet appel à la médiation d'un tiers doit également figurer dans la panoplie des dispositions que peut prendre un vendeur pour résoudre une difficulté.

QUAND NOTRE INTELLIGENCE NOUS JOUE DES TOURS

> *« Ce que tu appelles expérience,* disent les jeunes à la génération qui les précède, *c'est la somme des coups de pieds au cul que tu as reçus durant ta vie entière. »*

Nous en sommes tous là. Mais ces expériences désagréables, si elles ont été une leçon pour nous, ont heurté notre orgueil ou simplement notre sensibilité et nous ont conduit à adopter un certain dispositif de réactions à des stimuli analogues.

D'une façon plus générale, tout ce que nous avons appris soit par acquisition intellectuelle, soit par acquisition expérimentale, soit par l'observation, tout ce qui constitue notre culture propre, est enregistré par notre cerveau selon une certaine organisation.

LES INFÉRENCES

Cette organisation de notre intellect nous conduit à reconstituer des faits épars « qui nous rappellent quelque chose d'analogue » selon un certain assemblage qui nous est propre et qui fait écran à la réalité.

En somme, face à une succession d'observations, nous additionnons à ces observations celles qui nous manquent et nous reconstruisons une histoire qui est nourrie partiellement par des faits objectifs et partiellement par des déductions tirées de notre culture.

Cette deuxième alimentation s'appelle l'inférence.

Un petit récit nous en fera prendre conscience :

> la seule voiture stationnée devant
> le 21, avenue de Versailles est noire
> les mots « Dr S. M. » sont
> fixés en petites lettres d'or sur la
> portière avant gauche de la voiture.

Que savons-nous au juste après la lecture de ce récit ?

Peut-on affirmer qu'il y a un malade au 21, avenue de Versailles ?

Le 21, avenue de Versailles est-il le domicile de ce médecin ? La voiture noire appartient-elle au docteur S. M ? (elle peut être acquise en leasing). Or tout ceci nous sommes tentés de le penser et nous nous surprenons en train de faire des inférences.

Nous projetons ce que nous avons acquis ailleurs sur des faits en nombre insuffisant pour enrichir l'histoire. Nous remplissons les vides et reconstituons l'histoire à notre manière.

Notre écoute du client est tributaire du même phénomène. Notre intelligence nous invite en permanence à inférer. Méfions-nous de notre intelligence.

Il faut, selon le précepte toujours actuel de Descartes, « ne recevoir jamais aucune chose pour vraie que nous ne la connaissions évidemment être telle, c'est-à-dire éviter soigneusement la précipitation et la prévention, et ne comprendre rien en plus de nos jugements que ce qui se présenterait si clairement et si distinctement à notre esprit que nous n'eussions aucune occasion de le mettre en doute. »

PROCÈS D'INTENTION, PRÉJUGÉS, SUSPICION

Ce phénomène d'inférence prend une importance bien plus considérable si l'on observe que notre faculté de déduction ne se limite pas seulement au phénomène de perception des faits et des relations entre ces faits, mais s'étend – ce qui est plus grave – à notre tendance à juger les autres, c'est-à-dire à affecter à nos observations une cotation issue de notre morale propre.

« Il dit ceci... donc il est cela, selon mon propre système de valeurs. »

Mais réfléchissons à ceci : notre interlocuteur ne nous a pas invités à le juger, mais à trouver une solution à ce qui le préoccupe. Et s'il devinait que nous sommes en train de le juger, ne romprait-il pas immédiatement tout dialogue avec nous ?

Ainsi juger quelqu'un, c'est-à-dire inférer des faits à notre système de valeurs morales, c'est d'abord sortir de l'objet de notre entretien, mais de plus c'est rompre l'égalité entre individus que suppose toute négociation.

Juger autrui, c'est ne pas respecter son droit à être différent de soi, c'est donc rompre la difficile communication entre deux individus. Au fond la morale n'a rien à faire dans la conduite d'un entretien de négociation, si ce n'est qu'elle intervient avant l'entretien pour se fixer des limites à respecter et après l'entretien pour évaluer le résultat à la lumière de nos intentions.

© Groupe Eyrolles

L'AUTOCENSURE

Un autre phénomène perturbe la communication entre deux individus : c'est ce dispositif qui existe en chacun de nous et qui nous
conduit à dire : « Non ».

Il s'agit ici encore d'un phénomène d'inférence où, forts de notre
expérience des échecs précédents, nous décidons que « c'est impossible », que « ça ne nous concerne pas. »

Écoutons-nous parler. Voilà ce que cela donne :

- J'ai essayé. Je sais que ça ne marchera pas.
- C'est le travail de Martin, pas le mien.
- Ça ne m'intéresse pas.
- Je ne suis pas encore prêt...
- Ça fonctionne bien depuis quinze ans, pourquoi changer ?
- Je suis trop petit pour cela.
- Jamais ma direction ne l'acceptera.
- Ça suppose plus de travail et d'efforts...
- etc.

Arrêtons la litanie : trois pages de ce livre n'y suffiraient pas. Ce
genre de réflexe défensif pour éviter l'échec, cette peur de ce qui est
nouveau nous font penser à la célèbre remarque :

> – « *Tout le monde croyait que c'était impossible jusqu'au jour où
> arriva un imbécile qui ne le savait pas et qui le réalisa.* »

Et si notre interlocuteur pratique lui aussi cette autocensure de ses
possibilités, c'est notre responsabilité, après avoir pris conscience de
l'existence du phénomène en nous, de l'aider à vaincre son appréhension, à relâcher sa propre censure.

LES ATTITUDES SOCIALES DE LA COMMUNICATION

Communiquer c'est être en société. En société à deux personnages pour ce qui fait l'objet de ce livre.

Quels vont être nos comportements et de quelles attitudes seront-ils les signes ?

Être dans le corps social met chaque individu dans l'obligation, plus ou moins spontanément acceptée, de reconnaître la présence d'autres personnes que soi-même avec lesquelles il va falloir composer.

Dans ce qui précède, on constate qu'une telle attitude est la marque d'une communication subie. Tout autre est l'attitude qui favorise les rapports sociaux.

Cette attitude favorable est faite d'ouverture à autrui, d'intérêt sincère pour l'autre, d'empathie, de considération, chaque facteur marquant une progression par rapport à celle qui le précède.

Mais l'autre vous attend aussi d'une certaine manière. Il vous veut présent, sincère, assuré, de bon sens, l'humeur sociable.

ALLER VERS L'INTERLOCUTEUR

Chacun a constaté qu'un introverti a quelques difficultés à rencontrer les autres, à s'ouvrir à eux. Un des premiers conseils personnels que l'on pourra donner consistera à inviter cet introverti à régler d'abord les problèmes propres qui l'inhibent avant de se tourner vers autrui. On peut considérer cette attitude d'ouverture comme la première disposition à avoir ou à acquérir pour prendre contact avec un interlocuteur, lui adresser la parole et l'entraîner vers un but, c'est-à-dire le convaincre de faire quelque chose.

LE COMPORTEMENT D'ENQUÊTEUR

Concrètement cette attitude d'ouverture se traduit par le
« comportement d'enquêteur », c'est-à-dire par une manière de faire
où le visiteur (le vendeur) ne se met pas en avant, mais au contraire
s'efface pour laisser son interlocuteur se révéler sans contrainte.
Cette attitude d'ouverture s'oppose à l'attitude de jugement. Nous
venons d'évoquer cet aspect.

L'INTÉRÊT SINCÈRE POUR L'AUTRE

On peut aimer côtoyer les autres sans pour autant s'y intéresser.
Aussi l'attitude d'intérêt sincère pour l'autre marque-t-elle un degré
supplémentaire dans l'approche de l'interlocuteur.

Les indices de comportement significatifs de cette attitude sont
nombreux : quand vous vous intéressez à quelqu'un, votre regard est
mobilisé par votre interlocuteur, votre attention reste maintenue.
Mais comme votre interlocuteur ne mérite pas forcément cet intérêt,
il va falloir vous forcer à l'intérêt, ce qui explique qu'un entretien de
vente soit une épreuve impliquant une tension certaine s'il dure plus
d'une heure et s'il est correctement assumé par le vendeur.

Et si notre interlocuteur est d'une insuffisance notoire... adoptez le
comportement poli du duc de Morny qui disait :

  – « *Un homme poli est celui qui peut, avec intérêt, écouter parler d'un
  sujet qu'il connaît bien par quelqu'un qui en ignore tout.* »

L'EMPATHIE

S'intéresser à l'interlocuteur peut encore être dépassé par l'attitude qu'on appelle empathie, c'est-à-dire la faculté de s'identifier à quelqu'un, de ressentir ce qu'il ressent, de percevoir son idée et son attitude en se plaçant de son point de vue, d'assimiler son cadre de références.

Le psychologue américain Rogers a étudié et mis en relief cette attitude[1] qui implique que le vendeur soit réceptif non pas seulement aux paroles, comme dans les attitudes précédentes, mais aussi à toute la personnalité de son interlocuteur.

L'empathie nécessite le respect absolu de ce qu'est l'autre et la reconnaissance sans esprit d'évaluation ou de jugement, qu'il puisse être différent de soi. Ce qu'on appelle le « respect de son altérité ».

Cette attitude est loin d'être neutre dans ses conséquences : elle conduit à l'acceptation du pluralisme des idées, des sentiments, des manières d'être. De plus, on peut estimer que si l'on accepte une telle abnégation vis-à-vis d'idées, de sentiments et de manières d'être, celui qui entre en empathie prend le risque d'être lui-même changé.

Il y a dans la démarche empathique comme une osmose entre le point de vue de celui avec qui vous dialoguez et votre point de vue, de manière à favoriser le passage de votre idée, votre produit, votre service jusqu'à son adoption par votre interlocuteur.

LA CONSIDÉRATION POUR AUTRUI

L'empathie nécessite une dépossession de sa propre personnalité par celui qui l'exerce. En acceptant l'autre jusqu'à en être changé soi-même, on peut craindre une sorte d'uniformisation lente des individus, si tant est que chacun accepte cette discipline. En cela elle

---

1. Carl Rogers, *Développement de la personne.*

n'est pas tout à fait satisfaisante pour l'esprit. Sans revenir sur les avantages importants de l'empathie pour favoriser la communication entre deux individus, l'empathie peut s'accompagner d'une reconnaissance mutuelle de chacun quant à son propre système de valeurs morales, intellectuelles, sensibles. Nous appelons ce quatrième degré dans l'échelle des attitudes sociales favorisant la communication, la considération pour autrui. Emerson[1] l'a bien ressenti qui déclarait :

– « *Tout homme m'est supérieur en quelque matière.* »

Dans cette attitude de considération, au contraire de l'empathie où le vendeur gomme son personnage pour respecter l'altérité, ici ce sont deux personnalités qui se trouvent face à face, qui négocient de puissance à puissance, chacune avec ses aspects insuffisants et ses forces propres et exclusives (nous reprenons cet aspect dans les pages suivantes). C'est une attitude plus riche, plus exigeante aussi dans la mesure où l'individu qui vend ne disparaît pas derrière son produit, son service ou son idée, mais est parfaitement lui-même et porte avec lui en accompagnement – le produit, le service ou l'idée qu'il veut faire accepter par l'autre.

La rencontre entre ces deux personnalités peut provoquer des jeux subtils de dépendance, de fuite et d'accords en entrelacs complexes.

VOTRE REPRÉSENTATION SOCIALE

Il ne suffit pas de reconnaître l'autre pour que le dialogue s'engage sur des bases favorables. Encore faut-il que vous existiez aux yeux de l'autre.

Votre interlocuteur ne s'ouvrira pas lui-même en face d'un être inexistant.

---

1. Ralph Waldo Emerson, philosophe américain (1803-1882).

Combien d'acheteurs avons-nous entendu regretter amèrement le peu de consistance des vendeurs :

— « *Ils ne sont pas à la hauteur de leur situation. Nous déplorons leurs faibles connaissances techniques des conditions d'utilisation et d'exploitation de leurs produits ou de leurs services. De plus, ils sont hyperconditionnés : on a davantage l'impression d'avoir affaire à des automates qu'à des personnages à notre hauteur avec lesquels un échange véritable, à dimension humaine, soit possible. Quand on rencontre un homme vrai en face de soi, on cherche à l'aider.* »

Le jugement est sévère, mais significatif de ce que tout interlocuteur attend de celui qui vient lui proposer un produit, un service, une idée.

ÊTRE VRAI OU LA CONGRUENCE

Quand votre client estime avoir en face de lui un automate, il vous ressent comme porteur d'un masque. Or il attend en face de lui un être équilibré et complet ayant réalisé l'harmonie entre ce qu'il ressent, la conscience qu'il en a et l'expression qu'il en donne.

Choisir la vente, choisir de vendre, même si ce n'est qu'une activité occasionnelle, c'est prendre une décision personnelle qui ne peut être exercée à la surface de vous-même, mais qui mobilise un certain nombre de ressources de votre personnalité.

On ne peut pas jouer au vendeur. Ce serait se masquer. On est ou on n'est pas vendeur.

COURAGE ET ASSURANCE

Exister pleinement aux yeux de votre interlocuteur implique que vous manifestiez votre propre certitude envers la qualité de la proposition que vous lui faites. Il ne s'agit cependant pas de chercher à manifester à votre client une assurance sans discernement.

Cette certitude est parfois battue en brèche par les incidents inévitables à toute relation commerciale. Alors considérez-vous comme solidaire de la société ou de l'organisation qui vous a mandaté pour votre démarche.

Rien de plus déplorable que la fuite de celui qui, face à une réclamation justifiée ou non, prend pour parti de fuir en reportant la responsabilité sur un autre service ou une autre personne. Tout client apprécie le courage et la conviction d'un vendeur qui défend sa société et fait corps avec elle-même si celle-ci est en position difficile. Au-delà de la manifestation de mauvaise humeur du moment, vous gagnerez l'estime de votre interlocuteur par cette attitude responsable et courageuse.

LE CHARISME DU VENDEUR

Tout homme diffuse par sa présence un rayonnement plus ou moins riche, plus ou moins intense et qui provoque une attirance naturelle de ses interlocuteurs. Les latins, disposent plus facilement de ce magnétisme, ou charisme, que d'autres peuples (même si l'acception du terme charisme le réserve aux hommes illustres et aux mystiques). Quoique la part de l'inné soit importante, le charisme est un don qui se cultive.

Qu'est-ce qui, chez un vendeur, est le fondement de son charisme vis-à-vis de son interlocuteur ?

• Le charisme est porteur et expression de vie. Il exprime une libération. Il est porteur de liberté.

• Le charisme ne prend pas appui sur celui qui en perçoit le rayonnement pour se définir. Le vendeur charismatique ne prend pas possession de son interlocuteur, mais propose en toute liberté et provoque, s'il l'obtient, une adhésion vraie.

• Le charisme exprime aussi une solidité, une puissance, une résistance physique.

- La créativité nourrit le charisme. La créativité ou la capacité de relier entre eux des phénomènes en apparence étrangers l'un à l'autre et dont l'association inattendue féconde la pensée. Le vendeur charismatique est imaginatif et inventif quand la difficulté se présente et entrave le cours de la négociation.
- La compétence présente qui appuie l'aura du prestige des succès passés du vendeur, une connaissance au-dessus de la moyenne des dossiers plaidés, de l'habileté dans la manœuvre, de la diplomatie vis-à-vis des structures en place, une adresse dans l'expression contribuent également au rayonnement du vendeur.
- Il y a encore dans le charisme une étrangeté qui rend le vendeur unique, qui le distingue de la grisaille des hommes.
- Le charisme contient de plus l'autorité et le bon sens qui le rend capable de maîtriser la folie et l'instabilité des autres.
- Le charisme est également joie, capacité à répandre le bonheur de vivre autour de soi.
- Quant au physique – stature, prestance, regard – et à la parole, ils ne sont que les effets du charisme, ils n'en sont pas la cause.

Peut-on prendre conscience de son charisme personnel ? Oui d'une façon partielle. Mais en être trop conscient et en jouer de façon systématique vis-à-vis d'autrui risque de nous faire verser dans un cabotinage sans gloire et de ne nous laisser qu'à la surface de nous-même, sans chaleur, sans profondeur, sans rayonnement.

6 La double dimension émotionnelle de la vente

Par double dimension, nous entendons que les deux interlocuteurs de toute vente, un fournisseur et son client, comme tout être de chair et de sensibilité, sont exposés à des réactions d'ordre émotionnel au cours de l'échange qui les réunit pour tenter de concilier des intérêts parfois concordants, mais aussi parfois discordants. C'est la captation des émotions du client par le vendeur que nous abordons ici. (Nous avons déjà abordé la question de la maîtrise de ses émotions par le vendeur dans notre chapitre 5.)

Si le domaine des émotions appartient à la psychologie, on ne saurait le confondre avec ce que nous avons écrit (chapitre 4) sur l'équation psychologique de chaque client et sur ses motivations d'achat.

Qu'entend-on par *émotion* ? L'émotion est définie comme une réaction affective intense, comme un trouble affectif, généralement violent, mais éphémère et irréfléchi. Il s'agit d'un phénomène cérébral[1] qui peut générer, mais pas toujours, une manifestation extérieure.

CAPTER LE MOMENT DE L'ÉMOTION

On comprend bien la particularité de la prise en compte des émotions. Si les facteurs caractériels et les dominantes psychologiques sont plutôt stables dans la durée, et donc plus faciles à

---

1. Les émotions sont commandées par un réseau de circuits neuronaux, de messagers chimiques et de gènes que les neurobiologistes s'emploient à démêler un siècle après les descriptions du pionnier espagnol Santiago Ramon y Cajal (Prix Nobel 1906) (Actes du symposium du Salk Institute, à La Jolla, janvier 2008).

observer, notamment quand on visite à plusieurs reprises une même personne, il n'en va pas de même des émotions dont l'apparition est soudaine et l'effet fugace.

Les auteurs qui se sont intéressés au phénomène des émotions[1] n'ont pas particulièrement exploré le *moment* où se produit l'émotion. Or, pour le vendeur, plus rapide sera son aptitude à percevoir la manifestation de l'émotion chez son interlocuteur, mieux il sera à même de l'explorer et, si nécessaire, de s'ajuster à la nouvelle donne de l'état de son vis-à-vis. Il est donc appelé à une vigilance et à une rapidité de prise en compte de la manifestation émotionnelle de son client.

Le déclenchement d'une émotion est lié à un changement dans la manière de vivre une relation ou d'être en relation. L'émotion est une réponse à l'évaluation d'un stimulus externe (ou interne, mais ici c'est l'origine externe, c'est-à-dire provoquée par le vendeur qui nous intéresse) par rapport à un intérêt central pour la personne du client. Une émotion a un rôle dynamique qui influence la perception, le choix, le comportement de la personne qui la subit.

On peut grossièrement schématiser la dynamique émotionnelle de la façon suivante :

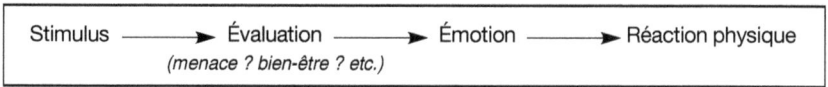

Schéma de la dynamique émotionnelle

---

1. Daisy Grewal et Peter Salovey, « Qu'est-ce que l'intelligence émotionnelle ? » *Pour la Science*, n° 337, 2005 ; Daniel Goleman, *L'intelligence émotionnelle au travail*, Village Mondial, 2005 ; Joël Berger, *La vente émotionnelle*, Tripole, 2001.

INTERPRÉTER L'ÉMOTION

Pour le vendeur, face à son client, la compréhension du surgissement d'une émotion ne peut se faire qu'à partir du point d'aboutissement du schéma ci-dessus, c'est-à-dire, dans un premier temps, la perception de la manifestation visible d'une réaction physique. En effet, le changement d'état que l'on appelle émotion est vécu physiquement. Que l'on pense aux manifestations de surprise, de joie, de peur, de colère, d'envie, de haine, de honte, de tristesse et tant d'autres. Cependant, nombre d'émotions ne donnent pas lieu à des réactions physiques aussi apparentes.

Encore faut-il que cette manifestation physique s'exprime. Face à un Asiatique à qui l'on a enseigné dès son plus jeune âge à maîtriser ses émotions, c'est-à-dire à ne rien en laisser transparaître physiquement, on devine la difficulté de la tentative.

Quels sont les signes observables d'une émotion ressentie par un interlocuteur ? Ce peut être, un battement de paupière, un rictus, la pâleur ou la rougeur subite du visage, un geste nerveux, le tremblement momentané ou la crispation de la main, un haut-le-corps, un affaissement du corps, comme si l'individu se recroquevillait sur lui-même pour se protéger. Certains de ces signes, par exemple la rougeur du visage, peuvent exprimer aussi bien une émotion agréable qu'une émotion désagréable.

Autrement, on peut observer un soupir d'aise, une détente de tout le corps, un visage jusque-là fermé (hostile ou méfiant) qui s'éclaire, un regard qui se fait plus vif, plus attentif, autant d'indices d'une émotion positive. Mais il serait imprudent d'établir une table de corrélation entre les indices et leur signification.

Toujours en parcourant notre schéma de la dynamique émotionnelle de droite à gauche, le vendeur est exposé à une autre difficulté qui est de saisir le contenu de l'évaluation effectuée par son client du stimulus qu'il a reçu. En termes plus simples, le vendeur va tenter d'obtenir l'aveu de l'émotion, mais un aveu indirect, car il serait illusoire d'espérer que le client déclare spontanément ce qu'il ressent (cela peut arriver, mais c'est exceptionnel). Une chose est d'observer le signal de l'émotion, une autre est d'en saisir la signification. En réalité, seul l'interlocuteur est à même de la donner.

Si l'on entre dans le système d'évaluation des stimuli reçus par un individu, on l'entendra se poser des questions telles que :

– *Cet évènement est-il pertinent pour moi ? M'affecte-t-il personnellement ? Ou affecte-t-il le groupe auquel j'appartiens ?*

– *Quelles sont les implications ou les conséquences envisageables de cet évènement ? En quoi affecte-t-il mon bien-être ou mes objectifs à court ou long terme ?*

– *À quel point suis-je capable de faire face à ces conséquences ?*

– *Qu'est-ce que ça signifie par rapport à mes convictions, aux normes et aux valeurs sociales ?*

– Etc.

De son côté, le vendeur qui a perçu un des signes physiques signalant une émotion chez son vis-à-vis peut se questionner en lui-même :

– *Qu'est en train de vivre mon interlocuteur ?*

– *Comment interprète-t-il ce que je lui ai dit ou ce que j'ai fait ?*

Il ne s'agit en aucune manière pour le vendeur de se mettre dans l'attitude du coupable en s'interrogeant sur ce qu'il aurait fait ou dit d'inconvenant pour l'autre, mais au contraire de se mettre en état d'empathie, en manifestant ouverture d'esprit et compréhension de l'autre pour identifier la source des émotions (stimulus).

Au même titre que l'expression d'une objection – mais une objection ne révèle-t-elle pas un contenu émotionnel ? (voir chapitres 18 et 19), la perception d'une émotion est une invite à compléter la découverte (voir chapitres 11, 12, et 13).

Se pose aussi la question de la possibilité de favoriser les émotions positives chez le client. Il est indéniable que la sympathie qui émane du vendeur et son professionnalisme installent une perception favorable de sa personne dans l'esprit du client.

Nous inscrivons dans les composantes de la sympathie l'art de la relation humaine, le plaisir que votre client trouve dans votre visite (utilité de l'entretien), le sourire, l'intérêt que l'on porte à la personne du client (qui est fait d'écoute et d'empathie).

La compétence du vendeur repose sur sa connaissance des produits qu'il vend, de leurs caractéristiques et de leurs applications, de sa connaissance des clients, de leur typologie, de leurs attentes, mais aussi de sa maîtrise de la conduite des entretiens, de sa rigueur intellectuelle, du réalisme de ses promesses et de ses engagements, ainsi que de la souplesse de son expression (richesse du vocabulaire).

7 Se fixer un objectif

« Celui qui ne sait pas où il va,
le chemin qu'il emprunte
n'a pas d'importance. »
Proverbe chinois

Une des observations les plus courantes qu'il nous soit donné de faire, vis-à-vis de collaborateurs, vis-à-vis de vendeurs, vis-à-vis de personnes de notre entourage essayant d'obtenir un accord ou une faveur, est la grande improvisation qui précède l'entretien, la plupart du temps. En général, on s'en remet à sa bonne étoile, on compte sur son talent personnel et sur nous ne savons quel hasard bénéfique, et on dit à celui qui vous en fait la remarque : « On verra bien. »

Cet homme-là est mûr pour faire de son interlocuteur le véritable maître du jeu.

Pourtant la sagesse des nations affirme que tout homme, s'il veut construire, commence d'abord par s'asseoir pour réfléchir. Donc pour définir ses objectifs.

Dans tout cours de navigation à la voile, on apprend que si le vent est contraire à la direction que l'on veut prendre, on doit « louvoyer » c'est-à-dire naviguer en zigzag en « tirant des bords » de manière à utiliser le vent contraire en force de propulsion positive. Le sens de la navigation ne devient clair pour un observateur juché sur un promontoire et examinant la marche du voilier, que s'il devine le point de repère qu'a choisi le barreur. Sans point de repère fixe, le navigateur ne sait pas où il va.

Ainsi en va-t-il de la conduite et de la maîtrise de tout entretien.

Avant tout entretien, celui qui en prend l'initiative doit s'interroger sur son enjeu, sur les hypothèses d'aboutissement que l'on pense a priori formuler.

Quels sont les espoirs et les craintes qui s'attachent à la négociation ? Quelle est la mission dont le négociateur est investi ?

Il est évident que, dans les entretiens à répétition avec un même interlocuteur, l'échec de l'un de ces entretiens ne met pas en péril un édifice d'espérances comme lors d'entretiens uniques de leur espèce où tout se joue en un seul moment.

Cependant la solidité d'un édifice classique tient à ce qu'il a été construit pierre à pierre. Chaque pierre qui manque retarde un peu son achèvement.

Il est également patent que se fixer un objectif précis est le plus sûr moyen de l'atteindre (nous connaissons même des personnes qui l'écrivent sur une petite feuille de papier et qui gardent ainsi cet objectif sous les yeux pendant toute la durée de la négociation).

OBJECTIFS QUANTITATIFS, OBJECTIFS QUALITATIFS

Qu'entend-on par objectif ? il peut être exprimé par des chiffres : (quantité, volume, distance, métrage, superficie, pourcentage, montant financier, etc.).

On l'appelle objectif quantitatif.

Il peut également revêtir une forme non chiffrable : se réconcilier, décider quelqu'un à ne plus faire obstacle à..., s'accorder sur une réalisation, dire quelque chose, faire dire quelque chose, etc.

Il s'agit alors d'un objectif qualitatif.

Mais qu'il soit quantitatif ou qualitatif un objectif n'a de chance d'être atteint que s'il a été précisé. Un objectif ne se tire pas d'un chapeau par prestidigitation. Il est le résultat d'une maturation.

LONG TERME, COURT TERME ET NÉGOCIATION

Tout entretien volontairement conduit se situe toujours au carrefour d'une politique à long terme et de péripéties diverses.

La politique à long terme n'est pas le seul domaine de l'État et des entreprises : notre vie également est sans doute la plupart du temps confusément réglée, mais obéit à une démarche qui laisse entrevoir peu de surprises. On peut dire qu'une sorte de pensée à long terme la guide. Que nous agissions pour nous ou pour le compte d'une organisation, notre négociation se situera dans une perspective longue. Mieux vaut en prendre conscience.

En même temps, les événements vont confronter cette démarche à long terme à une série de péripéties qui peuvent parfois obliquer notre perspective longue.

À ces péripéties s'ajouteront les facteurs de situation propres à notre interlocuteur.

C'est au cœur de cet enchevêtrement parfois complexe que va se situer notre entretien. Ne pas le préparer, c'est, avons-nous dit, risquer d'être le jouet des événements et de notre interlocuteur. Le préparer c'est avoir – si faiblement cela soit-il – la chance d'imprimer sa volonté aux événements et à son interlocuteur, c'est avoir la possibilité d'orienter les dynamiques de l'interlocuteur et de l'environnement en notre faveur.

ÉTUDIER LES DOSSIERS

On conçoit dès lors que la détermination d'un objectif nécessite que l'on étudie les informations à notre disposition, non pas un recueil de notes diverses, mais un historique de nos relations antérieures (pour situer l'entretien dans une continuité : chaque entretien fait suite aux précédents ; il les complète ; il prépare les suivants), ainsi qu'un examen de la situation présente.

Mûrir les objectifs que l'on se détermine ainsi avec un autre ? Peut-être, si l'enjeu est considérable ou si l'on veut perfectionner, détailler, éprouver les objectifs que l'on s'est fixés.

Un objectif peut être amplifié ou, au contraire restreint en fonction des moyens dont on dispose.

Chercher à atteindre un objectif c'est aussi réfléchir à l'agencement de notre démarche, ou si l'on veut à notre méthode de négociation et plus particulièrement à l'articulation des étapes entre elles. Cette articulation des étapes constitue votre tactique de vente.

POURQUOI ALLEZ-VOUS VISITER CE CLIENT ?

Il nous arrive d'accompagner quelques commerciaux chez leurs clients. Cet aspect de notre métier est important pour préparer une formation afin de nous sensibiliser aux situations concrètement rencontrées par la force de vente que nous sommes chargés de perfectionner. Les commerciaux, de plus, apprécient cette immersion du formateur dans leur univers.

Cette situation d'accompagnement est également pratiquée postérieurement à une formation, afin que nous nous rendions compte des effets qu'elle a produits. Dans ce second cas, nous observons les préparatifs du vendeur que nous escortons. Certains consultent leur terminal portable, relisent leur fiche de client ou le dernier compte rendu de visite. D'autres sitôt le contact coupé, s'extraient vivement de leur véhicule et se rendent rapidement chez leur client. À ces derniers, au moment de pénétrer dans le bureau du client, nous disons :

– « *Pouvez-vous me rappeler pourquoi nous allons chez ce client ?* »

Nous obtenons souvent des réponses telles que : « Lors de ma dernière visite, l'acheteur m'a promis de faire un état des stocks » ou : « Le mois dernier ce client m'a fait telle promesse et je viens vérifier s'il l'a tenue. »

Donc tout va bien et nous entrons chez le client.

Mais nous entendons parfois des réponses plus surprenantes :

– « *Cette visite figurait sur mon programme d'activités, alors j'y vais* » ou bien « *de toute façon ça ne fera pas de mal, je fais des relations publiques.* »

Alors nous faisons constater à ce vendeur que s'il ne visite pas ce client ce jour là ça ne changera rien au courant d'affaires entre les deux entreprises ; et nous lui demandons de revenir à son véhicule et de se rendre immédiatement chez le client suivant. Le vendeur proteste : – « *Que mettrai-je sur mon compte rendu de visite ?* » À quoi nous suggérons un peu méchamment : – « *Parce que je n'avais pas d'objectif de visite, cette visite n'aurait servi à rien, je m'en suis dispensé.* »

C'est ainsi que patiemment le message de l'indispensable objectif fait son chemin.

POUR VOUS AIDER À PRÉPARER VOTRE ENTRETIEN ET À DÉFINIR VOTRE OBJECTIF

- Qui est votre client ? Quelle est sa mentalité ? Comment raisonne t-il ? Quelles sont ses dominantes psychologiques ? Quels problèmes doit-il résoudre ? Quels sont ses besoins ? Que rêve t-il d'accomplir ? (soit en tant que personne, dans son espace de vie privée, soit en tant que professionnel, soit dans sa fonction pour le compte de l'entreprise). Auprès de qui répond-il ?
- Quelle sera la nature de votre proposition ? Quels sont les concurrents identifiés ? Quelles sont les particularités de leur offre ?

- Comment le client réagit-il ou réagira-t-il à votre proposition ? De quelles objections est-il l'habitué ? Quelles sont les origines de sa résistance ? Sa politique d'achat est-elle claire pour vous ?
- À quels arguments sera-t-il sensible ? Quelles preuves vont-elles les étayer ? Devez-vous faire une démonstration ?
- Quels résultats devez-vous attendre de cet entretien ? Prendre une commande ? Obtenir une décision ? Recueillir des informations capitales ? Faire évoluer les esprits ? Obtenir une conversion ? Neutraliser l'impact d'une solution concurrente compétitive ? Préparer l'entretien suivant ?

Avez-vous prévu un objectif principal ? Des objectifs de repli (satis-faisants)[1] ?

N'oubliez pas que chaque visite doit faire progresser la cause de votre produit chez votre client.

MORALE DE L'OBJECTIF

Se fixer un objectif, c'est s'assigner un domaine d'intervention, c'est déclarer qu'il est en notre pouvoir d'obtenir le résultat escompté.

Et comme l'atteinte de l'objectif concerne notre interlocuteur, il sera indispensable, pour ne pas conclure sur de vagues promesses, de définir quelles décisions doivent êtres prises au terme de l'entretien et quels engagements doivent être pris par l'un et par l'autre si l'on aboutit.

---

1. René Moulinier, *Visites clients, préparez vos négociations*, Éditions d'Organisation.

8 Engager la conversation

Il peut paraître élémentaire de se pencher sur le début de l'entretien de négociation. Pourtant, à la réflexion, ces premiers instants de l'entretien semblent avoir une importance considérable, ne serait-ce que parce qu'une mauvaise « entrée en scène » peut gâcher la suite de l'entretien.

Au surplus ce moment est remarquable parce que deux personnages, le négociateur et son client, vont se rencontrer, soit pour la première fois, soit après que chacun ait vécu de son côté des événements divers qui ont pu le faire évoluer.

Chaque rencontre doit être considérée comme nouvelle : l'histoire ne se réécrit jamais tout à fait de la même manière.

Quel est l'enjeu de cette première phase de la rencontre pour le vendeur ? Il lui faut paraître aussi rapidement que possible comme celui que son interlocuteur attend. Ceci n'implique aucun mimétisme du vendeur sur son client, mais plutôt à la fois de la part du vendeur, la révélation d'un personnage digne d'intérêt pour son client et d'une personne apte à se mettre instantanément au niveau de son interlocuteur.

Cette rencontre entre ces deux personnages et ce que l'on attend du vendeur peut provoquer un certain nombre de difficultés.

Votre interlocuteur, dans le cas d'un premier contact, ne vous connaît pas, et par ignorance est souvent porté à envisager le pire. Il aura naturellement tendance à refuser d'engager son temps et son attention pour vous (à moins que vous ne soyez porteur d'un nom prestigieux ou que votre société soit favorablement connue).

Même s'il vous a déjà rencontré, votre interlocuteur peut vous avoir oublié, peut vous confondre avec quelqu'un d'autre. Et puis, vous n'êtes pas son seul visiteur ; ou bien il pense à autre chose qu'à votre préoccupation, il a des soucis matériels ou familiaux. Ou bien il a mal dormi, se sent souffrant, n'est pas de bonne humeur. Ou encore tout simplement il manque de temps.

Quant à vous, vous êtes convaincu du bien-fondé de votre démarche et de la nécessité impérieuse de cet entretien ou plus simplement vous cherchez à assumer correctement vos responsabilités. Mais ce jour-là, vous ne vous sentez pas en forme, ou vous n'avez vraiment pas envie de rencontrer quelqu'un ou cette personne-là en particulier. Ou encore vous vous sentez plus ou moins doué pour les débuts d'entretien. Et s'il s'agit de rencontrer un inconnu tout ce que peut avoir d'incertain cette première visite est votre hantise.

Le rappel qui suit se défend d'être le manuel du comportement obligatoire du bon négociateur à l'usage de ceux qui n'ont pas eu la chance de recevoir dès leur enfance l'usage du monde, mais veut néanmoins être le rappel de bon sens du contenu minimum de ce début d'entretien.

Que cherchons-nous à réussir pendant notre entrée en scène ? Une certaine chaleur de l'entretien (faire passer le courant), en situer la teneur, l'objet, les limites et éviter les malentendus.

SOURIRE, SIGNE DE FORCE

Nous ne sommes pas tous des personnages joviaux, nous n'avons pas tous le sympathique accent de certaines régions, nous n'avons pas tous un physique impressionnant, mais nous avons tous la possibilité de sourire, c'est-à-dire d'exprimer par un sourire léger, le plaisir que nous avons de rencontrer notre interlocuteur – même si l'entretien doit être rude ou sévère – l'estime que nous lui manifestons, la courtoisie et la décontraction que nous voulons imprimer à notre débat.

Sourire à quelqu'un a pour effet de débusquer la morosité ou l'indifférence de l'autre. Le sourire a pour effet d'engager votre interlocuteur à se manifester. Certains iront jusqu'à vous répondre par leur propre sourire. La plupart vous trouveront plutôt sympathique d'abord et, par quelques riens, vous manifesteront de l'intérêt. Or vous percevez clairement que le signal du sourire que vous avez émis provoque une réaction en général agréable de votre vis-à-vis, ce qui aura pour résultat de vous mettre plus à l'aise, si par infortune vous ne l'étiez pas.

Il y a quelques années, accompagnant un de nos clients en Chine pour ses négociations commerciales, à l'issue d'un entretien, nos deux interlocuteurs chinois sont partis d'un grand éclat de rire. Lors du déjeuner qui a suivi à Pékin, ayant en tête la maxime chinoise au sujet du sourire nous avons fait parler nos hôtes du rire. L'un d'entre eux nous fit observer :

— « *Il y a deux circonstances où une personne montre ses dents : quand elle mord et quand elle sourit.* »

Méditant ce propos un peu plus tard nous avons déduit que le sourire est un signe de force. L'individu qui sourit, même s'il connaît des tourments, a su les surmonter ou s'en abstraire momentanément pour présenter un visage souriant à son client. Sourire, signe d'équilibre et de force.

COURTOISIE

Avons-nous parfois réfléchi au sens véritable de ce souhait : « *Bonjour, je vous souhaite un jour heureux.* »

Nous abusons tellement de ce mot qu'il a fini par perdre de sa force.

Il semble également de bon ton de rappeler qu'en France – contrairement à l'usage anglo-saxon – « Bonjour monsieur » suffit et que c'est se déclasser que d'accoler le patronyme à « monsieur ». Quant à accoler un prénom à « monsieur », cela a toujours été réservé aux gens de maison et ne convient à aucun autre métier, si du moins on recherche une relation d'égal à égal. Ce n'est point snobisme ou arrière-combat d'aristocrate que rappeler cela, c'est défendre un usage constant. On rappellera qu'autrefois ce terme de « monsieur » était réservé aux hommes de condition élevée, de petite noblesse ou de la bourgeoisie.

Il est évident que le propos qui précède ne s'applique plus dès qu'on est entré dans une certaine familiarité avec notre interlocuteur à qui, dès lors, on peut donner soit le simple patronyme, à la façon « coloniale » – « bonjour Durand », soit le prénom à la façon de l'amitié ou si l'on veut à la manière américaine « bonjour Pierre ».

Et vis-à-vis d'une femme d'affaires ? Il y a dans la désignation « femme d'affaires » une double indication qui nous propose un principe simple de comportement. Elle est femme et doit être traitée comme telle au début et en fin d'entretien.

Quant aux affaires, elles seront traitées de manière asexuée, nous voulons dire « entre hommes » ce qui, en bonne logique devrait interdire – il n'y a pas de misogynie dans cette remarque – tout recours à des moyens (charme, minauderie), hors de propos avec l'enjeu de l'entretien.

PROFESSIONNALISME

On attend d'un vendeur de qualité que toutes les actions qu'il conduit soient marquées du sceau de la rigueur, non seulement pendant toute la durée de la négociation, mais également quand il réfléchit à son territoire de vente, quand il étudie les circuits de déplacement les plus productifs, quand il prépare et exploite les visites de la clientèle. Le professionnalisme ne se limite donc pas à la seule entrée en matière.

C'est cependant au début de l'entretien, au moment où le client prête une attention neuve à son visiteur, qu'il sera réceptif au

« numéro » de présentation bien au point (« ce visiteur a une bonne compétence relationnelle » pensera-t-il) ou à ce qui lui paraît le signe fâcheux de l'improvisation (« on dirait qu'il rencontre un client pour la première fois... quelle maladresse... »).

L'image professionnelle du vendeur est renforcée par son évocation d'aspects ou de problèmes typiques du métier du client, émaillée de l'emploi de quelques termes de jargon propres à l'activité du client (mais sur ce dernier aspect, n'en faites pas trop !).

Le professionnalisme du vendeur est confirmé par l'équilibre qu'il instaure d'emblée dans la relation. Une bonne négociation s'effectue entre partenaires égaux et jamais entre un dominateur et un dominé.

L'écoute est un des signes du professionnalisme. On est ici aux antipodes de ces discussions où chacun cherche à convaincre son interlocuteur : dans leur ardeur à exprimer et à défendre leur point de vue, les protagonistes se préoccupent prioritairement d'affirmer et d'argumenter l'idée qu'ils veulent imposer. Il y a de la violence dans cette manière de faire, ou en tout cas une situation d'affrontement entre deux forces plus ou moins antagonistes où le « meilleur » est celui qui terrasse son adversaire. Comme on est loin d'une relation d'écoute et de considération du point de vue de l'autre pour composer ensemble un accord équilibré et durable.

ÉVITER TROIS MALENTENDUS

Notre interlocuteur sait-il qui nous sommes ? Il est indispensable de lui éviter tout embarras – c'est également de la courtoisie – en se présentant et en indiquant éventuellement le nom de l'organisation ou de la société qui nous mandate :

– « *Bernard Martinaud, de la société N...* »,

On remarquera en passant que nous omettons volontairement de nous donner du « monsieur », en raison d'une part du caractère vieillot et un peu vaniteux, et surtout en raison de l'aspect froid, peu sympathique, peu cordial de la formulation : – « Monsieur Martinaud, de la société N... »

Savons-nous qui est cet interlocuteur ? Pour éviter de commencer notre premier entretien avec une autre personne que celle que nous désirons rencontrer et que nous ne connaissons pas, mais qui nous écoutera peut-être poliment pendant un bon moment, il est de bonne précaution de vérifier la qualité de notre vis-à-vis :

> – *« Je désire m'entretenir avec monsieur Dubois »*, ou encore, en parodiant l'interpellation fameuse de Stanley retrouvant Livingstone :

> – *« Monsieur Dubois, je suppose ? »*

Une troisième cause de malentendu vient de l'oubli de l'annonce de l'objet de l'entretien :

> – *« Nous devons examiner ensemble la question du... »*

Ici encore, il est indispensable de préciser, non seulement le but de sa visite à celui qui a la courtoisie de vous accueillir ou de venir à vous sur votre demande, mais encore la durée qui nous semble en principe nécessaire, afin d'obtenir une plus grande disponibilité de notre vis-à-vis, qui peut être à juste titre inquiet d'accorder un temps excessif pour un sujet dont il ne voit pas l'intérêt.

Cette annonce du thème de la visite fera naturellement l'objet de tout votre soin. Ne pas trop en dire. En dire suffisamment et de façon attrayante pour mobiliser l'attention, l'écoute et l'intérêt de votre interlocuteur.

ÉVITER LES BANALITÉS DE LA CONVERSATION

Votre visite a un ou plusieurs objectifs précis. La sobriété – qu'il ne faut pas confondre avec la sécheresse – sera toujours appréciée. Il n'est pas utile de rappeler qu'il fait beau, qu'il fait froid, qu'il pleut, qu'il y a des difficultés de circulation.

Tempérez votre ardeur à aborder des sujets qui font perdre du temps à un interlocuteur qui a sans doute beaucoup à faire : le dernier match de telle équipe fameuse mérite-t-il autant de commentaires en hors-d'œuvre ?

Abordez avec prudence les sujets glissants : santé, famille, politique ; la santé peut se révéler chancelante, la famille l'objet de préoccupations pénibles, la politique n'est pas toujours un terrain qui rapproche deux individus... ce qui ne signifie pas le moins du monde de l'indifférence de votre part.

Pouvons-nous suggérer que ces sujets personnels soient traités – s'ils doivent l'être en raison d'une longue fréquentation de votre interlocuteur – en fin d'entretien, l'affaire ou l'entretien étant conclu ?

LES PRÉLIMINAIRES DE L'ENTRETIEN : ADOPTEZ UN STYLE DIRECT

Il y a des usages et des enseignements qui ont la vie dure. Une énorme proportion de vendeurs est persuadée qu'il est de bon ton de commencer tout entretien par des propos divers sur la santé de la personne de l'interlocuteur, sur le nouvel aménagement des bureaux, sur le temps qu'il fait ou encore sur les loisirs favoris pratiqués par le client.

Cet usage est en général justifié par des considérations simplistes telles que : « il faut briser la glace », « il faut détendre l'atmosphère », « il faut créer l'ambiance », etc.

Votre client est-il tendu ? Est-il glacial ? En général, non. Ces préalables qu'emploient ces vendeurs nous semblent être autant de tentatives de dissimulation de leur angoisse au début de l'entretien ou de leur maladresse pour commencer la négociation.

Nous ne nions aucunement l'intérêt d'une solide et chaleureuse relation humaine entre les interlocuteurs. Mais ce n'est pas par de tels propos que vous y parviendrez. Un bon sourire, un « numéro » de prise de contact bien rodé apportent le même résultat et imposent ou renforcent votre image professionnelle.

Quelques réflexions et une anecdote vous aideront à comprendre le point de vue de l'acheteur.

- Qui vous dit que celui qui vous reçoit apprécie ces rappels relatifs à sa vie privée ? Nous avons précédemment remarqué que cela faisait partie des sujets « glissants ».

- Qui vous dit qu'il vous reconnaît comme d'une compétence suffisante pour parler avec lui de golf, de tennis, de rugby ou d'architecture baroque ? Ou, à l'inverse, êtes-vous certain, parce que votre compétence dans ce domaine est supérieure à la sienne, que vous n'allez pas l'indisposer par vos performances ou connaissances supérieures à la sienne ?

- Qui vous dit que votre vis-à-vis dispose de tout son temps pour vous recevoir, qu'il n'a pas une importante charge de travail qui l'attend, que ce qu'il considère comme des hors-d'œuvre inutiles ne l'agace pas ?

- Avez-vous pensé que les aimables observations que vous faites sur le nouveau camion, la modification de l'agencement des bureaux ou le beau ou le mauvais temps ont été répétées des dizaines de fois par les dizaines de visiteurs qui vous ont précédé ?

Une anecdote à ce sujet. Il y a quelques années, nous avons conseillé une chaîne de magasins d'équipement de la maison. Un matin de janvier, à Clermont-Ferrand, il gelait à pierre fendre et la voie d'accès, pentue, à l'un des magasins était totalement verglacée.

Ayant demandé à assister à la réception des fournisseurs dans le bureau de l'acheteur, nous avons écouté les démarches de chacun, et notamment les entrées en matière. Voici ce que cela a donné :

PREMIER VISITEUR : − *« Brr... il ne fait pas chaud ce matin... et puis dites-donc, pour arriver ici, qu'est-ce que j'ai patiné ! »*

DEUXIÈME VISITEUR : − *« Vous imaginez ? Il fait moins quinze... et votre route d'accès, c'est mieux que la patinoire municipale ! »*

TROISIÈME VISITEUR : – « *J'ai cru que je n'arriverais jamais jusque chez vous tellement ça glisse. Pas étonnant avec un froid pareil !* »

QUATRIÈME VISITEUR : – « *Ben alors... il faut du cœur au ventre pour circuler aujourd'hui. Il fait bon chez vous. Ça change de dehors. On se croirait en Russie... et puis votre route d'accès est complètement verglacée...* »

Les cinquième, sixième, septième visiteurs ont tenu des propos préliminaires identiques. Au huitième qui s'est présenté, avant qu'il ne prononce la première parole, l'acheteur lui a dit : – « *Vous allez me dire qu'il gèle et que l'accès au magasin est verglacé : nous le savons déjà !* ». Ce huitième représentant en fut tout décontenancé. Avez-vous vraiment envie de répéter ce que cent personnes ont déclaré avant vous et que cent autres personnes rediront après vous ?

- Dernière observation : le style de conduite des affaires tend à se simplifier. La relation, sans cesser d'être courtoise, est plus directe et élimine les fioritures et figures de style qui n'ont rien d'indispensable.

Nous savons qu'il en va différemment dans les pays du Proche-Orient ou dans certains pays latins. Cependant vous travaillez dans un pays occidental d'économie avancée où le temps est géré strictement. La productivité concerne aussi les entretiens de vente.

- Enfin, comme nous l'avons déjà écrit, s'il est absolument indispensable, dans quelques cas exceptionnels, d'échanger quelques propos sur des relations communes, pourquoi ne pas les situer après l'entretien. De plus, si vous souhaitez mieux découvrir le personnage avec lequel vous traitez, consacrez-lui une séance spéciale : elle a pour nom le repas d'affaires.

« COMMENT VONT LES AFFAIRES ? »

Une question est fréquemment posée par les fournisseurs des entreprises industrielles, des services, des commerçants et des artisans :

- *« Comment vont les affaires ? »*.

Cette question classique suscite trois groupes de réponses :

- *« Ça va bien, il ne faut pas se plaindre, nous avons un bon carnet de commandes »*
- *« C'est calme » ou :*
- *« Ça se dégrade, ça pourrait aller mieux »*.

Réponses qui vont susciter de votre part trois répliques :

- *« Si ça va bien, c'est le moment d'accélérer. Il faut prendre des initiatives. Je suis là pour ça »*
- *« Si c'est calme, il faut faire quelque chose pour retrouver un élan. Il faut prendre des initiatives. Je suis là pour ça »*
- *« Si ça se dégrade, je pense que vous réfléchissez déjà à ce que vous allez entreprendre pour réagir. Il faut prendre des initiatives. Je suis là pour ça »*.

DÉSIGNER L'INTERLOCUTEUR PAR SON NOM

Nous ne savons pas qui a incité les commerciaux à ponctuer leurs questions et leurs argumentations du nom de leur interlocuteur. Sans doute pour bien lui faire saisir que ces questions et ces arguments leur sont bien adressés.

Mais a-t-on songé à l'aspect agaçant pour celui qui subit cette répétition de s'entendre rappeler son nom (en espérant qu'il n'est pas écorché au passage) ? Son nom, il le connaît. Cet usage n'est pas français. Et il nous semble, de plus, qu'il déclasse l'individu qui s'adonne à une telle pratique.

© Groupe Eyrolles

9 Vente et langage

Comment se fait-il que tous ceux qui se consacrent aux perfectionnements des vendeurs, pour maximiser leur efficacité dans leurs débats avec les clients, se soient aussi peu intéressés au vecteur de l'échange qu'est le langage ?

Certes, ici on travaille sur l'argumentaire et l'on fait l'inventaire des mots qui valorisent le produit vendu ; là on investit sur la concision pour parvenir à son but avec le moins de mots possible.

Par exemple, chez Nestlé, on analyse des enregistrements d'entretiens de vente, réalisés avec l'accord du client et du vendeur pour les recentrer sur l'essentiel, l'indispensable, de façon à parvenir à vingt visites par jour. Le langage devient un élément de productivité en somme. La qualité de la relation entre le client et le vendeur n'a pas été altérée par une diminution de moitié de la durée de l'entretien, ni par la plus grande concision du langage du vendeur. En pratique, il s'est surtout agi d'éliminer les scories du langage de la vente (anecdotes extraprofessionnelles, commentaires du dernier match de football, etc.).

La question du langage se pose aussi en termes de compréhension. Utiliser un jargon, des mots, des expressions techniques, des abréviations, des sigles, des initiales ou des acronymes peut être facteur d'incompréhension pour celui qui n'appartient pas à l'entité ou au métier qui les emploie . Pour prendre un exemple courant, quand on parle de « micro », s'agit-il d'un microphone, d'un micro-ordinateur, d'un microfilm, d'un micromètre, d'un microscope ou de la réduction d'on ne sait quel appareil ?

Nous avons aussi l'exemple de l'intervention d'un consultant auprès d'un grand service public où chacun parlait par initiales ; pour entrer en communication claire avec ses interlocuteurs, ce consultant a dû dresser un lexique de trois pages.

L'EFFICACITÉ DU LANGAGE

La vente est un métier d'échange où l'expression, orale et écrite, est un élément décisif de l'efficacité.

Rappelons rapidement que toute langue exerce plusieurs fonctions et notamment :

- elle est un instrument de communication et de compréhension entre les personnes ;
- elle est un instrument dialectique qui permet l'évolution, la transformation, voire la conversion du ou des interlocuteurs auxquels on s'adresse ;
- elle est un vecteur d'image, en fonction de la richesse ou de la pauvreté d'expression, qui classe socialement celui qui s'exprime.

Encore faut-il, pour que le langage réponde aussi parfaitement que possible à ces trois instrumentations, que celui qui parle en connaisse et en utilise toutes les ressources. Ce qui présuppose :

- que le sens des mots soit précisément connu et que ceux-ci soient employés à bon escient ;
- que l'on dispose d'un vocabulaire étendu pour varier son expression, pour argumenter de façon vivante, pour réfuter en souplesse les objections, pour donner de la force à son propos ou le nuancer selon le cas, pour séduire et gagner la partie.

La qualité du langage, le choix et la variété des expressions participent directement à l'impression que le vendeur donne de lui-même aux personnes qu'il rencontre.

On pourrait alors croire que la vente serait le terrain privilégié des « littéraires » et que l'accès aux carrières commerciales serait subordonné au passage d'un examen, écrit et oral, qui filtrerait les candidats ne disposant pas d'un minimum de vocabulaire, d'une syntaxe et d'une orthographe correctes. Il n'en est rien. Un tel examen n'existe pas, heureusement pour les neuf dixièmes des vendeurs !

En France, et cela reflète ce que l'on observe dans l'ensemble de la population, le vendeur moyen n'a souvent qu'une connaissance approximative de la langue française, son expression se limite à un plus ou moins grand nombre de formules toutes faites, son vocabulaire est plutôt pauvre. Sortie du noyau de vocabulaire courant, la définition des mots n'est pas bien connue, ce qui se traduit par l'emploi de certains mots à la place d'autres mots de consonance proche, mais qui n'ont pas la même signification.

LA PAUVRETÉ DU LANGAGE EST RÉVÉLATRICE D'UNIVERS CULTURELS ÉTROITS

Faut-il se contenter d'un vendeur reflet moyen de la société ? Ne peut-on pas avoir un peu plus d'ambition ? On parle souvent de la revalorisation des métiers de la vente. Et si cette revalorisation passait par le développement culturel des professionnels de la vente ?

La pauvreté du langage de nombre de commerciaux nous semble être la conséquence d'un niveau culturel insuffisant. Nous dénonçons ici le manque de points de repères sur l'industrie, l'économie, la géographie, la géopolitique, la finance, la fiscalité, l'organisation des entreprises.

Nous notons aussi l'incapacité de nombreux vendeurs à entrer dans la mentalité d'un personnage important, leur difficulté à imaginer ce que peuvent être son emploi du temps, ses occupations, ses préoccupations, ses pensées, sa stratégie.

Pourtant il est à la portée de tous – à condition qu'on le leur dise et qu'on les y encourage – d'acquérir par la lecture, mais surtout par l'écoute des clients, cet indispensable bagage culturel.

Ainsi, au-delà de son utilité pour vendre, l'écoute enrichit intellectuellement et contribue à la culture du vendeur.

Il n'est pas très difficile de pénétrer dans l'univers des personnages importants que l'on peut rencontrer professionnellement, à condition de les faire parler, de les faire s'exprimer précisément sur ce qui les caractérise, de noter leurs expressions pour, ultérieurement, se les approprier.

Évidemment, quand on a pour seuls moyens d'information la télévision (et ses « interviews trottoirs ») et un journal gratuit, on ne risque guère d'accéder au niveau culturel requis pour pouvoir négocier avec toutes sortes d'interlocuteurs, y compris ceux qui sont chargés de lourdes responsabilités.

PASSER DU DISCOURS DE CONVICTION À LA DÉMARCHE PERSUASIVE

Si nous nous intéressons à présent au vendeur de quinze à vingt ans d'expérience, que constate-t-on généralement ?

Il est dans une entreprise où on lui a appris à argumenter unilatéralement, sans trop se soucier du point de vue du client (qu'il ne découvre qu'au moment où celui-ci émet des objections). Quand un formateur lui fait découvrir le principe de la découverte et qu'il tente de l'appliquer, ce vendeur, pourtant expérimenté, est en grand désarroi.

Auparavant, le discours unique qu'il appliquait à tous ses clients le mettait en situation confortable : il savait d'avance ce qu'il leur dirait. Désormais, il est en pleine incertitude. Il ne pourra composer son argumentation qu'après avoir écouté son client ; et pour chaque client, il va falloir composer une argumentation qui ne ressemblera pas exactement à celle du client précédent, ni à celle du client suivant et dans laquelle il devra insérer les mots et les pensées du client.

L'enchaînement de la découverte et de l'argumentation personnalisée est un exercice difficile, il faut le reconnaître. Faut-il abandonner ? Du moment que certains, bien formés, le réussissent, nous devons conserver cet art de la vente. N'oublions pas que la meilleure connaissance du client et la réponse précise à ses attentes sont facteurs de succès et de longévité de la relation entre le client et son fournisseur.

LE PALLIATIF DES FORMULES APPRISES PAR CŒUR

Pour atténuer le désarroi du vendeur, certains formateurs proposent d'avoir recours à une panoplie de formules, composées avec les commerciaux eux-mêmes et apprises par cœur. Même si la panoplie est riche de nombreuses formules, elle recèle deux dangers : celui d'oublier encore le client et celui d'un emploi maladroit.

Le client s'aperçoit tout de suite s'il a affaire à quelqu'un qui récite des formules toutes faites, que cela soit au téléphone, en magasin ou lors d'un entretien de vente entre professionnels. La tentation est forte pour le client de rejeter ce type de vendeur.

Le formulaire qui est sous les yeux de ceux qui font des démarches de vente par téléphone se repère tellement qu'il nous arrive de demander :

– *À quelle page en êtes-vous de votre manuel ?* »

Cette question désarçonne le vendeur et le laisse en général sans voix. Cette réaction de rejet n'est certes pas charitable, mais a une bonne valeur éducative.

Autre inconvénient des formulations plaquées, l'introduction d'expressions appartenant à d'autres univers culturels. On s'étonne aujourd'hui d'entendre certains vendeurs français répéter de multiples fois le nom de leur interlocuteur, à l'instar de ce qui se fait aux États-Unis.

– « *Vous êtes d'accord avec moi M. Martin que... M. Martin, je voudrais vous dire que... Permettez-moi M. Martin de préciser que... Il faut ajouter M. Martin encore ceci... etc.* »

Il nous est arrivé face à une telle répétition de répliquer :

– « *Écoutez... je connais mon nom depuis cinquante ans, ce n'est pas la peine de me le rappeler à tout instant. Qui vous a appris à répéter le nom de client ? Ça se fait peut-être aux États-Unis ; ici ça ne correspond pas au bon usage.* »

Les formules automatiques sont à l'origine de maladresses tactiques. Quand un vendeur en magasin demande à un client « *Puis-je vous aider ?* », formule qu'on lui a inculquée, d'une part s'il s'agit d'un jeune vendeur il n'est pas apte à aider réellement le client et d'autre part, faute psychologique, en s'adressant ainsi à lui, le vendeur oblige le client à prendre une décision en répondant par l'affirmative ou par la négative.

Une autre formulation est plus habile : « *Bonjour. Je me tiens à votre disposition si vous le désirez* ». Encore faut-il que cette phrase, ou une autre, soit dite naturellement et ne soit pas récitée.

Le palliatif des formules devrait se limiter à des « segments de phrases » que les vendeurs inséreraient dans leurs propos. C'est une première réponse – encore insuffisante – à l'enrichissement du langage du vendeur.

LANGAGE DU VENDEUR OU LANGAGE DU CLIENT ?

S'agit-il bien du langage du vendeur ? Ne vaudrait-il pas mieux parler du langage du client ? Ce qui revient (découverte) à lui poser des questions pour le faire parler, à écouter sa réponse, à écouter le client ; et en fonction de ce que l'on entend, de composer spécialement pour lui son argumentaire.

© Groupe Eyrolles

Une des difficultés quand on agit ainsi, nous l'avons déjà évoqué, c'est pour le vendeur de gérer l'imprévisible. Les réponses du client, parce que ses pensées sont multiples, ne peuvent pas être anticipées.

LA PRISE DE NOTES

Une aide sérieuse à l'écoute du client et à la composition d'une argumentation personnalisée est apportée par la prise de notes. Mais on se heurte à une autre difficulté : les vendeurs, d'une manière générale, ne sont pas exercés à une prise de notes rapide des seuls mots essentiels.

La prise de notes est une sorte de stockage intermédiaire des idées, points de vue, informations, mots types émis par le client et qui, après réorganisation et décantation, serviront à alimenter la proposition et l'argumentation qui la soutiendra. De plus, la prise de notes est la mise en valeur des propos du client.

À l'inverse, l'absence de prise de notes dévalorise le vendeur qui passe alors aux yeux de ses clients pour un « amateur » ou quelqu'un de peu sérieux.

La prise de notes devrait faire partie des exercices d'entraînement à la vente. La prise de notes se justifie, si besoin est par « la nécessité de conserver une trace fidèle des éléments techniques fournis par l'interlocuteur ». Bien entendu, la prise de notes ne se limitera pas aux seuls aspects techniques.

La prise de notes est parfois, mais de plus en plus souvent du côté des acheteurs, bilatérale.

La prise de notes du client est un moyen de renforcer l'assimilation de l'argument du vendeur. En effet, suffit-il de parler pour convertir son interlocuteur à sa cause ? Il est de sage précaution d'en douter. Un des moyens pour y parvenir est d'inviter le client à prendre des notes pour qu'il s'implique dans l'argumentation. Il s'agit en somme de le rendre actif pour recevoir les propos du vendeur.

Pourquoi ne pas dire au client : « *Vous devriez noter cela* ». Une telle invitation est d'autant plus évidente que l'on vend des produits techniques ou complexes, mais moins facilement envisageable quand on vend des produits d'usage courant.

Et si le client n'a rien pour noter, on lui remet quelques feuillets à l'en-tête de l'entreprise du fournisseur.

ÉTENDRE LA CULTURE DU VENDEUR, ENRICHIR SON EXPRESSION

L'action de perfectionnement se fera en plusieurs étapes, la première étant consacrée au diagnostic : de l'expression, culturel.

Comment savoir si un vendeur s'exprime bien ?

Il faut le faire écrire, lui faire rédiger un rapport en précisant que ledit rapport ne sera pas seulement lu par le chef des ventes, mais aussi par la direction générale ou le président de la société.

À cet égard, il faut veiller à ce que le vendeur restitue de façon *synthétique* et *complète* à la fois l'ensemble des idées exprimées par le client lors des entretiens importants (pas tous les entretiens, on serait submergé !). Or, l'expérience des discussions de groupes synthétisés par un rapporteur montre que nombre d'idées intéressantes ne sont pas captées par le rapporteur. Ce sont donc des idées perdues.

Comment savoir si un vendeur a un horizon culturel étendu ?

Invitez-le à dîner. Et lancez des sujets sur lesquels il devra s'exprimer. On y parlera de gastronomie, de vins, de questions régionales, de l'économie industrielle et commerciale du secteur, de l'impact économique des politiques publiques, etc. Bien entendu, ce repas n'a pas l'aspect d'un examen de passage car le dîner et l'atmosphère conviviale semblent primer.

Un tel test est très révélateur de la richesse ou de la faiblesse des centres d'intérêt professionnels du vendeur. Le constat étant probant, il faut s'engager dans le processus d'amélioration.

Pour bien négocier, il faut disposer d'un vocabulaire riche, de ressources de formules étendues. Tout l'art de la négociation tient souvent à la capacité du négociateur de substituer à un mot, mal reçu par son interlocuteur, un autre mot, presque identique et qui rend l'idée admissible.

Pour être admis comme négociateur par certains interlocuteurs, il faut pouvoir soutenir une conversation qui s'échappe des strictes limites professionnelles ; ce qui nous ramène à l'indispensable bagage culturel.

L'APPROVISIONNEMENT EN IDÉES ET EN MOTS

L'extension du vocabulaire résulte de l'appropriation d'idées, de concepts et de leur formulation par d'autres. Cet apprentissage passe par le canal de la lecture de journaux, de revues économiques ou techniques, par la prise de notes, par l'intégration des mots et des expressions grâce à l'exposé verbal ou la note de synthèse.

On comprend que les disciplines de la lecture, de l'écriture et de l'exposé oral demandent un effort (effort que ne demande pas la fréquentation des média audiovisuels que sont Internet et la télévision, dont nous n'instruisons pas pour autant le procès).

Certes, l'orientation résolument scientifique des études par l'Éducation nationale a pénalisé les enseignements philosophiques et littéraires. La vente est un métier littéraire, mais ce métier est ouvert aux autodidactes de la discipline.

L'apprentissage prôné ci-dessus retrouve ce à quoi se sont astreints tous les grands maîtres de la peinture : ils ont commencé à travailler dans un atelier, ils se sont attachés à imiter le Maître pour, peu à peu, trouver, à travers la répétition des gestes et des techniques, leur propre expression, leur propre style. « *Le génie est une longue patience* » aurait dit Buffon.

Cet apprentissage s'accompagnera d'exercices d'éducation de sa mémoire pour favoriser le stockage des idées, des mots et des expressions.

Pour ceux qui trouveraient le travail de lecture, de prise de notes et d'écriture trop austère s'il est effectué scolairement, pourquoi ne pas l'organiser collectivement pour déboucher sur des rédactions de brefs argumentaires au bas d'illustrations ou de fiches techniques ?

Il faut assortir cet apprentissage d'étapes de progrès de l'écriture, négociées avec les intéressés. On n'omettra pas d'étendre le challenge à la correction orthographique et syntaxique, ainsi qu'à la précision d'emploi des mots.

On relèvera qu'il n'existe pas actuellement d'instrument de mesure de la qualité du langage employé par le vendeur. Le vendeur est rétif à ce type d'analyse car il estime que son expression verbale lui appartient et il n'aime pas qu'on surveille ce qu'il dit.

Ce refus d'analyse de langage de la part des vendeurs tient probablement à la claire conscience de nombre d'entre eux de présenter des insuffisances grammaticales et orthographiques (ce en quoi ils reflètent la majorité de la jeune population française).

L'analyse de la qualité du langage du vendeur ne doit pas ressembler à un examen. D'où l'idée de faire discuter les vendeurs entre eux sur ce qu'il faut dire et comment il faut poser les questions aux clients.

Une autre façon de contourner le refus de l'analyse verbale consiste à faire rédiger des rapports circonstanciés sur certains entretiens importants.

Le langage est un moyen de communication ; il est donc asservi à la compréhension de celui à qui on s'adresse.

L'analyse du langage du vendeur doit donc partir du destinataire :
* quel langage attend-il (de la part de son fournisseur et de son porte-parole) ?
* quel langage comprend-il[1] ?

---

1. Ce langage spécifique, que les Américains appellent « corporate wording », peut avoir plusieurs contenus :

S'agit-il d'un langage propre à une entreprise ou à un groupe industriel (ce que suggère le terme « corporate ») conçu comme facteur d'identification de ceux qui l'emploient, non seulement à l'intérieur, mais aussi à l'extérieur de l'entreprise ?

Si un tel principe peut contribuer à renforcer l'esprit d'appartenance à l'intérieur d'une organisation, ne voit-on pas immédiatement qu'un langage différent (par quelques mots, quelques expressions, quelques façons de le dire) du langage courant peut créer une distanciation de ceux qui emploient ce langage singulier propre à altérer la communication entre les individus et les entreprises ?

Venu du cœur d'une entreprise et exprimé à l'extérieur, il implique ou peut impliquer que clients, fournisseurs et partenaires se doivent de l'apprendre, le comprendre et l'adopter. Il y a quelque chose de dominateur dans cette démarche.

Si l'on applique la notion de « corporate wording » au langage propre à une même branche professionnelle au sein de laquelle les clients ont des traits communs qui justifieraient un noyau d'argumentation à portée générale pour ce type de clients, on doit s'interroger sur ce qui se passe quand on se déplace d'une branche professionnelle à une autre.

De plus, à l'intérieur d'une même branche professionnelle les clients ne sont pas identiques, les interlocuteurs non plus. Selon que le vendeur s'adresse au responsable de la qualité, au directeur de la production ou au directeur financier, il est confronté à des réflexions de natures différentes.

En outre l'environnement change, les techniques changent et les mots et expressions sont appelés à servir la compréhension des évolutions. On observe fréquemment que le vendeur qui est à l'aise avec le garagiste n'aime pas prendre contact avec l'entreprise de travaux publics par méconnaissance de ce qui est pour lui un milieu nouveau, imprévu, inconnu.

Stratifier le langage en fonction des milieux rencontrés, n'est-ce pas aller à l'encontre de la polyvalence, de l'adaptabilité, de la disponibilité attendue de tout collaborateur commercial ?

On a déjà suffisamment de difficultés à saisir les finesses d'expression des langues étrangères pour ne pas créer de langages propres à certains milieux professionnels.

De plus, nul ne peut s'approprier un langage s'il veut être compris du plus grand nombre. Toute langue est un instrument commun universel, nous allions écrire démocratique. Chaque langue a pour vocation l'échange et la compréhension entre les personnes.

Pour analyser le langage des uns et des autres, les mots, les intonations, il faut faire jouer les vendeurs. Dans un premier temps, on s'appuiera sur les analyses de contenu des enregistrements vidéos. Cet esprit de jeu, assorti d'une compétition, peut consister à bâtir en commun un argumentaire, puis à mettre en concurrence la façon de le dire par chacun. On peut encore débuter l'exercice par une argumentation sur un produit de sa région d'origine choisi par le vendeur : « *Parle-nous de ce vin, de ce fromage* ». On commence par s'amuser, puis on transpose aux produits de l'entreprise.

Qui peut amorcer l'enrichissement du vocabulaire et des expressions des vendeurs ? Sans doute, s'il a le talent requis, le directeur des ventes. À défaut le formateur (ce qui risque d'écarter nombre de formateurs qui ne disposent pas eux-mêmes de cette culture générale et de cette richesse de vocabulaire).

L'exercice commencera par la formulation en commun des questions de découverte, puis celle de l'argumentation et du traitement des objections, ou plus exactement par une remise en forme, une reformulation améliorée, une mise en français correct des expressions employées couramment par les vendeurs.

« CE QUE L'ON CONÇOIT BIEN S'ÉNONCE CLAIREMENT ET LES MOTS POUR LE DIRE ARRIVENT AISÉMENT »[1]

Le point d'aboutissement et de réussite de l'enrichissement de la culture et du langage des vendeurs est illustré par ces ingénieurs qui, connaissant particulièrement bien les produits très techniques dont ils s'occupent, savent les rendre compréhensibles au commun des mortels.

---

1. Nicolas Boileau, *Art poétique.*

Ce sont d'excellents pédagogues. Le savant français Louis Leprince-Ringuet, et c'est ce qui le rendait passionnant de son vivant, avait l'art de rendre compréhensibles à tous les questions relatives à l'énergie atomique.

En même temps, ces ingénieurs-pédagogues donnent à ceux à qui ils s'adressent l'impression d'être plus intelligents qu'ils ne le sont en réalité. C'est du grand art.

Ces interlocuteurs se disent aussi : « *Si cet expert m'explique aussi clairement ce domaine complexe, c'est qu'il le possède parfaitement bien* ».

La clarté est signe d'intelligence et d'adaptation à l'autre. L'obscurité ne révèle-t-elle pas la confusion de l'esprit, et pour tout dire une certaine incompétence ?

UN VENDEUR N'EST PAS UN POLITICIEN

Il n'est pas demandé aux vendeurs d'être d'habiles, voire de redoutables dialecticiens, comme on peut l'attendre de certains de nos plus brillants hommes politiques. D'abord, ce serait exiger une qualification qui écarterait des effectifs des forces de vente la quasi-totalité des personnels qui les compose. Ensuite, ce serait surtout commettre un contresens.

Depuis Platon, pour qui la dialectique était « l'art d'interroger et de répondre et la conduite méthodique du dialogue pour atteindre la vérité », la signification de la dialectique s'est depuis pervertie[1] : « Art d'avoir toujours raison, même quand on a tort »[2] , « Logique de l'illusion dont le but est de conduire le peuple où l'on veut, parce que le peuple se laisse tromper par l'apparence »[3], « Art prétendant

---

1. qui l'assimile à l'éristique, ou art de la controverse.
2. Arthur Schopenhauer.
3. Emmanuel Kant, *Critique de la raison pure*.

apprendre à discuter de tout et qui au lieu de nous introduire dans la question en discussion, nous fait perdre en lieux communs »[1], la dialectique est aujourd'hui l'objet de définitions critiques. Si l'homme politique se soucie d'avoir raison de ses adversaires et peut utiliser l'arme dialectique pour parvenir à ses fins, il en va tout autrement du vendeur dont on attend qu'il organise un terrain d'entente avec son client, dans le respect réciproque des intérêts des deux parties.

1. René Descartes.

10 L'expression corporelle

> « Ce qui attire chaque fois son attention,
> ce n'est pas le détail des traits,
> c'est l'expression de tout le visage
> et même de tout l'être par le visage. »
> Jules ROMAINS

La façon dont vous marchez, votre corps en position debout ou assise, vos gestes, votre vêtement, votre visage disent immédiatement qui vous êtes, avant que d'un seul mot vous n'ayez dit ce que vous faites.

Si l'expérience du passage devant un camescope séduit autant les vendeurs, c'est, je pense qu'il leur permet de s'observer et de se découvrir tel que les autres, et leurs clients d'abord, les voient.

Quand le propriétaire d'une écurie de courses se rend dans un haras pour acheter un cheval, pour juger ceux qu'on lui présente, il leur fait prendre diverses allures. Peu de poulains sont absolument parfaits, mais sur les potentiels détectés, l'entraîneur se chargera d'obtenir le meilleur de chaque coursier.

C'est un peu la même démarche qui nous inspirera. Non pour considérer les vendeurs comme des pur-sang à l'entraînement, ni non plus pour proposer un modèle unique ou un nouveau conformisme de comportement, ni encore, ce qui serait ridicule, pour devenir une sorte de dictateur du comportement physique et de la mode vestimentaire du vendeur.

L'idée centrale qui inspire les propos qui suivent est de permettre à chacun de trouver l'expression optimum de son apparence.

REDÉCOUVREZ VOTRE PHYSIQUE

Léonard de Vinci, dans un dessin célèbre, a représenté un homme nu, bras et jambes étendus, et fait apparaître que les extrémités corporelles – tête, mains et pieds – s'inscrivaient dans un carré et dans un cercle, voulant exprimer par là les proportions idéales de l'être humain.

CENTRE D'ÉQUILIBRE

Le centre d'équilibre du cercle se situe un peu au-dessus du nombril, précisément à l'endroit d'où rayonne un réseau de nerfs couramment appelé plexus solaire. Cet endroit n'est pas indifférent, nous le constatons bien quand nous sommes pris par le trac : nous sentons alors une tension, expression de notre sentiment de malaise, en même temps que notre respiration se fait trop rapide ou irrégulière. Nous ne ferons rien de bon – nous voulons dire nous ne nous retrouverons en possession de nos moyens – que lorsque nous serons parvenus à détendre cette zone de notre corps. Les recettes des comédiens, sujets privilégiés du trac, sont nombreuses (laisser aller le ventre en avant en le ballonnant ; pratiquer des mouvements d'assouplissement des lèvres, de la bouche, ce qui se répercuterait sur cette région du corps, etc.) mais il nous semble que chacun doit, ayant pris conscience des effets du phénomène du trac, déterminer son hygiène personnelle de recouvrement de la détente.

POSTURES ET GESTUELLE VOUS EXPRIMENT

Les observateurs et commentateurs politiques scrutent avec attention les gestes qui accompagnent les déclarations des personnages politiques et autres acteurs en vue de la vie économique et sociale, décelant, ici ou là chez certains, des gestes et des mimiques qui renforcent ou démentent les propos exprimés. Votre client aussi vous observe.

Notons au passage que la poignée de main vous révèle à l'autre. Par exemple, une poignée de main molle signifierait un manque de charisme, tandis qu'une poignée de main ferme correspondrait à une forte énergie.

Mais bien d'autres gestes et expressions physiques vous révèlent à votre insu, car les gestes sont un langage composé de signes. Votre gestuelle est un révélateur d'identité culturelle et marque votre statut social. Faire des gestes pour communiquer est un acte naturel, mais la manière de les faire est socialement codée.

Postures

La posture debout est signe de dynamisme, mais accompagne aussi la solennité d'un propos. Se tenir droit manifeste que l'on a de l'emprise sur soi.

Lorsqu'un entretien doit être bref, les interlocuteurs restent debout. Quand on se lève pour accueillir quelqu'un, on lui manifeste son respect.

La position debout n'implique pas la raideur ; la souplesse, marquée par les bras, est de mise. Le dos voûté se remarque et indique la fatigue, mais aussi le grand âge d'une personne.

En position debout :

• évitez de remuer sans cesse, d'aller d'un point à un autre de la pièce comme un lion en cage, de vous lever et de vous rasseoir à plusieurs reprises, autant de mouvements qui trahissent votre grande nervosité ;

• ne croisez pas vos jambes aux chevilles : l'interversion des pieds vous met en équilibre instable et révèle votre timidité ou votre malaise.

Quand vous marchez, un pas rapide donne une image de vitalité dynamique de votre personne. Évitez toutefois de marcher à grands pas. Cette dernière prescription est encore plus impérative pour une femme.

En position assise :

- est exclu l'avachissement sur sa chaise, signe de laisser-aller, surtout si on l'accompagne du déploiement des jambes ;
- on n'agite ni ses jambes ni ses pieds. On ne se balance pas sur sa chaise ou sur son fauteuil. Les femmes croiseront leurs jambes aux chevilles, à l'imitation de la reine d'Angleterre, mais le croisement au genou jambes serrées est tout à fait convenable.

Mouvements des bras

La typologie des gestes effectués avec les bras est très riche et l'interprétation de ceux-ci fort variée.

Quelques gestes courants ont des significations que l'on peut rappeler :

- les bras tenus souplement le long du corps indiquent l'attente, la disponibilité, comme les bras étendus, mains jointes devant le corps ;
- les bras étendus, mains jointes derrière le corps, attitude distinguée en usage dans la famille royale britannique, ont une connotation de discipline librement consentie ;
- les bras croisés devant la poitrine marquent l'assurance tranquille qui peut aller, si les bras sont tenus en position haute, jusqu'au défi. C'est aussi une expression de défi qui est manifestée par les bras pliés et les mains sur les hanches ;
- l'avant-bras en avant, le haut du bras près du corps et la paume ouverte, est un geste d'invitation à prendre place, à prendre la parole, à se mettre en mouvement ;
- les bras le long du corps, la main (ou les deux mains) dans la poche, marquent une certaine négligence vis-à-vis de celui auquel on s'adresse.

On doit être conscient du manque de distinction des gesticulations, des gestes désordonnés ou excessifs. Cela vous laisse tout de même une grande liberté de mouvements. Tout est dans le naturel.

Expressions de la main

Les mains posées sur l'estomac, droits croisés marquent une certaine passivité, de la réserve, un quant-à-soi.

Le frottement des mains l'une contre l'autre soit en forme de massage, soit paume contre paume, indique un contentement de soi ou la satisfaction d'une bonne affaire. À réserver à un entourage de familiers.

Se cogner la tête du poing, geste que nous ne vous recommandons pas, signifie que l'on est confronté à un casse-tête difficile à résoudre.

Comme on nous l'a inculqué dès notre première enfance, pour réprimer ou dissimuler une toux ou un bâillement, on met sa main devant sa bouche.

Les doigts

Les doigts contribuent à de multiples expressions familières ou vulgaires :

- si le pouce levé symbolise le succès, il est aussi un signe familier adressé à quelqu'un pour lui dire sa satisfaction d'un travail bien fait, d'un résultat de bonne qualité ;
- le geste est vulgaire du pouce dressé et incliné vers le côté ou vers l'arrière pour indiquer la présence de quelqu'un qui ne doit pas entendre ce que l'on dit ;
- est aussi déplacé le geste du pouce vers vous, les autres doigts repliés, pour signifier que l'on ne doit pas vous oublier dans une distribution ;

- le geste est très commun du frottement du pouce sur l'index pour parler d'argent ;
- le pouce et l'index (ou le majeur) formant un rond expriment une précision. Même signification quand l'extrémité de l'index vient prendre appui sur le pouce ;
- l'index, doigt de Jupiter, doigt de la lance, a de multiples significations : c'est avec l'index levé et les autres doigts repliés que l'on affirme sa vérité ;
- tenu horizontalement, l'index donne la direction à suivre. Mais tourné vers une personne, il est menace, accusation ;
- l'index levé et agité manifeste une interdiction, une chose à ne pas faire ;
- deux index accolés sont signes d'amitié, de complicité, tandis que deux index opposés dont les ongles se touchent alternativement disent qu'il y a opposition, dispute ;
- un signe de l'index indique que l'on appelle quelqu'un. Ce signe est un peu trop familier ;
- placer l'index sous son œil vaut dénonciation d'un mensonge ou déclaration d'incrédulité (« Mon œil ») ;
- on ne se gratte pas le nez ou les oreilles en public ;
- l'index et le majeur croisés sont censés conjurer le mauvais sort et expriment le souhait que la chance soit avec celui à qui on adresse ce geste. Celui-ci sera réservé à vos seuls intimes ;
- l'index et le majeur disposés en V, le pouce appuyé sur les deux autres doigts, paume en avant, célèbrent une victoire ;
- l'index et le majeur serrés vers votre tempe, ressemblant à un pistolet, décrivent symboliquement une situation tellement absurde qu'on s'en suiciderait (« Y a plus qu'à se flinguer ! ») ;
- l'extrémité des doigts qui tapotent le menton, exprime le doute, le scepticisme.

De l'ensemble de cette gestuelle digitale on retiendra que l'usage des doigts se conjugue mal à la bonne éducation. Tout au plus pourrez-vous, à l'occasion d'une énumération, compter sur vos doigts pour que vos interlocuteurs ou les auditeurs d'un exposé suivent clairement les différentes parties de votre propos.

Les expressions du visage

Dans les civilisations extrême-orientales on apprend dès la plus tendre enfance à « garder la face », c'est-à-dire à ne pas révéler par le visage ses sentiments et ses émotions. Les milieux d'affaires occidentaux avancent à visage découvert. Le regard est le premier vecteur de nos expressions.

Concernant votre visage celui-ci sera qualifié de vivant et d'avenant : regard droit, sans insistance déplacée, allant à la rencontre des yeux de votre interlocuteur. Le sourire éclaire votre visage (voir chapitre 8). Que les prescriptions sur votre gestuelle ne vous incitent pas à figer votre visage, à le rendre impénétrable, indifférent et pour tout dire insignifiant.

En conclusion de ces réflexions sur les postures et la gestuelle, gardez-vous par peur d'effectuer un geste incongru, de raidir votre corps et de figer votre démarche. Une gestuelle sobre et mesurée, naturelle et souple, constituera le bon comportement. D'une façon générale, plus vous restreindrez vos gestes mieux ce sera.

LE VÊTEMENT

Si l'on y réfléchit bien, ce n'est pas celui qui porte un vêtement qui est le mieux à même de le voir, ce sont les autres qui vous voient. Ainsi, c'est moins pour vous que vous endossez un vêtement que pour exercer un geste social. Vous vous habillez pour l'autre, pour les autres.

Intuitivement, les femmes sont entrées dans ce processus qui fait du choix du vêtement et de ses accessoires un élément de séduction.

Madame au travail : concilier affaires et féminité

Je ne sais pas ce qu'un étranger remarque en premier chez une femme qu'il rencontre pour la première fois : la silhouette ? Le visage et la coiffure ? Le vêtement ? Nul doute que la tenue que la femme porte soit considérée, à tort ou à raison, comme un élément représentatif de sa personnalité. Nous nous limitons ici au seul cadre des relations d'affaires.

Au vêtement féminin porté au bureau, et notamment pour une femme travaillant à l'étranger, sont corrélées plusieurs significa-tions : celle de la compétence professionnelle, celle de la féminité et celle de la conformité à l'image de l'élégance française.

La ligne de conduite pour le choix de la garde-robe sera d'être chic, stricte et classique. Cet impératif peut donner lieu à de multiples déclinaisons en fonction des activités exercées et en fonction de l'image de la femme auprès de son entourage.

Nous rappellerons que l'on s'habille pour les autres, avant de s'habiller pour soi. Il s'agit d'être telle que les autres vous attendent.

La dimension de la séduction sera résolument exclue de la sphère professionnelle. Une tenue trop sexy, trop glamour (décolleté plon-geant, minijupe) risque de faire passer celle qui se vêt ainsi comme préoccupée davantage de sa personne que par l'entreprise.

Dans le choix d'un vêtement, ne confondez pas le bureau avec une boîte de nuit. À l'opposé, un vêtement trop terne pourrait être associé à une compétence insuffisante, tandis qu'une tenue trop décontractée serait assimilée à un certain amateurisme.

Aux femmes cadre est recommandé, notamment à l'occasion de leurs rendez-vous à l'extérieur, le port du tailleur, avec jupe ou pantalon de couleur unie. Quelques touches discrètes d'accessoires de mode (collier ou sautoir, broche, ceinture) agrémenteront cet ensemble un peu strict. Le soin apporté à la coiffure est essentiel qui met en valeur la beauté du visage. Que votre parfum soit discret ; le sillage d'un parfum entêtant que certaines femmes laissent sur leur passage n'est pas du meilleur goût.

On veillera à ne pas être plus luxueusement habillé que les personnes que l'on s'apprête à rencontrer. Cependant, le choix de la garde-robe peut atténuer, voire corriger, certains traits de la personnalité de la femme :

- Est-elle un peu terne ? Un vêtement coloré lui conviendra.
- Passe-t-elle pour autoritaire ? Les matières douces du cachemire ou de la soie sont indiquées ; le port du pantalon sera exclu, en raison de sa masculinité.
- Se désole-t-elle de sa rondeur ? Il faut miser sur des tissus unis, secs, haut et bas de même couleur, plutôt sombre.
- Son physique est-il menu ? Éviter tout ce qui ferait penser aux teen-agers ; porter des tissus imprimés, colorés, clairs.
- Est-elle déprimée, en méforme ? Les couleurs vives sont de mise.
- Est-elle exubérante ? Un vêtement épuré atténuera l'excès de dynamisme.

Pour parler en public, on choisira une tenue unie, pas trop colorée, pour éviter un contraste criard avec les couleurs de la salle.

Et avant de se rendre sur son lieu de travail, on jettera un dernier coup d'œil à son miroir pour vérifier la bonne harmonie de la tenue et des accessoires.

Du vêtement masculin

Le choix d'un vêtement est conditionné à la fois par l'hommage que l'on veut rendre à ses interlocuteurs, aux circonstances dans lesquelles il s'insère et à ce que vous représentez.

Se rendre chez ses clients en tenue négligée, c'est manquer de respect envers eux et friser la faute professionnelle. S'habiller comme une gravure de mode (à l'exception toutefois des milieux de la mode et de la publicité), c'est les snober. L'élégance se signale par ce « je ne sais quoi » qui la rend invisible. On pourrait définir l'élégance par l'harmonie de votre vêtement à votre personnalité et aux circonstances. Vous vous habillerez en fonction de votre taille, de votre corpulence physique, de la couleur de vos cheveux et de votre âge.

Le costume classique gris, brun ou bleu foncé, toujours agrémenté d'une cravate, voire d'une pochette aux couleurs assorties évitera tout impair, notamment pour les entretiens et les réunions de travail avec le personnel de direction. Mais il est tout à fait admis de porter une veste de sport, chemise et cravate – voire foulard noué dans le col de chemise –, ou moins fréquemment un nœud papillon.

Bannissez les bagues ornées de pierres précieuses qui donnent l'air d'un parvenu.

Je pense que vous avez deviné que les piercings en tout genre et autres tatouages visibles ne sont pas apparentés à la distinction.

Votre linge corporel (sous-vêtements, chaussettes, chemise) sera changé aussi souvent que le nécessite votre complexion. Les cols et manchettes seront propres.

Attention aux boutons décousus ou absents, aux taches. Dissimulez vos bretelles et votre ceinture si vous en portez.

Les chaussettes, pour être aussi peu visibles que possible, seront d'une couleur accordée à celle du pantalon.

Les chaussures seront assorties au costume, noires avec un vêtement de couleur sombre, marron ou bordeaux avec une tenue claire ; elles sont brossées et cirées. En relation d'affaires, les chaussures de sport (« baskets ») sont exclues.

On ne retire pas sa veste lors d'un entretien, d'une réunion ou d'un déjeuner d'affaires, sauf si le personnage le plus important de la rencontre le propose, après en avoir demandé la permission aux dames.

LES MOUVEMENTS CORPORELS

Deux êtres en présence l'un de l'autre ne sont pas des corps figés. Même assis, la position du corps de chacun est très significative. Si votre client ou votre interlocuteur se carre dans son fauteuil, il est en position relâchée qui peut signifier soit une certaine confiance en son vendeur (la position relâchée s'accompagne d'une mobilisation de l'attention au niveau du visage), soit un détachement précurseur d'une rupture (les yeux puis le visage se détournent progressivement de vous).

Quand votre interlocuteur se sent agressé, son corps au contraire va se pencher en avant, en position d'attaque.

LA DISTANCE DE COMMUNICATION

Des recherches contemporaines, celles en particulier d'Edward Hall[1] et Erving Goffman[2] font apparaître la notion d'espace personnel à respecter, c'est-à-dire le quantum d'espace que tout individu ressent comme étant son bien propre. Le viol de cet espace, l'empiétement de ce territoire provoquent une manifestation de déplaisir ou un mouvement de retrait pour rétablir une sorte de distance d'équilibre.

Cette distance d'équilibre des relations, nous l'utilisons spontanément selon le type de message ou de relation que nous voulons nouer avec autrui.

Si nous nous adressons à une femme pour la séduire, nous ne nous plaçons pas à l'extrémité de la pièce pour prononcer des paroles tendres. À l'opposé pour donner quelque solennité à une déclaration à un autre interlocuteur, nous accompagnerons notre emphase verbale par un certain recul par rapport à notre interlocuteur.

---

1. Edward T. Hall, *La dimension cachée*, Le Seuil, 1971.
2. Erving Goffman, *La mise en scène de la vie quotidienne*, Éditions de Minuit, 1974.

Ces différentes distances de communication ont même fait l'objet de mesures :

- la distance « intime » est inférieure à 45 cm ;
- la distance « personnelle » est comprise entre 45 et 125 cm ;
- la distance « sociale » va de 1,20 m à 3,60 m ;
- au-delà de 3,60 m on entre dans la distance « publique ».

Toutefois ces normes doivent être modulées selon les régions. On admet une distance de conversation moindre dans les régions méridionales que dans les régions septentrionales.

Il semblerait également que d'autres variables interviennent selon les catégories d'âge des individus et leur origine sociale[1].

Même si les recherches sont en cours, il nous semble que ce nouvel aspect des facteurs d'amélioration de la communication ne pouvait être ignoré des vendeurs et devait requérir leur vigilance.

VOTRE EXPRESSION MAJEURE

En regroupant ce que nous avons suggéré comme objets d'observation et de réflexion sur votre expression corporelle avec ce que nous évoquerons dans le chapitre 17 : « Parler », vous êtes en mesure d'inventorier et de décrire votre personnage, tel que le perçoivent vos interlocuteurs : attitude corporelle, gestes, expression générale, selon que vous êtes corpulent ou mince, de grande ou petite taille, physionomie, regard, voix, élocution, rythme et ton.

Vous pouvez être sujet à un certain optimisme parce que vous vous plaisez ou à un certain pessimisme (« avec un tel physique je suis très handicapé »). En réalité, il n'y a pas de bons ou de mauvais physiques, ou plus largement de bonnes ou de mauvaises expressions physiques.

---

1. Nathalie Savary : « Gardons nos distances », Revue *Psychologie*, 1975.

Il y a ce que vous êtes et avec les éléments qui vous composent vous pouvez travailler. Napoléon disait qu'on travaille bien avec ses défauts. Étendons cette réflexion pour indiquer que l'on peut compenser certaines insuffisances telles qu'elles nous sont renvoyées par le miroir d'autrui et que notre physique, notre expression majeure ne commande pas un personnage définitif.

Fernandel qui exprimait par son physique un personnage comique, passera à la postérité parce qu'il a su utiliser son expression mineure – tragique – pour interpréter ses meilleurs rôles.

VOTRE TACTIQUE D'EXPRESSION

Il ne peut être question ici en raison du nombre important de variables de donner des exemples en nombres suffisants pour couvrir tous les cas rencontrés. Nous évoquons quelques grands principes qui permettront à chacun de trouver ses propres correctifs ou ses propres renforcements de jeu, en travaillant sur trois éléments : distance de communication, débit verbal, ton de la voix.

ASSOCIATION DU TON DE LA VOIX ET DU DÉBIT VERBAL

Un débit verbal rapide associé à un ton aigu ou soutenu suggère un certain emballement.

Au contraire, un débit verbal lent associé à un ton grave a un effet sédatif ; ne pas en abuser, vous risquez de vous endormir et d'endormir votre interlocuteur. Si le débit verbal est lent et le ton aigu, la double insuffisance du ton (aigu) et du débit (lent) doit, pour garder de la force à votre expression être compensée par une certaine richesse verbale ou par un vocabulaire musclé.

ASSOCIATION DU TON DE LA VOIX ET DE LA DISTANCE DE COMMUNICATION

Avec un ton de voix grave, évitez une trop grande distance sociale (1,20 m – 3,60 m) votre intensité de communication est faible. Vous pouvez alors pour renforcer votre intensité de communication, en gardant cette même distance, pousser un peu votre ton vers l'aigu, ou encore en conservant votre ton de voix, raccourcir la distance sociale jusqu'à la distance personnelle (1 mètre).

L'association d'un ton élevé et d'une distance de communication courte (personnelle, voire intime) assure une forte intensité de communication.

ASSOCIATION DU DÉBIT VERBAL ET DE LA DISTANCE DE COMMUNICATION

Avec un débit verbal lent et une distance de communication longue (personnelle allant jusqu'à la distance sociale, soit plus de 3 mètres) vous calmez votre ou vos interlocuteurs. Si vous rapprochez la distance jusqu'à ce qu'elle soit personnelle ou intime, vous exprimez et communiquez votre calme assurance.

Un débit verbal rapide associé à une longue distance de communication (distance sociale) communique un effet de sécheresse.

On observera que les discours aux armées sont pratiqués ainsi.

Ce même débit verbal rapide associé à une distance de communication personnelle fait que votre interlocuteur peut avoir du mal à vous suivre.

Qu'on ne cherche pas à caricaturer ces propos : leur schématisme vise à susciter des réflexions et à féconder la recherche de chacun sur la maîtrise de son expression ; ils manquent des nuances indispensables.

11 Préparer la découverte

*Lord Mountbatten, vice-roi des Indes,
produit de l'establishment, de l'éducation
et de la morale britanniques, raconte dans
ses mémoires qu'au moment où il rencontra
pour la première fois le Mahatma Gandhi,
symbole à lui seul de toute la mystique
hindoue, il ne savait pas comment l'aborder.
Et il ajoute :
« Nous nous sommes raconté nos vies et
nous nous sommes compris. »*

Une négociation ne peut réussir que si elle apporte à votre interlocuteur une solution au problème qu'il se pose ou que vous l'avez aidé à définir.

Or il est peu probable que vous arriviez au résultat que vous espérez si vous vous contentez de présenter votre produit, votre service ou votre idée, indépendamment du besoin et de la personnalité de votre interlocuteur.

Pourtant, combien de vendeurs, sitôt l'entrée en matière terminée, se lancent dans la présentation de ce qu'ils ont à vendre.

Ce faisant, ils courent le risque de ne pas apporter la bonne réponse à la préoccupation du client, de ne pas apporter la réponse *personnelle* qu'attend le client, de donner l'impression qu'« ils font leur métier de vendeur », et présentent une solution « standard » mais qu'ils ne sont pas intéressés à la situation particulière du client.

Vendre c'est faire correspondre son produit, son service ou son idée aux besoins et aux motivations de son interlocuteur.

Si on analyse cette définition, on observe qu'elle recouvre deux aspects :

- un aspect matériel, probablement objectif et facile à décrire : le besoin ;
- un aspect émotionnel attaché à la complexité psychologique de notre interlocuteur et plus difficile à saisir : les motivations.

Il va donc falloir jouer sur deux tableaux et explorer l'interlocuteur sur deux plans : le plan objectif et le plan subjectif.

Nous appelons cette exploration : la découverte. Cette découverte se partage en découverte « technique » ou logique et découverte psychologique.

POURQUOI LA DÉCOUVERTE ?

La vente, la persuasion de votre client repose sur une solide argumentation. Cette argumentation ne portera ses fruits – et ne sera solide – que si elle correspond parfaitement à votre interlocuteur. Rappelons-nous également qu'un vendeur est un homme qui influe sur la prise de décision de son client.

Si une bonne argumentation standard suffisait, le vendeur ne serait qu'un porte-voix et un ramasseur de commandes, et à ce titre il serait concurrencé par des moyens de vente tels que la publicité et la vente par correspondance.

Seul celui qui est en face du client peut réellement le connaître et pratiquer une négociation personnalisée.

On pourrait comparer la découverte de l'interlocuteur au travail méthodique d'exploration que pratique le médecin vis-à-vis de son patient.

Il commence par enregistrer les déclarations du malade, puis il l'examine. Il vérifie parfois telle ou telle hypothèse par une analyse de laboratoire. Il confronte le résultat de ses investigations à son expérience pratique et à ses connaissances théoriques : alors il peut effectuer, sans trop d'incertitude, son diagnostic.

Celui qui veut proposer à bon escient une gamme de produits, un produit nouveau sur le marché, un produit que n'a pas encore essayé le client, une quantité déterminée, une idée, un service, doit savoir à l'avance si cette proposition correspond aux besoins du client.

Bien entendu le client peut ne pas avoir conscience de son besoin et le vendeur va être le révélateur de ce besoin (voir chapitre 13).

Admettre le principe de la découverte est une chose. Encore faut-il pratiquer cette découverte. Ce qui pose des questions :

- Que faut-il savoir d'un client ?
- Comment le savoir ?
- N'est-il pas indiscret de chercher à le savoir ?
- Comment gérer les informations recueillies ?

QUE FAUT-IL SAVOIR DE SON INTERLOCUTEUR ?

Il ne peut pas y avoir de plan standard de découverte. Aussi, plutôt que de tenter une impossible synthèse nous a-t-il semblé plus intéressant de présenter quelques exemples concrets.

1. Plan de découverte d'un particulier pour lui proposer un appartement neuf

NATURE DE SON BESOIN

- Appartement destiné à l'habitation principale ou secondaire ?
- Est-ce un placement ?

SITUATION FAMILIALE

- Est-il marié ? Célibataire ? • Nombre d'enfants ? • Quel est leur âge ? Leur sexe ? • Autres personnes à charge ? • Scolarité des enfants ?

SOLUTION ACTUELLE APPORTÉE AU BESOIN

• Habite-t-il un appartement ou une maison individuelle ?

• Quel est le nombre de pièces ? • Est-il locataire ? • Quel est le montant du loyer ? • Est-il propriétaire ? • Quelle est la valeur approximative du bien mobilier (en cas de vente) ? • Quelle est l'importance, quel est le style du mobilier possédé ? • Ville et quartier habité actuellement ? • Quelles sont les raisons du changement ? • Solutions envisagées ?

SITUATION FINANCIÈRE

• Montant approximatif du revenu global du foyer ? • Remboursements de crédits en cours ? • Apport initial possible (épargne logement, vente d'un bien mobilier, etc.). • Mensualités possibles. • Possibilités d'obtention de prêts complémentaires. • Régime adopté dans le contrat de mariage ?

AUTRES RENSEIGNEMENTS

• Comment a-t-il connu le programme immobilier qui lui est présenté ? • A-t-il visité la concurrence ? • Quel est son avis sur le programme immobilier ? • Y a-t-il longtemps qu'il cherche ? Que recherche-t-il particulièrement (agrandissement, standing, proximité du travail, environnement) ? • Dispose-t-il d'une ou deux voitures ? Quelle est la date d'emménagement prévue ?

2. Plan de découverte d'un magasin de tissus d'ameublement

SITUATION GÉOGRAPHIQUE

• Région, ville, quartier, rue.

CLIENTÈLE

• Description des clients. • Quelles sont leurs tendances ? • Quel est leur niveau d'aisance économique ?

ASPECT EXTÉRIEUR DU MAGASIN

• Façade. • Vitrine, disposition, décoration. • Présentation des concurrents. • Y a-t-il une politique de vitrines ?

ASPECT INTÉRIEUR DU MAGASIN

• Surfaces. • Aménagement (traditionnel, moderne). • Animation (générale, par rayons). • Importance du rayon tissus d'ameublement. • Aspect interne du magasin. • « Climat » du magasin. • Clientèle et comportement.

SITUATION DU RAYON

• Emplacement du rayon en fonction de l'itinéraire des clients dans le point de vente et de la proximité des « points chauds ». • Éclairage. • Nombre de barres/de cases : – dont barres et cases vides et pleines ; – dont proportion de nos produits. • Position de nos produits par rapport aux yeux et par rapport aux mains.

COLLECTION

• Gamme, nombre de modèles. • Nombre de produits concurrents. • Nombre de formats. • Styles des tissus (voyant, classique, avant-garde, etc.). • Décors exposés. • Couleurs exposées. • Qualités des tissus. • Niveaux de prix. • Chiffre d'affaires, rotation, rentabilité.

APPROVISIONNEMENT

• Fournisseur exclusif ? Multiplicité des fournisseurs ? • Politique d'approvisionnement orientée en fonction du profit financier ? De l'intérêt de la clientèle ? Sans réflexion (selon passages des représentants ?). • Position adoptée face aux nouveautés. • Comment le client raisonne-t-il sa collection ?

PERSONNEL

• Personnel de vente ? • Nombre de caisses ? • Compétence du personnel de vente ? • Position du personnel par rapport à nos tissus ?

3. Plan de découverte d'un négociant en matériaux de construction

IDENTIFICATION

• Raison sociale, forme juridique de la société et mentions légales obligatoires. • Adresse du siège social, des dépôts, des agences.

• Actionnaires, principaux porteurs de parts. • Responsable. • Famille et descendance des responsables. • Nom des chefs d'agence et des principaux collaborateurs. • Biens personnels du responsable. • Appartenance à une chambre syndicale, à un groupement d'achat, à un groupement d'intérêt économique.

ÉQUIPEMENT

• Terrains (surface totale, surface couverte surface développée). • Magasin d'exposition. • Statut d'occupation (propriété ? valeur ? location ? loyer ?). • Bureaux. • Ordinateur de gestion et de facturation (en propre ? traitement extérieur ?). • Camions (tonnages ? autodéchargeables ?). • Élévateurs ? • Matériel en propre ou en leasing ?

PERSONNEL

• Personnel d'encadrement, personnel administratif (effectif ? organigramme ?). • Représentants (exclusifs ou multicartes spécialisés ou généralistes ?). • Personnel de cour ?

ACTIVITÉS

• Catégories de produits de négoce ? • Rayon d'action géographique ? • Marché, concurrence, clientèle ? • Principaux fournisseurs ? • Rotation et importance des stocks ? • Principe de gestion des stocks ? • Marges ? • Analyse de la clientèle ? • Chiffre d'affaires ? • Évolution des ventes par grandes familles de produits ? • Évolution du chiffre d'affaires par catégorie de clientèle ? • Opinion sur le marché, la concurrence, la clientèle ? • Projets d'avenir ?

Si vous lisez attentivement les plans de découverte qui précèdent, il apparaît à l'évidence que les informations fournies par l'interlocuteur vous permettent de cerner avec une certaine précision l'environnement du besoin, s'il existe, mais aussi vous fournissent des matériaux pour construire la ou les réponses que vous pouvez apporter.

Alors, connaissant bien le dossier du client, ayant établi avec une certaine précision le diagnostic de sa situation, vous êtes mieux en mesure de lui apporter la réponse précise qu'il attend.

Votre argumentation dès lors en sera facilitée, parce que, naturellement, elle sera personnalisée à votre interlocuteur – ou sinon il n'y aurait aucun enchaînement logique entre la découverte et l'argumentation.

Revenons aux trois exemples de plans de découverte des pages précédentes : ils peuvent paraître plus ou moins complets, mais cette observation n'est pas bien formulée.

En effet, bâtir un plan de découverte n'est pas faire œuvre encyclopédique mais seulement se fixer des objectifs précis d'informations à recueillir, en tenant compte de la nécessaire dispersion dans le temps de ce recueil d'informations. Cet aspect est examiné un peu plus loin.

LA DÉCOUVERTE DE LA SITUATION MATÉRIELLE D'UN INTERLOCUTEUR NE SUFFIT PAS

Le développement de la médecine spécialisée, le traitement quasi obligatoire en milieu hospitalier de toute personne atteinte d'une maladie nécessitant l'emploi de moyens d'étude et d'analyse évolués, ont fait craindre la disparition du médecin de famille et du médecin de campagne. L'un de ces spécialistes, le professeur Jean Bernard rappelle avec force et bon sens que la véritable appréciation du psychisme du malade commence par l'observation du milieu familial. L'accent est mis sur l'étude non seulement technique mais également psychologique du patient.

La vente n'échappe pas à cette nécessité. Pour comprendre son interlocuteur, le meilleur plan d'investigation ne suffit pas. Il faut être attentif à son équation psychologique.

LIRE LES MOTIVATIONS

Notre approche voudrait avoir le sens suivant :

- Nous avons distingué onze grandes familles de besoins et de motivations qui poussent plus ou moins toute personne humaine à agir ou à ne pas agir.
- Ces besoins et ces motivations peuvent être repérés à travers les propos de tout interlocuteur. On peut écrire donc que toute prise de parole a un double contenu[1] : des indications exprimées en langage clair (ce que vous dit effectivement votre vis-à-vis) et des indications codées (l'expression des motivations).

  Les onze familles de besoins et de motivations peuvent servir en quelque sorte de clé pour décoder le langage intérieur de l'interlocuteur dans la mesure où il ne l'a pas exprimé clairement.
- Cette lecture d'un langage intérieur nous servira de guide pour notre comportement, notre expression, notre argumentation, de manière à être celui que le client attend, en vue de favoriser notre influence sur sa décision.

QU'EST-CE QUE DÉCOUVRIR UN INTERLOCUTEUR ?

On conçoit maintenant que notre objectif de découverte doive toujours être double :

- obtenir de notre interlocuteur, selon notre plan de découverte, les informations qui nous permettent de comprendre sa situation matérielle présente ;

---

1. Le « double langage » du client ou du prospect. Ici, il ne s'agit pas de cette habitude de certains politiciens de tenir des propos orientés en fonction des publics. Il s'agit de tout autre chose.
   Quand un client (ou un prospect) parle, il tient un double langage :
   – logique, c'est-à-dire son premier niveau d'expression ;
   – psychologique, par lequel il nous indique ses dominantes psychologiques (craintes, fierté, recherche du confort ou de la sécurité, goût pour le risque, etc.).

- en même temps, saisir ses motivations dominantes, leur dose respective et dresser son équation psychologique.

Que cela soit difficile, cela ne fait aucun doute. Heureusement, en ce deuxième domaine notre intuition, notre expérience des relations avec autrui, notre connaissance antérieure du client (sauf en prospection) nous permettent d'y voir clair plus facilement.

Voici, pages suivantes, deux exemples de « lecture » des motivations et des freins transcrits à partir de l'enregistrement d'entretiens de vente.

On observera que la plupart des aspects négatifs peuvent être gommés par une argumentation adéquate. Plus généralement on constatera par ces deux exemples combien la lecture attentive des motivations d'achat suggère de richesse, de précision et de personnalisation de l'argumentation.

Le lecteur peut objecter que choisir des exemples relatifs à l'habitat et à la voiture, c'est choisir des produits riches d'évocations culturelles. C'est en partie vrai.

Cependant l'écoute attentive de toutes sortes d'entretiens de vente réalisée à l'occasion d'accompagnements de vendeurs s'adressant soit à des acheteurs industriels, soit à des économes de collectivités, soit à des chefs de rayons de magasins et de grandes surfaces, soit à de simples particuliers, révèle la très grande richesse de tout entretien dès qu'on s'intéresse à l'expression des motivations de l'interlocuteur.

1. Les motivations d'achat et les résistances à l'achat d'une maison individuelle
(exprimées par un couple candidat à l'achat)

ASPECTS POSITIFS

- Besoin.
- Retrouver un certain passé.
- Être propriétaire.
- Perdre de l'argent en versant un loyer.
- Ne pas être menacé dans sa sécurité par un loyer au moment de la retraite.
- Être indépendant.
- Rejet de l'habitat collectif.
- Trouver son identité.
- Faire mieux que ses antécédents.
- Ambition, orgueil.
- Délassement du jardin.
- Santé, respirer.
- Charme.
- Commodité.
- Pouvoir entasser.
- Pouvoir bricoler.
- Se réaliser.
- Se situer dans un autre milieu social.
- Se comparer favorablement aux autres.
- Avoir une maison qui dure.
- En profiter rapidement.
- Esthétique.

ASPECTS NÉGATIFS

- Inquiétude de ne pas avoir les compétences et les connaissances nécessaires pour faire construire (formalités de permis de construire, à qui s'adresser pour obtenir des prêts avantageux, suivre la réalisation de la construction).
- Peur de s'engager.
- Peur de prendre des risques financiers.
- Être gêné par les remboursements mensuels des emprunts.
- Coût de l'éloignement du centre ville.
- Fatigue de l'éloignement.
- Dérangement dû à l'éloignement. Soucis dus à l'éloignement.

2. Les motivations d'achat et les résistances à l'achat d'un cabriolet décapotable par l'épouse d'un candidat acheteur quinquagénaire

ASPECTS POSITIFS

- Rester sportive.
- Se faire remarquer.
- Jalousie des amies.
- « Standing ».
- Faire plaisir aux enfants.
- Décapotable permet de bronzer.
- Grand air.
- Mieux voir le paysage.
- Ça fait jeune.
- On évite d'emmener maman.
- Ça va vite.
- Sort de la routine.
- Maniabilité.
- Esthétique.
- Vieux rêve.

ASPECTS NÉGATIFS

- Cher.
- Pas confortable.
- Pas de notre âge (ridicule).
- Il faut emmener maman (80 ans) et le gros chien.
- Peu de place pour les bagages.
- Courants d'air.
- Danger en cas d'accident.
- Risque d'avoir plus d'amendes, de contraventions.
- Revente difficile.

COMMENT LE SAVOIR ?

Il ne suffit pas d'avoir pris conscience de la nécessité de la découverte et de son double contenu objectif et subjectif. Il faut encore passer à sa réalisation.

Le chapitre suivant (« Faire parler ») indique comment aider l'interlocuteur à s'exprimer.

Mais avant de faire parler cet interlocuteur, il va falloir préparer sérieusement notre entretien, c'est-à-dire se fixer des objectifs de découverte, dresser une liste-guide des informations que l'on veut recueillir, envisager les motivations que l'on peut rencontrer.

UN PLAN DE RECUEIL DE L'INFORMATION

Le plan de recueil de l'information pourra s'inspirer des plans de découverte que nous avons donnés en exemple plus haut dans ce chapitre. Toute l'information désirée ne sera pas obtenue au cours d'un seul entretien. Encore cela dépend-il des métiers et des usages admis qui sont infiniment variables d'une profession à l'autre. Si certains entretiens de vente ne peuvent excéder une dizaine de minutes, d'autres atteindront aisément une heure et demie.

Si donc notre investigation ne peut être conduite à son terme au cours d'un tel entretien, une hiérarchie d'intérêt des informations à recueillir sera établie de manière à concentrer son énergie sur les aspects principaux à connaître pour mieux convaincre l'interlocuteur d'adopter le produit, le service ou l'idée que nous défendons.

En effet votre interlocuteur a probablement pour vocation de recevoir de multiples solliciteurs, tels que vous. Reprendre le récit de son processus de fabrication, des caractéristiques de ses produits, de la description de sa clientèle devant chaque nouveau visiteur peut avoir un caractère lassant. Aussi est-il indispensable de chercher à apprendre cela par une recherche documentaire (en commençant par consulter Internet si votre client a ouvert un site) et de limiter au strict indispensable l'aspect descriptif de la découverte, afin de se consacrer à la recherche du besoin et de ses conséquences, perçue beaucoup plus favorablement parce que pouvant déboucher sur une proposition innovante.

La mise en évidence du besoin fait l'objet du chapitre 13.

La prise de notes

Avoir un *aide-mémoire* sous les yeux est le meilleur moyen de ne pas oublier de recueillir une information essentielle.

Il n'est pas mal considéré de *prendre des notes*. Généralement on hésite à le faire par crainte d'être indiscret. Se rend-on bien compte que prendre des notes au cours d'un entretien a deux effets positifs pour notre vis-à-vis. Il apprécie d'une part votre méthode de travail. D'autre part il se sent flatté que ses propos aient à vos yeux suffisamment d'importance pour être notés.

Comme il est difficile d'écouter et de noter en même temps, il vous faut définir une stratégie de recueil d'informations et une tactique pour la prise de notes.

Ne sera noté que ce qui est important :

– ce qui est *nouveau* dans les propos de votre interlocuteur ;

– ce qui vous paraît *essentiel* ;

– les noms propres, les chiffres, les dates, les schémas ;

– les expressions fortes, les adjectifs significatifs ;

– les anecdotes illustratives qui seront relevées d'un mot (le « boulanger »).

Sur le plan tactique, on n'utilisera qu'une partie de la feuille en laissant une large marge à droite ; ainsi votre main ne court pas sur toute la largeur de la feuille. Cette marge à droite facilitera la mise en ordre des propos d'un interlocuteur brouillon. Elle sert également à noter les points d'appui (dont il sera question au chapitre suivant).

L'écriture en style télégraphique fait partie de la loi du genre, ainsi que les abréviations et les signes qui vous seront propres. À chaud, après l'entretien, les notes prises seront complétées tant que le souvenir est précisément présent à votre esprit.

Il est possible que votre client ne souhaite pas que vous inscriviez un nom, un fait, un chiffre ; alors, obstensiblement, ne notez rien... et complétez sitôt sorti de chez votre client.

Il est habile toutefois d'annoncer que l'on prend des notes et de le justifier en disant par exemple :

- « *Je crains de ne pas tout retenir de notre intéressant entretien. Me permettez-vous de noter le plus important pour en garder le souvenir ?* »

Si l'exploration est longue, surtout en face d'un interlocuteur brouillon, il faut par moment faire le point de ce que nous savons. Avoir un aide-mémoire sous les yeux vous y aide. Cependant des pauses peuvent s'avérer nécessaires pour réfléchir à ce que nous savons et à ce que nous ignorons encore, pour faire des déductions ou rapprocher certaines informations.

Il faut accueillir comme une bénédiction les interruptions (si elles ne sont pas trop fréquentes) occasionnées par le téléphone ou d'autres circonstances. Mais vous pouvez aussi provoquer des pauses en faisant consulter un document à votre interlocuteur, en prétextant la recherche d'une information dans votre véhicule, ou encore plus simplement en demandant ouvertement à votre client quelques minutes pour réfléchir.

LES MOMENTS DE LA DÉCOUVERTE

Parce que les individus voient leur point de vue se modifier au fil du temps et en fonction des circonstances, parce que l'environnement de l'entreprise évolue, on ne peut jamais considérer une découverte comme définitive.

Lors de chaque entretien il convient de l'actualiser. Aussi, si l'on s'intéresse à une négociation en plusieurs épisodes, ce qui est le cas le plus répandu, pratiquera-t-on :

- Une découverte générale, inspirée par une liste-guide, lors du premier entretien[1].

- Une actualisation de la découverte lors de chaque entretien ultérieur qui sera l'occasion de compléter les découvertes antérieures,

---

1. Le premier entretien se situe souvent dans le cadre de la prospection. On se reportera à notre ouvrage *La Prospection commerciale*, stratégie et tactique (même éditeur).

tous les points de la liste-guide n'étant que rarement couverts lors d'un seul entretien. La gestion informatisée des informations recueillies dans la base de données (voir ci-après) fait apparaître les lacunes.

- Quand une relation d'affaires continue aura été établie, il est bon, par exemple une fois par an ou tous les deux ans de reprendre la découverte générale pour être certain d'aborder tout ce qui a pu évoluer. Ce sera d'ailleurs l'occasion d'une redécouverte mutuelle du client et de son fournisseur et parfois la source de nouvelles activités. La nouvelle collecte d'informations qui complètent ou remplacent les informations antérieures sera datée.

La question du moment de la découverte se pose aussi à l'intérieur de chacun des entretiens. La découverte précède nécessairement la proposition et l'argumentation ; elle se situe donc au début de l'entretien.

Nous signalons ici deux pratiques.

La première que nous appellerons le « bloc de la découverte » consiste, comme nous venons de le préciser ici, à installer la phase de la découverte juste après l'entrée en matière et avant la synthèse de la découverte et la proposition.

Cependant, celui qui a une très grande maîtrise de l'entretien de vente peut, comme nous l'avons vu pratiquer par de très bons vendeurs, faire une découverte presque indécelable, par petites touches, dans la fluidité de la conversation avec le client. Cette seconde pratique est d'une très grande habileté.

Toutefois, les objections sont une occasion de faire préciser un aspect de la situation ou du point de vue du client et permettent aussi (par le traitement de l'*effritement*) de compléter la découverte.

Quelle durée accorder à la découverte ?

Cela dépend de la durée convenue ou admise pour l'entretien. À l'intérieur de cette durée, le temps dévolu à l'exploration de l'interlocuteur sera commandé et par l'attention aux signes de lassitude de notre vis-à-vis et par la nécessité de recueillir le maximum d'informations pertinentes.

Soulignons toutefois que si l'exploration est habilement menée (voir chapitre suivant) et si l'interlocuteur se sent mis en valeur, les signes de lassitude ne se manifesteront guère.

N'est-il pas indiscret d'explorer un interlocuteur ?

On aurait pu partir de cette interrogation pour poser la question de l'exploration d'un interlocuteur. Nos sociétés d'expression française reposent sur une certaine tradition faite de réserve ou de pudeur et qui, au nom de ce principe, hésitent à communiquer. Cela peut dégénérer en individualisme indifférent, justifié par le respect de l'autre. Or il faut bien saisir que c'est une façon de s'intéresser à autrui que le faire parler de lui. Ce serait seulement indiscrétion et impudeur si nous retransmettions publiquement ce qui nous a été confié, quand bien même le secret n'aurait pas été sollicité.

C'est aussi une façon d'être apprécié de l'interlocuteur que de lui consacrer du temps pour lui permettre de s'exprimer, que lui faire comprendre que nous avançons selon une méthode souple d'exploration, et de l'écouter.

Est-il indiscret d'explorer un interlocuteur ? Ce n'est pas votre interlocuteur qui protestera. N'est-ce pas une certaine timidité ou une certaine inexpérience, qui parle à travers cette interrogation ?

PIÈGES ET ERREURS DE LA DÉCOUVERTE

Se passer de découverte ou l'improviser, la réticence du client à se soumettre à votre exploration, autant de difficultés pour parvenir à une bonne connaissance de l'interlocuteur.

Se passer de la découverte

Certains vendeurs s'ingénient à placer des pièges sous leurs propres pas. Par exemple quand ils sont tellement convaincus de la justesse de leur cause, de la qualité de leur produit ou de leur société qu'ils estiment avoir pour mission sacrée d'en parler avec force et conviction, dès le début de leur entretien avec leur interlocuteur. C'est sympathique mais maladroit.

Ces vendeurs ne savent pas à qui ils ont affaire et seul le hasard leur évite une réponse négative de leur interlocuteur.

Improviser sa découverte est aussi un excellent moyen de ne pas parvenir à son but. On se fie à son expérience et on passe à côté de belles occasions, que l'on ne percevra peut-être jamais.

Le client qui se dérobe à l'exploration

Il y a aussi les pièges que vous tend le client. Volontairement ou involontairement. Le client après vous avoir accueilli – parfois cordialement – fait asseoir le vendeur et lui dit :

– « *Je vous écoute...* » et se tait.

Le client n'est pas forcément en train de vous mettre à l'épreuve. En effet cette phrase et ce silence peuvent émaner aussi bien d'un interlocuteur naturellement ou occasionnellement enclin à parler peu.

Mais ce « *je vous écoute* » peut venir d'un autre type de client qui veut éprouver vos qualités de vendeur et pense ainsi vous désarçonner par son silence.

Quelles solutions s'offrent au vendeur ?

Il peut – flairant le piège intentionnel du client – rester lui-même silencieux. Mais cette solution est une impasse : elle est difficile à supporter par les deux interlocuteurs, elle altère le climat de l'entretien. Nous ne croyons pas qu'il puisse en sortir quelque chose de positif.

Une deuxième solution plus élégante, va consister à suppléer à « l'absence » de paroles du client, à l'absence de fournitures de renseignements, par la tenue, par nous-même vendeur, à haute voix, du raisonnement du client. Nous allons raisonner et parler à sa place.

> – *« En général, vos confrères, quand ils se trouvent dans une affaire semblable à la vôtre, travaillent de telle manière, se préoccupent de ceci ou de cela... »*

Ainsi vous mettez le client en face d'un certain portrait qui veut lui ressembler. Immanquablement celui-ci doit prendre position par rapport à ce portrait.

En effet de trois choses l'une. Ou bien vous avez raisonné juste et vous en recueillez l'écho approbateur. Votre découverte est faite. Ou bien votre raisonnement est incomplet ou partiellement erroné et votre interlocuteur sera amené à rectifier le « portrait ».

Ou encore votre raisonnement ne rencontre pas celui du client. Auquel cas, votre client en vous disant :

> – *« Ça n'est pas du tout ma manière de voir... »*, vous conduira à sauter sur l'aubaine :

> – *« Mais alors, monsieur, quelle est votre manière ?... »*,

Et vous aurez obtenu la prise de parole de votre interlocuteur. C'était votre but.

Nous avons vu ci-dessus que, soit votre client était naturellement peu loquace (par timidité, par réserve habituelle, en raison de certains soucis momentanés...), soit il vous mettait à l'épreuve.

Dans le premier cas, il appréciera ce vendeur qui l'aide à raisonner, qui s'exprime ou essaie de s'exprimer à sa place, qui lui évite un effort. Dans le second cas, il aura jaugé – et appréciera également – votre qualité professionnelle, votre habileté pour éviter son piège, votre « métier » dans la relation avec autrui. Vous vous serez imposé à lui.

À travers ce but immédiat de faire prendre la parole, vous atteignez un autre but : celui de susciter l'estime de votre interlocuteur.

LES BASES DE DONNÉES, OUTIL PERFECTIONNÉ DE GESTION DE LA DÉCOUVERTE

L'informatisation de plus en plus répandue des commerciaux, dont le terminal portable est devenu l'accessoire indispensable, l'accès à un réseau d'ordinateurs aux capacités de mémoire élargies et à la vitesse de traitement performante permettent d'envisager une collecte d'informations plus complètes, gérées au sein de bases de données actualisées au fur et à mesure du recueil de nouvelles informations.

Ces bases de données sont d'autant plus indispensables que les clients procèdent à des achats répétitifs. Toutefois, dans le cas de négociations de biens d'équipement dont les acquisitions sont espacées dans le temps, la constitution d'une base de données permet d'améliorer le suivi du client au fur et à mesure que l'on se rapproche de la décision d'achat.

Les bases de données autorisent l'enregistrement d'informations quantitatives et surtout qualitatives, utiles dans un premier temps au vendeur, et qui permettront ultérieurement par l'exploitation des données de faire apparaître des explications aux décisions d'achat et à l'échec de certaines négociations. Ici les intérêts de la force de vente et des équipes de marketing se rejoignent.

Nous ne sommes pas d'avis de faire savoir au client que les informations qui le concernent sont gérées dans une base de données. Cette collecte et sa gestion, à usage exclusivement interne, n'est pas du ressort de la Loi Informatique et Libertés.

CADRE TYPE D'UNE BASE DE DONNÉES POUR LA VENTE PROFESSIONNELLE

S'il est illusoire de songer à composer l'inventaire universel d'une base de données pour la vente d'entreprise à entreprise, on peut esquisser un cadre type qui comportera quatre chapitres : identité de l'entreprise, interlocuteurs, comportement d'affaires, résultats.

Identité de l'entreprise

• Nom • Adresse, téléphone, télécopie, adresse de messagerie électronique • Secteur d'activité (code APE) • Type d'entreprise (fabricant, importateur, commerce de gros, coopérative, centrale d'achat, détaillant) • Taille de l'entreprise (effectif de personnel, établissements, points de vente) • Moyens d'exploitation : surfaces (production, stockage, administration), machines, équipement informatique, méthode.

Interlocuteurs pour la négociation

• Prénom et nom, titre, fonction • Téléphone (poste direct et mobile), télécopie, adresse de messagerie électronique • Domaine de responsabilité • Nature et étendue du pouvoir de décision • Compte rendu résumé des derniers entretiens (accords, commandes, promesses, questions à étudier) • Typologie du comportement de négociation • Dominantes psychologiques.

Comportement d'affaires

• Produits achetés • Quantités achetées • Dates des dernières commandes • Position tarifaire • Avantages accordés • Mode de règlement • Régularité des règlements • Type de négociation pratiquée • Processus d'achat • Concurrents présents • Part de notre chiffre d'affaires dans le chiffre d'achats du client • Potentiel accessible[1].

Résultats

• Chiffre d'affaires annuel (passé, en cours) • Marge brute dégagée (en tenant compte des avantages accordés) • Classement du client (chiffre d'affaires, marge) • Force[2] • Rapport du chiffre d'affaires et de la marge au nombre de visites.

INTERNET[3] ET LA DÉCOUVERTE

Dès lors que les deux partenaires disposent d'un site sur le réseau des réseaux et qu'ils l'ont alimenté en informations (« ce que nous recherchons », « ce que nous offrons »), la découverte des éléments objectifs (identité de l'entreprise, structure humaine, produits fabriqués, etc.), tels que nous les avons recensés ci-dessus, est fortement allégée lors de l'entretien de vente et transférée au moment de la préparation de la visite. Il faudra cependant vérifier le bien-fondé et l'actualité de l'information collectée.

Ainsi, la négociation de vente sera de plus en plus la rencontre de deux personnes bien informées. Pourtant, la perspective de remplacer l'entretien par le dialogue des ordinateurs du fournisseur et du client nous paraît non seulement prématurée, mais surtout

---

1. René Moulinier, *L'efficacité du commercial*, Éditions d'Organisation.
2. René Moulinier, *Optimisez vos visites commerciales*, Éditions d'Organisation.
3. René Moulinier, *Dictionnaire de la Vente*, Vuibert éditeur.

irréaliste. Il faut plutôt pressentir ce qui va changer dans le travail du vendeur :

- Les produits seront connus d'avance par son interlocuteur, au même titre que les produits concurrents. Alors il faudra aider le client à trouver son chemin. La médiation du vendeur sera indispensable pour l'interprétation des données.

- Les exigences du client, devenues publiques par l'annonce sur le *Web* de sa recherche de fournisseurs feront du vendeur, moins un argumentateur qu'un plaideur de dossier.

RETROUVER L'ÉTINCELLE DANS L'ŒIL DE L'AUTRE

L'abondance accrue de l'information conduira certains clients à modéliser la rationnalisation des choix et à prendre la décision d'achat en comparant les différents dossiers sans l'intervention du fournisseur. Cette apparente objectivation de la décision aura pour effet d'amplifier les préjugés.

Ceci semble annoncer la fin des rencontres en tête-à-tête entre acheteur et vendeur. Mais une contre-réaction pourrait rapidement apparaître, consistant à dépasser l'instrument pour « retrouver l'étincelle dans l'œil de l'autre ».

Internet n'est pas apte à transmettre les réactions psychologiques, la sensibilité, les émotions de l'interlocuteur. Le dialogue des ordinateurs est infirme. Les entretiens de face-à-face ont, quoique modifiés, encore de beaux jours devant eux.

La liste-guide de découverte décrite dans le chapitre précédent n'est pas, ne peut pas être la découverte. La liste-guide est un préalable, une intention.

Si cette liste était suffisante pour déclencher la prise de parole du client, on pourrait la lui adresser par e-mail. Il répondrait alors par la même voie et la vente pourrait se faire à distance sans qu'une rencontre soit nécessaire. On sait bien qu'il n'en est rien. Et c'est ainsi parce qu'une relation de personne à personne n'a pas précédé le questionnement.

Rien de plus simple en apparence que de faire parler quelqu'un. Encore faut-il obtenir de l'interlocuteur qu'il s'exprime sur le sujet qui nous préoccupe, ce qui n'est pas aussi évident. De plus, certaines personnes sont plutôt rebelles à la conversation et les faire parler exige une importante dépense d'énergie et de patience.

Est-il donc si difficile d'obtenir de quelqu'un qu'il s'exprime sur le sujet dont nous voulons débattre avec lui ? Comment font alors ces journalistes qui arrivent, au moment choisi par eux, à obtenir de leur invité qu'il se révèle et qu'il dévoile certains aspects peu connus de leur personnage ?

Jacques Chancel, dans son émission *Radioscopie* donnait une excellente illustration de l'art de faire parler écrivains, hommes politiques, savants, artistes, et d'obtenir d'eux la réflexion personnelle que lui ferait un véritable ami.

En apparence, Jacques Chancel accumulait les difficultés : il ne connaissait pas toujours personnellement son interlocuteur (il avait seulement lu attentivement ses livres ou le récit de ses réalisations) ; il faisait passer son invité directement à l'antenne sans essai, ni enregistrement préalable.

Pourquoi évoquer ici cet exemple ? Tout simplement parce que ce journaliste se place volontairement dans la situation de chacun d'entre nous quand nous recherchons l'accord d'un interlocuteur quel que soit le jour, quelle que soit l'heure, quelle que soit notre forme physique et intellectuelle, quelle que soit notre humeur. Et contrairement aux apparences, Jacques Chancel pratique l'art de faire parler en employant des techniques à la portée de chacun : questions ouvertes, reformulation-écho, reformulation-résumé, reformulation inductive, acquiescements... Et si ce journaliste nous semble un excellent exemple, c'est en raison du très grand naturel, de la maîtrise et du raffinement de sa pratique de ces techniques.

Cependant, si nous nous attachons à la seule technique apparente, nous risquons de simuler une volonté de communication avec autrui et de rester à la surface des individus. La communication avec autrui exige une certaine mobilisation de nous-mêmes pour être véritablement à l'écoute de l'autre.

Nous allons d'abord évoquer quelques réflexions sur notre écoute personnelle puis nous traiterons spécialement des techniques d'interview.

CELUI QUI ÉCOUTE A L'INITIATIVE

Une véritable communication entre deux individus ne peut s'établir que si le meneur de l'entretien parvient à faire descendre le silence en lui-même. Celui qui a réellement l'initiative pour convaincre autrui au cours d'un entretien n'est pas celui qui parle – encore que la prise de parole soit indispensable – mais celui qui sait écouter l'autre.

LES OBSTACLES DE L'ÉCOUTE : LES TROIS FACTEURS DE L'INATTENTION

Il y a très peu d'individus capables d'écouter totalement autrui. Les raisons en sont multiples.

Chacun porte une multitude de préoccupations qui sollicitent fréquemment son esprit : soucis familiaux, rêves de loisirs, pression du travail à accomplir, qui obscurcissent notre disponibilité d'esprit.

En second lieu, les mots sont des invitations à nous évader de l'attention portée à notre interlocuteur :

Par exemple, quand nous envisageons, pour effectuer telle réalisation, de lui consacrer une certaine période de temps, si notre interlocuteur nous parle de « plage de temps », le mot « plage » évoque avec force des étendues sableuses, ensoleillées, le long de la mer, une invitation sensuelle aux plaisirs de l'été... et voilà une imagination sollicitée par les associations de mots et d'idées, encouragée par un esprit mobile et dispersé.

La troisième cause de l'inattention est d'ordre physique. La vitesse normale d'élocution est de l'ordre de 100 à 125 mots par minute. Mais la vitesse de réflexion, comptabilisée en mots, serait de l'ordre de 400 mots par minute. En d'autres termes, nous pensons quatre fois plus vite que ne parle notre interlocuteur.

Nous pourrions mettre à profit ce temps disponible pour organiser notre réponse aux préoccupations de notre vis-à-vis ; en réalité, bien souvent nous meublons ce temps de réflexion par des sujets extérieurs à l'entretien selon le processus que nous avons évoqué ci-dessus. Ce qui fait qu'au fur et à mesure du déroulement de l'entretien, la pensée du meneur de jeu s'évade, revient à la conversation, repart et revient, d'escapade en escapade, selon des entrelacs extrêmement complexes. Écouter demande une intense mobilisation de l'attention. Ce n'est pas une sinécure. Et nous témoignons que rester attentif pendant une heure et demie entraîne une certaine fatigue nerveuse.

De ce phénomène, chacun des deux interlocuteurs est la victime, aussi n'est-il pas indifférent de tenter de discipliner nos facultés d'attention respectives.

FAVORISER L'ATTENTION DE L'INTERLOCUTEUR

Pour aider notre interlocuteur à rester un auditeur attentif, pour le mobiliser par l'intelligence et par l'émotion sur le sujet dont nous voulons l'entretenir, il est indispensable de le rattacher fortement à ses préoccupations profondes (ceci a déjà été évoqué dans les chapitres « Intervenir pour influencer » et « Se comprendre »). Pour mobiliser son attention visuelle, les chiffres, les illustrations évocatrices, les croquis seront un support indispensable (cette question sera abordée dans le chapitre « Argumenter »).

DISCIPLINER NOTRE ÉCOUTE

À défaut d'une réforme profonde de notre capacité à faire descendre le silence en nous-mêmes, il nous semble plus réaliste de proposer un programme d'amélioration en huit propositions :

• Prendre un intérêt sincère à l'autre ;
• Concentrer son attention sur le sujet traité ;
• Observer le « non-verbal » ;
• Rechercher systématiquement ce qui est positif ;
• Garder l'écoute, même si on croit avoir compris ;
• Pratiquer le résumé mental systématique ;
• Faire préciser et vérifier la bonne compréhension ;
• S'imposer le silence.

PRENDRE UN INTÉRÊT SINCÈRE À L'AUTRE

Il ne saurait s'agir, en proposant de s'intéresser à l'interlocuteur, de le traiter comme un ami chaleureux et passionnant, qui par son charme mobilise totalement votre attention. Ce serait aller trop loin. Nous donnerons à cet intérêt sincère pour l'autre un sens plus limité et rigoureusement pratique. Votre interlocuteur, qu'attend-il de vous ? Que vous soyez disponible, pendant le court instant de l'entretien, que vous soyez centré sur lui, sans réserve.

Il vous faut réussir avant de franchir le seuil du local où se situera la rencontre, à évacuer toute pensée interférente, à vous mobiliser pour lui.

Vous êtes libre de le chasser de vos préoccupations après la visite, pour réserver votre disponibilité d'esprit à vos amis véritables et à l'entourage que vous avez choisi. On pourrait résumer ceci par la formule : chacun en son temps.

CONCENTRER SON ATTENTION SUR LE SUJET TRAITÉ PENDANT L'ENTRETIEN

Notre analyse des facteurs de l'inattention nous a rappelé que nous disposons, en raison de la différence existant entre les vitesses d'élocution et de réflexion, d'un temps disponible équivalent à 250-300 mots par minute. Ce temps nous permet de comprendre le fond de la pensée de notre vis-à-vis, c'est-à-dire d'enregistrer et de classer ce qu'il nous dit... et ce qu'il ne nous dit pas, et de rattacher le tout aux objectifs que nous désirons atteindre au cours de l'entretien.

Un moyen pratique consiste à avoir sous les yeux en quelques mots, le rappel des points que nous voulons aborder et des objectifs que nous souhaitons atteindre.

OBSERVER LE LANGAGE NON VERBAL

Tout individu, lors d'une conversation, s'exprime selon deux langages : celui, parlé, qui transite par des mots et celui, muet, qui se traduit par des mimiques, des expressions du visage, des gestes, mais aussi des silences, des hésitations, des lapsus.

Un de nos confrères, quand il conduit une opération de recrutement, nous dit qu'il prête une attention particulière aux attitudes et aux gestes des candidats qu'il reçoit. Il observe en particulier que, avant de répondre à certaines questions, les candidats révèlent un trouble ou un embarras soit par la crispation de la main sur un bras de fauteuil, soit par des bras ou des jambes qui se croisent et se décroisent[1].

---

1. L'apport de la programmation neurolinguistique (P.N.L.) est intéressant pour déterminer les modes d'appréhension de la réalité par les individus (mode visuel, auditif ou kinesthésique). Il convient toutefois d'être prudent quant à la révélation de son appartenance à tel ou tel type par l'interlocuteur. En effet il n'est pas certain, contrairement à ce qu'affirment les spécialistes de la P.N.L., qu'est nécessairement auditif celui qui annonce qu'il « entend être respecté », visuel celui qui emploie la formule : « Je vous vois venir » ou kinesthésique celui qui « sent ce que vous allez lui déclarer ». Le langage appris peut ouvrir de fausses pistes.
Selon nos observations, la majeure partie des individus privilégie le mode d'appréhension visuel. Il n'est pas non plus établi que les mouvements des yeux signifient absolument que l'interlocuteur est entré dans un processus d'évocation ou de construction de sons et d'images ou dans un dialogue intérieur. Ici encore les effets d'apprentissage éducatif ou social peuvent obliquer les significations systématiques annoncées par la P.N.L. Au surplus le lecteur soucieux d'efficacité pratique constatera combien il est difficile lors d'une négociation de poursuivre son objectif, d'écouter et d'interpréter ce que dit l'interlocuteur, de le regarder et de prendre en compte en outre l'observation minutieuse des mouvements d'yeux de son vis-à-vis.
Enfin la thèse du mimétisme comportemental, pour séduisante qu'elle soit (calquer sa posture, ses gestes, sa respiration, sa voix, son contact visuel sur ceux de son interlocuteur) pour communiquer plus aisément à l'autre notre façon de penser, fait fi de la nécessaire confrontation entre personnalités, dont chaque interlocuteur apprécie la densité. Ce mimétisme évoque la vieille histoire du vendeur caméléon dont on sait qu'elle a fait long feu.
Malgré ces réserves, il reste que la P.N.L., comme quelques années auparavant l'analyse transactionnelle (A.T.), a le mérite d'inviter ses utilisateurs à se centrer sur l'autre, ce qui, on l'a compris, est notre préoccupation constante.

AVOIR UNE DISPOSITION D'ESPRIT À LA RECHERCHE DE CE QUI EST POSITIF

Ne nous le cachons pas : nous avons, à des degrés plus ou moins élevés, un certain nombre de défauts. Nous sommes soupçonneux, critiques, impérialistes. Nous soupçonnons facilement l'interlocuteur de mauvaises intentions. Il nous est plus facile de critiquer que de construire. Nous nous contentons de notre vérité.

Parce qu'ils sont plus ou moins confusément perçus par notre interlocuteur, ces défauts sont autant d'obstacles à une expression sans réticence.

Pourtant, on pourrait partir de l'autre attitude, moins spontanée hélas, que nous avons souvent quelque chose à apprendre d'autrui, et particulièrement d'un interlocuteur à qui nous venons proposer un accord, même si sa position de départ est très éloignée de la nôtre.

Dans toute idée exprimée, même la plus éloignée de notre conception, il y a des éléments positifs pour nous. C'est à partir de ces éléments positifs que l'on peut construire.

Une observation attentive, une analyse rigoureuse d'un refus, montre que le « non » absolu – pas plus que le « oui » absolu –, c'est-à-dire sans réserve, n'existe. Dans tout accord il y a une dose de refus, dans tout refus il y a des germes d'accord.

TRANSFORMER LE « NON » EN « PEUT-ÊTRE », LE « PEUT-ÊTRE » EN « OUI »

Si l'on poursuit dans la logique de cette observation, on doit considérer que ce qui est à prédominance négative peut être transformé en élément neutre voire positif.

En voici une application pratique.

Dans une conversation où vous essuyez un refus, au lieu d'accepter ce refus, efforcez-vous d'analyser avec votre interlocuteur les raisons de ce refus. Puis face aux raisons qui militent en faveur du refus, posez-lui la question :

– « *Comment faire pour que cette raison négative devienne pour vous acceptable ? »*

« Comment faire pour... ? », la question clé pour rechercher l'accord, malgré l'adversité.

GARDER L'ÉCOUTE MÊME SI ON CROIT AVOIR COMPRIS

Notre cerveau est agile... au point de précéder parfois ce qu'a effectivement déclaré notre interlocuteur. Nous croyons avoir compris et nous sommes tentés soit de ne plus l'écouter, soit même de l'interrompre.

Qui nous dit que notre interlocuteur a tout dit ?

Notre vivacité d'écoute et notre aptitude à l'interruption parce que nous croyons avoir saisi à demi-mot ce que dit notre vis-à-vis étonne beaucoup les Allemands. En effet, le sens du propos n'est indiqué dans la langue allemande que par la particule rejetée en fin de phrase, ce qui oblige les germanophones à attendre que l'interlocuteur ait fini celle-ci.

Nous sommes victimes de notre langue où le sens est orienté par le ton et par les mots dès le début de la phrase. Ce qui n'excuse pas pour autant notre impatience à intervenir. Impatience qui nous conduit à des compréhensions erronées.

PRATIQUER LE RÉSUMÉ MENTAL SYSTÉMATIQUE

L'intelligence est la faculté qui nous permet d'améliorer nos connaissances et notre compréhension par le classement des faits entre eux et le rapprochement avec d'autres faits qui éclairent les premiers.

Que nous rencontrions notre interlocuteur pour la première fois, que nous ayons avec lui un long passé de rencontres fréquentes, il est de bonne discipline de s'entraîner à distinguer les *idées essentielles* qu'il exprime, de faire attention aux *mots typiques* qu'il emploie, de distinguer ce qui est nouveau dans ses propos, cela par référence à ce que nous savons de lui, de nous, de ses confrères, etc.

C'est l'analyse que pratiquent habituellement les journalistes politiques quand, après une intervention publique d'un ministre, d'un président, d'un syndicaliste, ils relèvent les « petites phrases », les idées déjà exposées et ainsi confirmées et les idées nouvelles que révèle ce discours.

FAIRE PRÉCISER ET VÉRIFIER
LA BONNE COMPRÉHENSION

Une certaine simplicité de comportement – nous n'employons pas le mot « humilité » qui pourrait être mal interprété dans le sens de « tapis brosse » – ne dessert personne.

Aussi devient-il naturel de ne pas tout comprendre et de prier son interlocuteur de revenir sur tel aspect qui ne vous paraît pas clair (les reformulations que nous traiterons plus loin dans ce chapitre permettent aisément d'obtenir l'information désirée).

Il est normal – c'est même un signe d'intérêt porté aux propos de l'interlocuteur – de lui demander ce qu'il veut dire, de lui faire remarquer que vous n'êtes pas certain de l'avoir bien compris.

Une précaution toutefois est indispensable quand on a affaire à un interlocuteur qui a quelque peine à s'exprimer. Il faut en effet prendre garde de le laisser parler avec *son* vocabulaire, avec ses hésitations. Si vous substituez – « pour l'aider », pensez-vous – votre vocabulaire au sien, si vous précipitez son expression, vous courez le risque d'*obliquer* ce qu'il veut réellement dire, et donner l'impression que vous vous emparez de son expression. Cette sorte de substitution est un obstacle réel à une claire communication entre vous.

S'IMPOSER LE SILENCE

Cette proposition est sous-jacente aux sept qui la précèdent et elle en est aussi la clé. Votre volonté de silence – pendant que l'interlocuteur s'exprime – est une des conditions de l'intérêt que vous lui portez, de votre concentration sur le sujet traité, de l'attention au non-verbal, de la recherche des éléments constructifs, de l'intelligence de ce que dit l'autre, en un mot de votre écoute attentive.

TECHNIQUES D'INTERVIEW : LIBÉRATION DE LA PAROLE ET PRODUCTIVITÉ DE L'ENTRETIEN

Une solide palette de techniques pour inciter l'interlocuteur à prendre la parole et pour le stimuler doit nous permettre de guider en souplesse l'expression de notre vis-à-vis. Il s'agit ici de rappeler l'existence de différents types de *questions*, de *reformulations* et d'*approbations*, toutes concourant à libérer la parole et à augmenter la productivité de l'entretien.

QUESTIONS OUVERTES, QUESTIONS FERMÉES

Si l'on veut faire parler son interlocuteur, le meilleur moyen d'y parvenir n'est-il pas de l'interroger, de lui poser des questions pour recueillir les informations dont on a besoin et que l'on a recensées dans la liste-guide de découverte ? Ne peut-on pas également tenter de construire un questionnaire passe-partout comme le font les enquêteurs ?

À dire vrai, adopter cette manière de faire est le plus sûr moyen de rencontrer des échecs. Nous associons à l'idée de questionnaire l'image inquiétante de l'inquisiteur. Quand un individu nous prévient : – « *Je vais vous soumettre à un questionnaire* » nous craignons un abus de notre emploi du temps. Et si l'on nous dit – « *je vais vous poser quelques questions* », on n'est pas loin de se sentir vaguement coupable.

Cependant il n'est pas judicieux de penser que les questions ont ces conséquences déplorables. D'abord parce que les questions ne sont pas de même nature. Ensuite parce que chaque type de question mérite un emploi adapté dans la tactique d'exploration de l'interlocuteur.

Il existe, on le sait, des *questions ouvertes* et des *questions fermées*.

La question ouverte n'est pas précise, mais par l'ampleur des sujets qu'elle incite à évoquer, il est difficile pour celui qui la reçoit de n'y pas répondre.

En voici quelques formulations :

– « *Que pensez-vous des difficultés financières de votre principal concurrent ?* »

– « *Comment envisagez-vous de tirer profit de la nouvelle situation ?* »

À cette question ouverte peuvent correspondre toutes sortes de réponses. C'est précisément le mérite de ce type de question d'ouvrir le dialogue, même si on peut lui reprocher son imprécision.

La question ouverte va donc être utilisée soit en début d'entretien, soit pour faire repartir une conversation qui avait perdu de son tonus.

La question fermée est formulée de façon à obtenir une réponse précise.

Ce sera : « oui », « non », « peut-être », un nom, une quantité, une date, un délai.

> – « *Qui serait capable d'effectuer un tel travail ?* »
>
> – « *Quand prévoyez-vous de commencer ?* »
>
> – « *Combien d'unités pouvez-vous produire par mois ?* »

Si cette question appelle une réponse précise, il est difficile de conduire un dialogue en n'utilisant que les questions fermées. C'est pourquoi ce type de question sera proposé chaque fois que l'on a besoin d'une précision ou encore quand on veut obtenir un accord après un argument ou pour conclure un entretien.

L'ART DE POSER DES QUESTIONS

Notre éducation, en nous apprenant le respect d'autrui, tend à nous faire considérer que les questions sont souvent indiscrètes... et il est vrai que certaines questions sont embarrassantes pour le client. Il est parfois nécessaire de reprendre une question à laquelle l'interlocuteur à déjà répondu, mais d'une manière non satisfaisante.

C'est alors qu'il faut savoir utiliser votre sourire et qu'en toutes circonstances vous devez être de la plus grande courtoisie. Songez aussi qu'un interlocuteur appréciera le courage qui vous a été nécessaire pour lui poser une question qui le gêne.

Il n'est pas nécessaire de souligner que si l'interlocuteur répond évasivement la question doit être reprise, sous une formulation différente : à défaut, cela signifierait que la question qui n'a pas reçu de réponse suffisante n'a pas été posée.

Poser une question qui suggère la réponse ne permet pas de connaître l'opinion réelle de l'interlocuteur. Il ne faut pas confondre l'exploration et l'argumentation.

Il faut également éviter de poser des questions qui appellent deux réponses qui ne vont pas forcément dans le même sens. Si vous dites :

– « *Pourquoi contestez-vous la qualité de nos produits, toute satisfaction ne vous a-t-elle pas été donnée pendant les grèves de notre principal concurrent ?* », votre vis-à-vis peut être embarrassé de déclarer que vos produits ne le satisfont pas, mais qu'il reconnaît que votre dépannage lui a rendu service.

Quant aux questions franchement difficiles, il faut savoir les relayer immédiatement par des questions qui détendent l'atmosphère, ou savoir les présenter avec un certain humour. Ceci ne s'improvise pas : c'est avant l'entretien qu'une tactique de découverte de l'interlocuteur aura été mise au point.

LES REFORMULATIONS

L'abus des questions, qu'elles soient ouvertes ou fermées, qu'elles soient administrées avec humour ou courtoisement, qu'elles soient exposées avec un bon sourire et selon une tactique sûrement élaborée, serait vite ressenti comme oppressant par l'interlocuteur : celui-ci serait rapidement rebuté de continuer son exposé. Aussi faut-il avoir recours à d'autres techniques : nous pensons aux reformulations.

Reformuler consiste à reprendre certains mots, certaines idées, certaines phrases effectivement prononcés ou qui auraient pu être prononcés par l'interlocuteur, pour l'inviter à poursuivre son exposé.

Il existe au moins cinq variétés de reformulation dont les effets ne sont pas identiques : la reformulation-écho, la reformulation-résumé, le recentrage, la reformulation déductive ou inductive, la reformulation-transformation.

REFORMULATION-ÉCHO

Il s'agit ici de reprendre les derniers mots ou quelques mots que vient de prononcer l'interlocuteur pour l'inciter à développer ce qu'il vient de dire, pour obtenir plus de précisions ou encore pour vérifier que l'on a bien compris.

Votre interlocuteur vous dit, comme s'il voulait arrêter là son propos :

– « *Les nouveaux dirigeants de notre Groupe fourmillent de projets audacieux.* »

Vous reprenez :

– « *Des projets audacieux ?* »,

Immanquablement vous relancez la conversation et appelez des explications supplémentaires de votre vis-à-vis.

Dans certaines conversations, un propos nouveau apparaît et vous voulez vous assurer, soit que vous avez bien compris, soit que ce propos a de l'importance pour votre interlocuteur.

Alors, vous soulignez ce propos en disant :

– « *Vous m'avez bien dit...* »,

ou encore (par exemple) :

– « *Restreindre vos engagements financiers, aujourd'hui.* »

Il va de soi que vous soulignez plutôt ce qui fait avancer votre solution !

– « *Vous m'avez bien dit...* », – « *Ai-je bien compris que vous pensez... ?* », « *C'est important pour vous ?* », etc.).

On notera, en passant, le ton très naturel de la reformulation-écho et sa parfaite fluidité dans le déroulement du dialogue : on ne coupe pas, comme avec une question, on accompagne et on stimule la pensée de l'interlocuteur.

REFORMULATION-RÉSUMÉ

Au cours de conversations de longue durée ou avec un interlocuteur dont les propos sont dispersés, il est nécessaire de faire de temps en temps le point pour clarifier le débat.

C'est l'objectif que s'assigne la reformulation-résumé. Elle peut s'exprimer ainsi :

– « *Si j'ai bien compris, vous m'avez expliqué...* »

Ou bien :

– « *À ce moment de notre entretien, vous avez évoqué les aspects suivants...* » On va ainsi provoquer un nouveau départ de l'entretien qui prendra appui sur cette plate-forme.

La reformulation-résumé a également pour mérite de faire vérifier par l'interlocuteur que nous avons bien compris et que nous n'avons rien oublié d'essentiel. En cas de défaut, par incompréhension ou par oubli, tout naturellement votre interlocuteur complétera ou réexpliquera.

Il faut encore souligner que la reformulation-écho et la reformulation-résumé constituent pour notre vis-à-vis des preuves tangibles de notre attention à ses propos, de la qualité de notre écoute.

Au fond, peu de personnes résistent à : – « *Vous m'avez dit tout à l'heure...* » ou à : « *Pour reprendre vos propres paroles.* » Notre interlocuteur apprécie notre politesse et notre intelligence, ce qui le fortifie dans le désir de se livrer plus à nous.

RECENTRAGE

Il s'agit là d'une variante de la reformulation-résumé. Il arrive que certains de nos interlocuteurs s'égarent dans des digressions sans intérêt pour nous. Il est alors nécessaire d'une façon ferme, souple et courtoise à la fois, de remettre l'entretien sur la bonne voie.

On sélectionne alors, dans le fatras bavard de l'interlocuteur, ce qui nous semble intéressant et on en fait une rapide synthèse :

– *« Si nous faisons un retour en arrière sur notre conversation, vous m'avez dit l'intérêt que vous portiez à ces trois sujets... »*

Autre exemple :

– *« Tout ceci me paraît très riche en information. Parmi les idées que vous exprimez, je retiens particulièrement... »*

REFORMULATION DÉDUCTIVE ET INDUCTIVE

Il est parfois nécessaire, soit pour vérifier le bien-fondé de notre hypothèse, soit pour aider notre interlocuteur à expliquer ses pensées, de prolonger ce qu'il nous dit, tout en restant fidèle à sa ligne apparente de conduite.

On déduit de ses propos une suite logique qu'il n'a pas exprimée.

Par exemple, face à un interlocuteur vieillissant qui souhaite concentrer son activité :

– *« Vous me dites que vous voulez réduire votre activité et vous êtes bien conscient que votre chiffre d'affaires et donc vos profits seront en diminution... »*

Si, au lieu de déduire une conséquence, nous remontons d'une conséquence à la cause et que nous l'exprimons ouvertement, nous pratiquons alors une reformulation inductive[1].

---

1. La déduction est un mouvement allant du général au particulier, l'induction (ou généralisation) allant du particulier au général, ce qui rend la chaîne logique plus hasardeuse.

REFORMULATION-TRANSFORMATION

Nos hommes politiques connaissent bien ce procédé qui consiste à trahir le sens de ce que dit leur interlocuteur pour le mettre en difficulté ou l'entraîner dans leur camp.

Si nous citons ici la reformulation-transformation, c'est plus pour compléter l'assortiment des variantes de reformulation que comme technique pour faire parler un interlocuteur, tant elle demande d'habileté.

Elle peut cependant être utilisée pour provoquer un interlocuteur et l'entraîner à renier devant nous une conséquence extrême des positions qu'il soutient, conséquence extrême qui nous gênerait (nous retrouverons la reformulation-transformation dans les parades opposées aux objections).

L'APPROBATION

Questions et reformulations ne sont pas les seules techniques à notre disposition pour favoriser l'expression de l'interlocuteur.

Si notre interlocuteur se sent approuvé, nous améliorons le climat de confiance établi entre les protagonistes de la conversation.

L'approbation peut se manifester par des hochements de tête et toute la variété des interjections (*ah, oh, eh, hum...*) et des acquiescements (*oui, d'accord, entendu, cela va de soi, évidemment*).

Une autre façon de provoquer l'interlocuteur à s'exprimer consiste à nourrir l'entretien soit en faisant des suggestions à cet interlocuteur, soit en lui manifestant son opposition, soit en sollicitant son avis.

SUGGÉRER

Certains interlocuteurs apprécient de ne pas avoir à faire un gros effort d'imagination. Si ayant perçu leur manque d'imagination, vous voulez comprendre néanmoins quel accueil il réservera à votre proposition et à votre argumentation, vous pouvez procéder en suggérant telle solution et ses conséquences pour lui. La conjugaison de la phrase au conditionnel vous permet de vous retrancher derrière « la simple hypothèse que vous voulez évoquer devant lui. »

La suggestion peut se faire dans l'autre sens : pourquoi ne pas faire parler votre interlocuteur sur les améliorations à apporter à votre produit, votre service ou votre idée, pourquoi ne pas solliciter de sa part des idées d'utilisations complémentaires pour votre produit ? Nous avons déjà observé qu'un interlocuteur est justement flatté que l'on sollicite son avis (à condition toutefois qu'on en tienne un certain compte...).

S'OPPOSER

Critiquer, manifester son opposition à un interlocuteur n'est pas en général le moyen le plus sûr pour se concilier ses grâces. La méthode est donc dangereuse.

Cependant il est parfois d'un bon calcul de marquer fermement son opposition à un interlocuteur pour l'engager à mesurer avec vous les conséquences extrêmes de sa position, et ainsi d'apprécier mieux son raisonnement. Votre manœuvre ultérieure sera plus éclairée.

Il faut seulement savoir jusqu'où on peut aller dans son opposition, pour ne pas aller jusqu'à la rupture.

TESTER LA POSITION DE VOTRE CLIENT

Le ballon d'essai est bien connu, et largement pratiqué par les milieux politiques, syndicalistes et économiques. Chaque fois qu'un gouvernement désire connaître la réactivité de l'opinion à une mesure impopulaire, chaque fois qu'un candidat à une élection présidentielle veut que ses concurrents potentiels se déclarent, chaque fois que les milieux patronaux veulent éprouver la capacité d'acceptation des Pouvoirs publics ou des syndicats à une proposition de réforme, quelqu'un de « bien informé » diffuse avec plus ou moins de détails la teneur d'un « projet » ou d'une « intention » auprès des médias (journaux, radios et télévisions). Et selon la force ou la faiblesse de la riposte des interlocuteurs concernés, l'émetteur de l'information remet à plus tard, modifie ou pousse en avant son projet.

Dans la négociation, le ballon d'essai fait partie des habiletés des vendeurs.

Le ballon d'essai, présenté comme une « hypothèse de travail » n'a pas l'inconvénient de ce qui est proposé à titre définitif. En effet, il est formulé au conditionnel (« *Et si nous envisagions telle solution... quelles en seraient les conséquences pour vous ?* »). Le client conserve une certaine latitude : celle de protester ou celle de manifester les différentes nuances de l'acceptation (allant du « *oui, cependant...* », à l'approbation simple).

Le ballon d'essai renseigne donc le chargé de négociation sur l'état de l'opinion de son interlocuteur quant à ce qu'il lui propose.

Le ballon d'essai a d'autres mérites : présenté comme une supposition destinée à déclencher réflexion et discussion, ou si l'on veut comme un émissaire de la proposition ou de l'accord final, si cette supposition est malmenée par le client, le vendeur ne donne pas l'impression qu'il n'avait qu'une seule solution à défendre et que son offre vient d'échouer totalement. En somme, si l'« émissaire » est récusé, le cœur de la proposition n'est pas atteint.

D'ailleurs, si le désaccord du client est exprimé de façon énergique, il est facile au vendeur, sans qu'il perde la face, de se dégager en rappelant qu'« *il ne s'agissait là que d'une hypothèse* ».

Le ballon d'essai confère ainsi à celui qui l'emploie une certaine souplesse à son jeu. De plus, il est toujours loisible d'émettre d'autres ballons d'essai à la suite du retrait de celui qui n'a pas été favorablement accueilli.

COOPÉRER POUR ABOLIR LES DISTANCES

On remarquera que le ballon d'essai est non seulement formulé au conditionnel (« *et si...* »), mais aussi à la première personne du pluriel (« *et si nous...* »). Cette formulation associe le client et le fournisseur en une sorte de processus coopératif, impliquant les deux parties. Ce « *nous* » abolit les distances et a pour intention de rapprocher les points de vue.

Le ballon d'essai lors des négociations, comme celui qui est employé par l'homme politique, en raison de sa formulation non impérative, habitue plus facilement l'interlocuteur (ou l'opinion publique) à la mise en place d'une idée nouvelle, d'une autre solution, d'un principe différent. Le ballon d'essai exerce un rôle pédagogique.

Nous n'allons pas jusqu'à prétendre, pour autant, que le ballon d'essai est l'antichambre d'un accord. Nous sommes bien conscients que la partie d'en face garde sa capacité de refus.

Et lorsque l'interlocuteur semble apprécier l'hypothèse envisagée, il est plus facile au vendeur de passer à l'étape suivante : énoncé de la proposition ou prise d'accord. Dans ce second cas, le ballon d'essai est bien l'antichambre de l'accord.

13 De la découverte à l'expression du besoin

Quelle doit être la durée de la découverte ? Combien faut-il poser de questions ? Certains affirment qu'il faut en poser beaucoup pour réussir. Certes. Mais combien et pendant combien de temps ?

Le nombre d'or n'existe pas en la matière. Ce n'est ni la durée de la découverte, ni le nombre de questions qui importe, mais leur pertinence pour parvenir à l'expression de ce qui est le cœur même du besoin de l'interlocuteur.

L'INTELLIGENCE DE LA DÉCOUVERTE

Nous ne voudrions pas qu'à la lecture des deux chapitres précédents, notre lecteur se satisfasse d'un aspect apparemment automatique de la découverte. « Voilà ce que nous voulons savoir, voilà par quelles techniques d'interview nous allons y parvenir et nous obtiendrons à coup sûr la conclusion recherchée. »

Cela ne suffit pas. Un décideur est un être humain complexe et changeant. La pratique de la découverte, pas plus que la pratique de la démarche de vente ne peuvent l'ignorer.

Il faut entrer dans l'intelligence de la découverte ou, si l'on préfère, en comprendre le véritable but.

En effet l'enjeu de cette découverte est de mettre en évidence un besoin qui n'existe pas en apparence, ou qui est à l'état latent, ou dont certaines manifestations commencent à émerger. Parce que si le besoin est présent, explicite et exprimé, il est vraisemblable que le client aura pris l'initiative de chercher une solution et ira au devant des fournisseurs potentiels. Dans ce dernier cas, toutefois, la démarche de découverte conserve sa pertinence pour bien s'assurer de l'analyse correcte de son besoin par le client.

LA MISE EN ÉVIDENCE DU BESOIN

Le processus qui conduit à l'émergence du besoin passe par un certain nombre d'étapes :

- La découverte générale de la situation du client (qui s'appuie sur une liste-guide de découverte et une sélection de ce qu'il est indispensable de savoir) a pour objet de décrire la situation rencontrée ou si l'on préfère l'environnement dans lequel devrait s'insérer la solution que nous avons l'intention de préconiser (sans d'ailleurs savoir à ce stade en quoi exactement elle consistera).

- Il est possible que le premier état de la question révèle une situation d'équilibre. Il se peut que personne dans l'organisation abordée n'ait remis en cause la situation présente.

A priori le besoin n'existe pas et donc les chances de vendre sont pratiquement nulles. Au mieux le besoin est à l'état latent. Et la simple proposition d'une solution nouvelle n'a que peu de chance de laisser entrevoir à votre interlocuteur d'autres perspectives, qui créeraient alors une insatisfaction (et donc vous mettraient sur la piste du besoin). Cependant cela arrive parfois, parce que le client établit un lien entre la solution présentée et sa situation propre. En quelque sorte la proposition devient un support de découverte.

Mais soulignons-le, le succès dépend ici de l'effort du client pour confronter la solution proposée à sa situation.

- Il vaut mieux, donc, travailler avec l'interlocuteur sur sa perception personnelle du produit, de l'équipement ou du service actuellement en usage ou de l'absence dudit produit, équipement ou service.

Le commercial guidera son interlocuteur[1] :

– à partir de sa connaissance de la solution nouvelle ;

– et ceci sans la dévoiler.

- Il faut ici considérer l'interlocuteur, en quelque sorte, comme aveugle à la perception de certaines conséquences dommageables de sa situation actuelle (« inconvénients exclusifs »), et en même temps susceptible de prendre conscience des satisfactions potentielles qu'apporterait votre service, votre produit ou votre bien d'équipement (« avantages exclusifs de votre solution »).

En pratique, il s'agit souvent de faire remonter à la surface des inconvénients auxquels il s'est habitué (« on fait avec ») et de leur donner au cours du ou entretiens un accent aigu (« prise de points d'appui »).

Et ceci du point de vue personnel de l'interlocuteur.

On comprend que ceci exige d'autant plus de temps que l'enjeu est important en dimension budgétaire, en décision d'ordre stratégique ou en durée des effets de la nouvelle décision.

- Tout commence par ce qu'on pourrait appeler une fissure – parfois ténue, à peine perceptible – dans le grand bloc des certitudes du client (« *tout va bien pour lui... cependant...* »).

Et c'est à ceci qu'il conviendra d'être particulièrement attentif. Dans le vocabulaire courant en pratique dans les milieux de la vente on dit que le client « *tend une perche* ». Perche que le vendeur ne saisit pas toujours, faute de l'avoir remarquée.

Ceci nous invite à revenir sur le thème de l'écoute. L'écoute prend ici la dimension d'une attention extrême portée au moindre indice

---

1. Se référer au chapitre 4.

que fournit le client sur une légère insatisfaction, pour la capter et l'utiliser.

- Pour autant qu'il soit susceptible d'apporter une réponse positive par sa solution, le rôle du chargé de négociation va consister précisément, ayant entendu la plainte, aussi discrète soit-elle, à la faire s'exprimer clairement, à l'amplifier, à lui donner de l'importance, à l'ériger en problème que bientôt il deviendra urgent de résoudre.

Si l'on a compris cette transformation, on a saisi le rôle même de la découverte et sa fonction fondamentale de mise en évidence du problème du client mal résolu actuellement, accompagnée d'une emphase pour accélérer l'attente d'une solution.

Comment procéder en pratique ?

LES SIX PHASES DE LA DÉCOUVERTE

PHASE 1

Vous vous êtes fait accepter comme interlocuteur valable dès le début de la négociation. Professionnel, sympathique, connaisseur avec lequel on ne va pas perdre son temps.

PHASE 2

Vous ne vous êtes pas attardé à l'investigation « monographique » de la société cliente ou prospectée (forme juridique, appartenance à un groupe, chiffre d'affaires, fabrications, nombre de produits livrés, etc.). La plupart de ces informations peuvent être collectées extérieurement ou ultérieurement.

En revanche vous avez invité votre interlocuteur à décrire en quoi ce qu'il faisait le distinguait de ses concurrents, ses exigences particulières et d'une façon plus générale tout ce qui le rendait unique ou incomparable.

PHASE 3

Vous vous êtes centré rapidement sur la recherche des problèmes que votre solution peut résoudre. Pour la raison simple que votre interlocuteur sent que vous abordez des aspects de son activité professionnelle où un mieux peut être obtenu.

En êtes-vous la prémisse ? Il l'espère.

PHASE 4

À cet effet vous aurez recours à différents modèles d'exploration :

- Soit vous invitez le client à exposer les améliorations souhaitées. Les indications fournies seront suivies de la recherche d'explication des raisons des demandes d'améliorations pour détecter le problème réel.

- Soit le chargé de négociation procédera par suggestions fondées sur « l'expérience d'autres utilisateurs » conduisant à l'aveu de difficultés identiques.

  À cet égard nous n'insisterons jamais assez sur l'extraordinaire répertoire de cas vécus qu'apportent l'écoute attentive et la conservation en mémoire des récits de vos autres clients. Cette précieuse collection de cas, et même mieux de solutions mises en place par vous pour aider à résoudre les problèmes posés, est un effet secondaire, mais riche de potentialités, du principe de la découverte. Vous les enregistrerez dans votre base de données.

- Soit encore vous procédez par investigation directe par des questions ouvertes portant sur des points faibles connus de la solution concurrente (tels qu'ils ressortent du tableau de la comparaison avec la concurrence du chapitre 16) :

  – *« Que pensez-vous de... ? »*

  – *« Attachez-vous de l'importance à... ? »*

PHASE 5

Mettre en évidence le problème posé ne suffit pas. Il faut aller plus loin en explorant les conséquences du problème pour l'interlocuteur lui-même, sur la production, sur l'organisation de l'entreprise, sur la sécurité, sur la clientèle, etc. Toutes choses qui revêtent un double aspect objectif et subjectif ou si l'on veut une dimension logique et une dimension psychologique, du point de vue de votre interlocuteur.

Un peu vulgairement la question fondamentale qu'il faut en permanence se poser à propos de l'interlocuteur est :

– « *Qu'est-ce qu'il en a à faire ?* »

Tant que le chargé de négociation n'est pas parvenu à faire formuler sincèrement par son client en quoi il était personnellement concerné (au moins sur le plan professionnel) par le « problème » rencontré, l'exposé ultérieur de la solution préconisée, parce qu'elle ne trouvera pas d'ancrage solide, n'aura que peu de chance de trouver une oreille attentive :

– « *Quels sont les effets de l'absence (ou de l'insuffisance ou de l'excès) de telle caractéristique ?* »

– « *Quelles sont les conséquences pour vous ?* »

Lors d'un accompagnement de clientèle, destiné à nous sensibiliser aux relations commerciales existant entre les agents généraux d'une compagnie d'assurances et leurs clients, chefs d'entreprise, à qui ils proposaient des produits d'assurance pour l'entreprise (responsabilité civile, bris de machine, homme-clé, etc.) nous avons étonné un de ces agents généraux. Alors que nous n'étions pas reconnu comme spécialistes de la négociation de contrats d'assurance, nous avons demandé au patron d'une PMI de 300 personnes dans les Vosges, après une vingtaine de minutes d'entretien :

– « *Dans votre métier, quand vous pensez à votre usine, qu'est-ce qui vous empêche parfois de dormir ?* »

Question très personnelle, on le constate, qu'on ne peut poser qu'après un temps d'échauffement suffisant. Et à la surprise de cet agent d'assurances, ce patron nous a dit que toute sa production passait par une unique machine à commande numérique et que, si elle était détruite par une cause quelconque, un délai de neuf à douze mois était demandé par le fabricant pour en fournir une neuve. Nous avions mis le doigt, somme toute assez rapidement, sur une préoccupation professionnelle capitale de cet interlocuteur.

Cet exemple illustre bien la nécessité de parvenir au cœur des questions les plus aiguës que se pose un client, mais qu'il n'a pas l'habitude d'exposer spontanément à qui veut l'entendre. Peut-être parce qu'il n'en a pas une conscience suffisante. Peut-être parce que l'un des rôles fondamentaux – en fait rarement exercé – du vendeur est précisément de favoriser l'émergence et l'aveu des préoccupations. De les faire passer de l'état latent à l'expression lucide.

Selon notre expérience, nous touchons ici un de leurs points faibles les plus flagrants.

PHASE 6

Ce serait rester en chemin que de se contenter d'explorer la problématique du client. Un problème non ou mal résolu attend sa solution. Certes, la solution va précisément être exposée par la proposition qui va suivre. Mais cette proposition a besoin d'être testée.

En écoutant le client, lors de la phase 5, vous avez déjà reconnu quelles satisfactions vous alliez apporter au client par votre produit, votre service ou votre équipement. Mais cette satisfaction correspond-elle aux performances attendues par votre client ?

Cette phase ultime de la découverte est une phase d'espérance du client (qui toutefois ne sait pas encore si ce que nous lui proposerons comblera ses espoirs).

La synthèse de la découverte (reformulation-résumé) qui l'achève vous permet de vérifier si vous avez bien compris :

• le besoin du client ;
• les conséquences dommageables du manque de réponse ou de la réponse imparfaite actuelle ;
• les bénéfices attendus d'une autre réponse (la vôtre, en l'occurrence).

À ce sujet il convient d'être réaliste. La solution parfaite n'existe pas. Nous l'avons déjà souligné dans le chapitre 4 de ce livre.

FACE À UN BESOIN « DÉCLARÉ »

Il n'est pas toujours nécessaire pour le vendeur de s'employer à faire émerger le besoin. Le besoin est parfois déclaré spontanément par le client (« *Ah ! Vous tombez bien. Je suis embêté par (telle) question. Avez-vous quelque chose à me proposer ?* »).

Dans un tel cas, gardez-vous de passer immédiatement à l'annonce de votre solution. Faites-vous expliquer le contexte de la demande pour la cerner correctement.

Posez une question ouverte ; par exemple : « *Comment fonctionnez-vous jusqu'à présent ?* ». L'explication qui suivra vous fournira de multiples informations qui vous permettront de formuler une réponse mieux circonstanciée.

ÉLARGIR LA DÉCOUVERTE : LE TOUR D'HORIZON

Une découverte élargie, c'est-à-dire non directement liée au contexte immédiat d'utilisation du produit et de ses conséquences, permet parfois de faire apparaître un élément favorable à la décision à prendre.

Pour une grande surface, par exemple, les produits que vous proposez sont porteurs de chiffre d'affaires et de marge et sont des éléments attractifs pour la clientèle.

Cependant rien ne suggère à ce stade que ces produits sont particulièrement séduisants pour votre interlocuteur ; ils le sont au même titre que tous les autres produits déjà vendus par cette grande surface.

Si en revanche vous apprenez – et c'est l'un des résultats de ce que nous appelons l'élargissement de la découverte – que le patron de ce point de vente voit son chiffre d'affaires stagner ou régresser et qu'il cherche des idées pour relancer l'attractivité de son point de vente ou encore qu'il cherche à se singulariser en proposant à sa clientèle

des produits qu'on ne trouve pas chez tous ses confrères et concurrents, dès lors vos produits peuvent être présentés comme porteurs
d'une *autre solution.*

Cette solution naît de la meilleur connaissance, d'une connaissance
plus complète du besoin de l'interlocuteur. Comme nous l'avons
déjà observé, c'est le client qui vous suggère une autre argumentation. Les « tours d'horizon », la conversation qui permet de mieux
entrer dans l'intimité des préoccupations et des réflexions de votre
interlocuteur sont à l'origine des voies nouvelles pour présenter vos
produits, services, idées et pour les faire adopter par chacun de vos
interlocuteurs.

Il est évident que, ici encore, ce que vous direz à l'un ne sera pas – et
probablement jamais – transposable à un autre, car vous le savez
bien, chaque individu est unique.

LA DÉCOUVERTE, UNE PERTE DE TEMPS ?

Certains peuvent penser : – « *Voilà bien des subtilités et des complica-
tions. Cette démarche persuasive risque de me faire perdre beaucoup de
temps. Avec tout ce qu'il faut apprendre du client, avec cette exploration
fine de l'expérience actuelle de l'interlocuteur, la recherche des améliorations, donc la critique indirecte de la solution en place ou envisagée, la
définition du problème, l'examen des conséquences de son point de vue,
la description des performances espérées avec une autre solution... Non
merci ! Pourquoi ne pas continuer à agir comme je le fais aujourd'hui : je
présente mon produit, j'argumente, je réponds aux objections et je fais
pression pour obtenir l'accord. Ça passe ou ça casse. En tout cas, ça va
plus vite !* »

Ça va plus vite peut-être. Mais la proportion des échecs est aussi
plus importante. La démarche persuasive, fondée on l'a compris sur
une solide découverte, est-elle la source d'une perte de temps ?

Notre réponse sera : oui et non.

Oui dans un premier temps, parce que la découverte est particulièrement soignée et exige qu'on y consacre le temps nécessaire.

Mais le gain de temps apparaît ensuite. Parce que la proposition est mieux ajustée, elle est moins discutée ; parce que l'argumentation est spécialement composée pour l'interlocuteur, elle soulève moins d'objections ; parce que les accords intermédiaires inhérents à l'enchaînement de la découverte du besoin, de la proposition, de l'argumentation permettent de se préoccuper de l'adhésion constante de l'interlocuteur, la conclusion arrive plus facilement.

Avec en prime, une meilleure satisfaction du client : il a été compris.

Ainsi, chacune des étapes qui succède à la découverte devient plus ajustée, plus condensée, plus brève et fait gagner du temps.

Cela étant, la question du gain de temps est-elle vraiment prioritaire par rapport à l'objectif essentiel qui est d'obtenir l'accord durable du client ?

14 Préparer l'argumentation

UN CHANGEMENT DE COMPORTEMENT DU VENDEUR

On pourrait penser que l'on passe sans transition de la découverte à l'argumentation. Il n'en est rien. Pour assurer un certain « moelleux » à ce passage, nous aurons recours à la prise de points d'appui et à une reformulation-résumé.

Ces techniques correspondent à la nécessité pour le vendeur de changer de comportement entre le moment où il conduit l'exploration de son interlocuteur et le moment où il va argumenter pour emporter l'adhésion de son client.

Pour favoriser l'exploration de son client, le vendeur se comporte en enquêteur, c'est-à-dire essaie d'être aussi neutre que possible pour laisser son vis-à-vis s'exprimer sans réticence. Pendant la découverte, le vendeur se rend disponible pour écouter.

En revanche, au cours de l'argumentation et jusqu'à la fin de l'entretien, si le vendeur doit toujours être attentif aux réactions de son interlocuteur, il manifeste désormais un esprit d'initiative et va jeter tout son poids dans le débat pour influencer son client. La transition du comportement se fera à l'occasion de la synthèse de la découverte, dont nous parlerons ci-après.

PRÉPARER L'ARGUMENTATION AU MOMENT DE L'EXPLOITATION

Il est certain qu'au cours de la découverte, nous allons ramasser une multitude d'informations. Toutes ne vont pas nous servir pour influencer le client. Certaines sont hors sujet. Certaines défavorisent notre propos. Certaines enfin le favorisent.

Ces informations, ces réactions favorables, nous allons en souligner l'apparition.

C'est ce qu'on appelle : prendre des points d'appui (cela revient à « saisir les perches » que nous tend le client). Ainsi, prendre des points d'appui c'est attirer l'attention de notre interlocuteur sur certains aspects auxquels il n'a peut-être pas suffisamment prêté attention mais c'est aussi vérifier par la même occasion l'intérêt ou le manque d'importance que cela peut avoir pour lui.

Prendre des points d'appui, c'est organiser à notre manière la pensée de l'interlocuteur pour l'aider à mieux venir à nous.

Si le vendeur habile peut être taxé de manipulation c'est à ce moment-là que cette manipulation se manifeste clairement.

Et si le client ne nous offre pas de matière à point d'appui ? Alors c'est au vendeur qu'il incombe de « tendre des perches » au cours de son interview :

– « *Vous ne me parlez pas de... qu'en pensez-vous ?* »

Et si le client insiste sur des aspects qui constituent des points faibles de notre dossier ? D'une part vous ferez semblant de ne pas être inquiété par cette préoccupation. D'autre part vous prévoirez, tant au niveau de l'argumentation qu'au niveau des réponses aux objections, les éléments qui essaieront de les minimiser ou de les détruire.

COMMENT PRENDRE UN POINT D'APPUI

Au cours de la découverte, vous êtes naturellement attentif à ce que dit votre client. Vous avez l'esprit en éveil, prêt à « saisir les perches » qu'il vous tend. C'est à la fois simple et difficile, parce qu'il est malaisé d'être totalement attentif à tous les propos d'un interlocuteur.

L'expérience montre qu'on laisse passer beaucoup d'occasions de prise de point d'appui.

Vous ponctuez les propos du client en soulignant :

* Sur un point fort de votre dossier :

  – « *C'est important pour vous ?* »,

* Sur un point faible du dossier concurrent :

  – « *Ça serait gênant pour vous ?* »

Vous recueillez alors soit une approbation franche de l'interlocuteur et vous savez que ce point d'appui servira de fondement à votre future argumentation soit une moue dubitative que vous interpréterez comme un fond sans solidité. Ne construisez pas votre argumentation sur un terrain sans consistance.

Prenez garde toutefois de ne pas basculer dans l'argumentation à la suite de la première approbation de votre interlocuteur à votre prise de point d'appui. Attendez sagement d'avoir obtenu suffisamment d'approbations pour estimer que votre découverte est terminée et que vous pouvez enfin énoncer le cœur de votre proposition.

LA SYNTHÈSE DE LA DÉCOUVERTE

Pour annoncer clairement que votre investigation est suffisante, que vous allez énoncer votre proposition et la soutenir par une solide argumentation, vous allez utiliser la technique de la reformulation-résumé pour synthétiser ce que vous avez appris au cours de ce début d'entretien. Le contenu se structure ainsi :

  – « *Voilà ce qui vous intéresse.*
  Voilà ce qui vous manque.
  Il vous faut une meilleure solution.
  C'est elle que je viens vous proposer. »

Nous retrouvons ici le principe de persuasion que nous avons déjà développé dans le chapitre 4 « Intervenir pour influencer ».

15 Votre proposition

Il ne suffit pas de proposer un bon produit, un service bien conçu, une idée originale et bien pensée pour vendre. Si cela suffisait, un solide descriptif remplacerait et les vendeurs, et la publicité.

Mais s'il ne suffit pas de proposer pour vendre, il faut cependant soigner sa proposition.

Soigner sa proposition veut dire que l'on a étudié très attentivement son produit, son service et son idée dans le moindre détail, que l'on est un véritable expert de ce que l'on propose.

Entendons-nous : être l'expert veut dire que l'on a une connaissance fondée sur des faits de ce qu'est le produit que l'on vend c'est-à-dire de sa composition, de son agencement, de son mode d'emploi, de ses limites de performances, de son emploi principal et de ses emplois accessoires, de ses contre-indications.

Être l'expert ne veut pas dire que l'on connaît forcément l'élaboration et la fabrication du produit que l'on vend – ça rend bien entendu service.

Être l'expert ne signifie pas non plus obligatoirement que l'on est aussi apte à utiliser ce produit que celui dont c'est le métier quotidien. Pourtant cela implique qu'on ait manipulé le produit soi-même, et que l'on ait une certaine expérience de la mise en œuvre du service ou de l'idée que l'on vend, ne serait-ce que pour en apprécier pleinement les conséquences et discuter – en professionnel – avec l'utilisateur.

Nous appelons *proposition* cette sorte de descriptif de ce que nous vendons.

Nous verrons plus loin le contenu de la proposition, mais nous voulons tout de suite nous expliquer sur la séparation que nous opérons ici entre la *proposition* et l'*argumentation*.

Il faut bien entendu comprendre que, si nous isolons la proposition de l'*argumentation*, cette dichotomie n'existe pas dans la réalité de l'entretien persuasif.

Au contraire même, nous associons délibérément l'aspect objectif de la proposition à la subjectivité de notre interlocuteur pour faire passer notre message.

Mais une chose est de pratiquer l'argumentation et autre chose d'en faire l'analyse. Ce chapitre est consacré à l'analyse et ne s'intéresse qu'à cette partie de la pratique de l'argumentation qu'est la proposition.

La perception nette du produit, du service, de l'idée que l'on a à vendre, ou en faveur duquel nous voulons obtenir l'accord de notre interlocuteur, est indispensable pour pouvoir affirmer que l'on connaît son affaire, pour apparaître compétent aux yeux de notre interlocuteur (et l'on n'insistera jamais assez sur le poids que confère la compétence du vendeur aux yeux de son interlocuteur).

Une proposition claire, complètement exposée à l'interlocuteur – ce qui n'exclut pas les habiletés de présentation – a pour intérêt principal de faciliter la compréhension de ce que vous voulez vendre.

Naturellement la proposition, si elle doit être complète, ne saurait être ornementée d'ajouts divers destinés à l'enjoliver : cela s'appelle tromperie et l'effet en retour ne se fera pas attendre.

Le législateur a d'ailleurs essayé de moraliser un peu la vente en contraignant certains vendeurs malhonnêtes à n'annoncer que ce qui figure précisément dans la proposition.

Le délai minimum de réflexion qui figure également dans l'arsenal juridique permet de tempérer l'enthousiasme excessif occasionné par une description un peu trop optimiste du produit ou du service proposé.

Que cette évocation des contraintes de la loi ne nous attire pas l'irritation de la grande population des vendeurs. Les véritables professionnels de la vente savent bien que leurs résultats solides ne sont pas fondés sur le viol de leurs interlocuteurs, mais au contraire sur une excellente connaissance de leur sensibilité, de leur besoin et de leur véritable intérêt.

La bonne compréhension par l'acheteur de l'objet de la vente a pour intérêt pratique, pour le vendeur, d'éviter un désaccord ultérieur de celui qui est devenu son client.

Le vendeur risque moins de subir des réclamations soit parce que certains des aspects promis (délai de livraison par exemple) n'ont pas été respectés, soit parce que certaines particularités ont été omises qui peuvent susciter le mécontentement de l'acheteur.

Bien entendu, les aléas sont monnaie courante, mais au moins la réclamation et son cortège de ressentiment et de perte de confiance n'auront pas été le fait du vendeur.

QUEL EST LE CONTENU D'UNE PROPOSITION ?

Pour saisir ce que nous entendons par proposition, nous présentons trois exemples.

Exemple I. « Envoyez votre personnel en stage de formation technique »

La proposition définira qui est l'organisateur du stage, la désignation du stage, son contenu, le but poursuivi, qui l'anime, à qui il est destiné, le niveau nécessaire pour le suivre avec profit, les dates, la durée, le lieu et les moyens d'accès, les conditions d'hébergement, les conditions de transport (moyen, billetterie, remboursement), le prix, la déductibilité de la contribution obligatoire des employeurs à la formation professionnelle continue instituée par la loi de 1971, les frais divers.

Exemple 2. Vente d'une maison individuelle

La proposition définira trois grands chapitres relatifs à la maison proprement dite, au terrain et au financement de l'opération.

La maison se définit par le constructeur, le procédé de construction, les matériaux utilisés, les caractéristiques du plan, la surface, le nombre de pièces, le prix.

Le terrain est décrit par sa superficie, sa situation, sa pente, son orientation, sa viabilité, ses accès, la distance du centre urbain, son prix, son propriétaire actuel.

Le financement est expliqué par l'organisme de crédit qui avance les fonds, l'intérêt demandé, l'étalement du crédit demandé dans le temps, le montant des mensualités, les conditions d'accès au crédit (revenus, appartenance à telle catégorie professionnelle ou sociale), etc.

Exemple 3. Proposition d'un essai industriel

La proposition exposera qui sont les contractants – celui qui propose ; à qui il propose –, le lieu où se réalisera l'essai, quelles personnes seront nécessairement présentes, les caractéristiques de la matière mise à l'essai, la quantité de matière mise à l'essai, les dates de l'essai, les moyens de contrôle, les observations qui seront recueillies, la méthode de dépouillement, le délai de dépouillement, les conditions de transmission des informations, le coût.

On conçoit, à la lecture des trois exemples précédents que la démarche de vente ne puisse pas être pratiquée par des apprentis, mais nécessite une formation appropriée. Cette formation s'intéressera non seulement au contenu de la proposition, mais encore à la manière d'annoncer la proposition.

COMMENT ANNONCER SA PROPOSITION ?

Il ne s'agit pas de décrire, comme on déballe un paquet, tous les aspects de la proposition. Son énoncé se répartit tout au long de l'entretien de vente.

C'est ainsi qu'en annonçant en début de l'entretien qui nous sommes, quel est notre statut dans la société, et quelle est la société ou l'entreprise à laquelle nous appartenons, nous commençons à dévoiler les premiers aspects de la proposition.

Puis au cours de la vente, nous continuons à compléter le puzzle, pour le terminer quand nous annonçons, au moment de conclure, le prix, les conditions de règlement et les délais d'obtention de l'objet.

Un exemple éclairera mieux notre propos.

Il s'agit ici d'un produit de consommation industriel. Au début de l'entretien le vendeur annonce (ou rappelle) le nom de sa société, son nom propre et sa fonction. En cours d'entretien seront précisés le produit et son nom, son numéro de catalogue, ses caractéristiques (composition, normes qu'il respecte), son poids, son emploi, son conditionnement, les garanties dont il est entouré, le mode et le délai de livraison, le lieu de fabrication et d'expédition. Avant de conclure, le vendeur indiquera le prix et les conditions.

LA TACTIQUE DE PROPOSITION

Quand un chargé de négociation dispose d'une gamme parfois importante de produits, il lui faut réfléchir à sa tactique de proposition. Nous appelons « tactique de proposition » l'ordre selon lequel seront présentés les produits aux clients. Ce serait en effet une erreur de présenter les produits dans un ordre immuable, quel que soit le client.

Plusieurs tactiques sont possibles. Pour les illustrer nous prenons le cas d'un représentant en produits alimentaires s'adressant à des chefs de rayon de grande surface et à des détaillants traditionnels.

- Tactique A. Vous placez les articles en promotion et les nouveautés dans le catalogue et vous le feuilletez entièrement devant le client. Cette tactique convient au client régulier traditionnel ou au client encore chargé en marchandises pour implanter d'autres produits.

- Tactique B. Celle-ci a notre préférence. Vous commencez par renouveler les produits qui ont une bonne rotation chez le client, puis ceux qui sont en rupture (d'où l'importance du coup d'œil circulaire sur les rayons du point de vente avant de rencontrer le responsable). Seront présentés ensuite les produits dégageant une forte marge qui seront poussés par les promotions. Enfin seront annoncées les nouveautés.

- Tactique C. Elle s'adresse aux amateurs de nouveautés. Vous commencez par présenter les nouveautés, puis vous enchaînez sur les produits en promotion et vous terminez sur les renouvellements (produits de forte rotation et produits en rupture de stock).

- Tactique D. Elle convient aux clients de potentiel d'achat limité. Vous commencez par présenter les produits les plus rentables, puis les articles de bonne rotation chez ce client, puis les nouveautés et enfin les promotions.

UNE OPÉRATION PROMOTIONNELLE EST FAITE POUR ACCROÎTRE LES VENTES

Chez un client acquis, c'est une erreur de commencer par annoncer les produits en promotion. En agissant ainsi vous investissez le pouvoir d'achat de votre client sur des produits dont vous avez réduit temporairement la marge. Il est plus judicieux d'utiliser l'annonce de la promotion pour obtenir un surcroît de commande.

Une opération promotionnelle ne sera annoncée, d'entrée de jeu, que chez un prospect. On peut aussi utiliser tactiquement les produits en promotion pour obtenir un référencement chez un client qui ne les commandait pas jusqu'alors.

COMMENT AJUSTER LA PROPOSITION À L'INTERLOCUTEUR ?

On se trouve parfois incertain vis-à-vis de la capacité d'acceptation de l'interlocuteur. Aussi est-il habile de lancer des ballons d'essai afin de sonder l'interlocuteur avant d'énoncer la proposition.

Le ballon d'essai a au moins deux utilités : il vous permet d'ajuster votre proposition en fonction de la réponse de l'interlocuteur ; par son aspect suggestif il prépare votre vis-à-vis sur le plan psychologique en l'habituant à ce que vous allez lui annoncer.

16 Argumenter

Nombreux sont ceux qui considèrent que vendre c'est d'abord argumenter. Et d'imaginer le bon vendeur comme un être doué d'une prodigieuse facilité verbale et d'une faculté d'invention stupéfiante. Bien entendu, ces vendeurs-là existent, encore qu'on puisse constater qu'ils ne sont pas très répandus.

Les chapitres précédents l'auront fait comprendre clairement, la vente se fonde davantage sur la découverte que sur le caractère frappant, stupéfiant de l'argumentation.

Encore ne faut-il pas minimiser l'importance de l'argumentation.

SITUATION DE L'ARGUMENTATION

Argumenter c'est utiliser les ressources du vocabulaire et de l'expression pour entraîner notre interlocuteur à prendre la décision que nous attendons de lui.

On peut également substituer à cette définition de l'argumentation, celle que nous avons utilisée pour la vente : argumenter c'est faire correspondre le produit, le service ou l'idée que l'on propose aux besoins et aux motivations de notre interlocuteur.

Dans le déroulement d'un entretien persuasif, l'argumentation se situe nécessairement – selon notre conception de la démarche de vente – après que l'on a précisément défini les *besoins* et les *motivations* de notre interlocuteur c'est-à-dire après la *découverte*.

En effet la découverte donne son sens à une argumentation personnalisée, à une argumentation qui concerne véritablement votre interlocuteur.

Nous ajouterons que seule la découverte vous permet, par la synthèse qui la clôt, de faire prendre conscience à notre interlocuteur de la dimension de son besoin et de ses motivations d'adoption de ce que nous voulons lui proposer.

On distingue mieux ainsi la différence fondamentale que nous faisons entre une argumentation uniforme, standardisée – aussi brillante et élaborée soit-elle – et une argumentation conçue et développée spécialement pour notre interlocuteur.

ARGUMENTER

Nous avons tous rencontré un jour ou l'autre des personnes qui cherchent à convaincre et qui s'y prennent de façon opposée.

L'un que nous appellerons le « camelot » est pittoresque, chaleureux, sympathique même, amusant souvent. Il s'adresse volontiers au sentiment. Son argumentation donne parfois l'impression de manquer de fondements.

L'autre que nous appellerons « l'ingénieur » est froid, objectif, d'une logique implacable ; il agit par déduction et s'adresse au cerveau.

Son argumentation ressemble à la lecture d'un descriptif ou d'un cahier des charges.

Bien entendu, cet « ingénieur » et ce « camelot » ne sont pas aussi typés que ceux qui sont rapidement campés ci-dessus. Mais que le trait en soit poussé ou pas, il demeure que ce « camelot » et cet « ingénieur » détiennent chacun une partie de la vérité en argumentation.

L'idéal serait d'utiliser dans l'argumentation les avantages du procédé du camelot et ceux de la manière de l'ingénieur, c'est-à-dire de s'adresser au cœur et à l'intelligence de tout être humain.

En prolongeant notre réflexion, on peut observer dans un propos qui constitue un argument en faveur de quelque chose, que le plus convaincant est celui qui expose l'existence d'un *avantage* réel ou supposé, luimême soutenu par une explication fondée sur des faits précis.

On peut donc écrire qu'un argument solide va comporter un *avantage* soutenu par des faits ou preuve.

Nous appelons *avantage* l'*effet* que produira pour notre interlocuteur l'adoption du produit, du service, de la méthode, de l'idée que nous lui proposons. L'exposé de l'avantage vise à apporter une réponse satisfaisante aux motivations de notre interlocuteur. L'avantage parle aux émotions. Nous appelons *preuve* la *cause* fondée sur des faits objectifs qui est à l'*origine* de l'avantage. La preuve s'adresse à la faculté de raisonnement logique de notre interlocuteur.

AVANTAGE ET PREUVE

Si nous disons d'un livre qu'« il est agréable à lire » on sent bien que nous évoquons une notion purement émotionnelle : l'agrément que l'on a éprouvé à le regarder et à le lire. Si nous ajoutons : « Il est agréable à lire parce que sa typographie est composée en caractères garamond et que les illustrations reproduisent des lithographies de Meryon », on fonde solidement l'argument sur des éléments s'adressant au cœur et à l'esprit, ces éléments émotionnels et rationnels se supportant l'un l'autre.

C'est en raison de sa typographie et de ses illustrations que cet ouvrage est plaisant pour l'œil. Et le plaisir de l'œil repose sur ces réalités que sont la typographie et les illustrations.

Notre exemple permet de distinguer facilement l'avantage et la preuve. En pratique cette distinction n'est pas aisée pour tous. Aussi nous paraît-il intéressant d'effectuer une rapide incursion grammaticale pour éclairer les aspects d'un argument et distinguer l'avantage et la preuve. Notre examen portera sur les verbes et les conjonctions (ou locutions).

LES MOTS QUI CARACTÉRISENT L'AVANTAGE

On remarque en effet qu'un avantage se signale par une expression équivalente à : « Vous avez » ou « vous aurez ».

Dans l'exemple ci-dessus, on peut remplacer : « Il est agréable à lire », par : « Vous avez de l'agrément à le lire ». C'est l'avantage que vous en retirez.

On peut également observer que pour exprimer l'avantage on utilise des verbes qui s'adressent aux motivations de l'interlocuteur, par exemple :

- L'avidité : augmenter, économiser, gagner, bénéficier, diminuer (les pertes) réduire (les pertes), éliminer (les pertes).
- La sécurité : protéger, empêcher, maintenir, assurer, garantir, résister, ménager, conserver, sauvegarder, réduire (les risques), éliminer (les risques).
- L'oblativité (esprit d'offrande) : donner, procurer, aider, éduquer.
- L'hédonisme (recherche du plaisir) : procure, donne, offre (de la joie, du plaisir, du bien-être, etc.).
- Le besoin d'expression : créer, embellir.
- L'estime de soi : apprécier.
- L'estime des autres : féliciter, approuver, distinguer, remarquer.
- Le confort : faciliter, éviter (le dérangement, la peine, l'effort, l'inconvénient).
- Le besoin d'accomplissement : faire, réaliser, obtenir, devenir.

LES MOTS QUI CARACTÉRISENT LES PREUVES

Outre l'aspect factuel qu'elle invoque, la preuve est reconnaissable par ceci qu'on peut substituer au verbe employé « il est » ou « il a ». Si nous disons :

– « Cet ouvrage est agréable à lire », c'est son avantage pour nous (c'est le plaisir qu'il nous *procure*).

En expliquant que :

– « La typographie de cet ouvrage est composée en caractères garamond », nous indiquons un fait objectif, incontestable, que chacun peut constater (*il est* ainsi, *il a* cette typographie).

On observera d'ailleurs qu'un fait, qu'une preuve n'évoque rien si l'on ne se donne pas la peine de l'accompagner d'un avantage.

L'ARTICULATION DE L'AVANTAGE ET DE LA PREUVE

Sans preuve, l'avantage perd en crédibilité. Sans avantage, une preuve ne séduit pas. L'argument n'est complet que s'il est *structuré*.

C'est pourquoi le tandem avantage-preuve trouve son articulation naturelle par l'emploi d'une locution conjonctive (*parce que*) ou d'une locution adverbiale (*en effet*). Si dans le tandem, la preuve précède l'avantage, c'est une conjonction (*donc*) ou une locution adverbiale (*en conséquence*) que l'on emploiera pour servir de charnière.

PARLER AU PRÉSENT

Si les mots sont importants pour magnifier la représentation que nous voulons donner au profit, au service ou à l'idée que nous proposons, le temps de conjugaison n'est pas non plus indifférent.

Il est habituel d'observer que le *bénéfice* financier, hédoniste, moral ou autre que l'on retire de ce qu'on propose est présenté par le vendeur au futur. Mais, dans l'esprit de l'interlocuteur, le futur est teinté d'aléas. Le futur n'est pas certain. Aussi est-il judicieux d'argumenter au présent. Vous procédez comme si votre interlocuteur avait déjà accepté votre proposition et était déjà en train d'utiliser le produit, le service que vous lui vantez ou avait déjà adopté l'idée que vous lui proposez. En parlant au présent vous anticipez la possession.

Avantages et preuves sont au cœur de la démarche de persuasion.

On accuse bien souvent l'homme occidental du XXIe siècle d'adorer les objets. Il apparaît que l'objet en réalité lui est indifférent. C'est le résultat que lui apporte cet objet qui lui importe.

Il est clair que le vêtement que vous portez en ce moment, vous l'avez acheté parce qu'il est confortable, pour vous faire un long usage, pour l'élégance qu'il vous confère ou en raison de son prix. Ce n'est pas le vêtement que vous avez acheté, ce sont ses avantages pour vous.

Il en va de même de votre interlocuteur, c'est aux avantages de votre proposition *appréciés de son point de vue* qu'il prêtera son attention. Les qualités intrinsèques du produit sont secondaires : elles soutiennent, ou si l'on veut, elles rendent vrais les avantages que vous exposez.

Vendre, ce n'est pas expliquer un produit. Vendre, c'est placer ce produit dans le contexte personnel de votre interlocuteur en adoptant son point de vue. Vous ne réussirez votre vente que si vous persuadez votre interlocuteur que le produit, le service ou l'idée que vous lui proposez a été conçu pour lui.

LES TROIS CATÉGORIES D'AVANTAGES

Si l'on poursuit la réflexion sur l'argumentation, on s'aperçoit qu'il y a plusieurs sortes d'avantages.

Quand nous disons d'un café qu'« il réchauffe, facilite la digestion et donne du tonus », nous pouvons en dire autant de tous les cafés.

Nous énonçons là un *avantage général*.

Et quand, parlant de ce café, nous disons que « son arôme unique est la conséquence d'un dosage exclusif de cafés Arabica et de cafés Robusta », nous le distinguons des cafés concurrents et présentons un *avantage particulier*.

Si, nous adressant à un voyageur aussi cultivé que curieux et insatiable, nous disons : « *Ce café est pour vous une merveilleuse introduction à la découverte du charme et de l'art de vivre de l'Orient* », il est évident que cet argument ne peut pas être développé auprès de n'importe qui. Il s'appuie sur un *avantage* que nous appellerons *personnalisé*.

Pourquoi cette distinction ? Elle est fondamentale. Votre produit ou votre service ou votre idée parce qu'il est confronté en permanence à une immense cohorte d'autres produits, d'autres services, d'autres idées concurrents ou pas, doit s'attacher à se distinguer de la multitude.

Cette recherche d'originalité, voire d'exclusivité est contenue dans l'*avantage particulier*.

Mais si les avantages particuliers suffisaient, la publicité et Internet auraient remplacé depuis longtemps les vendeurs. Or il n'en est rien

Votre interlocuteur attend de vous que vous fassiez l'effort d'adaptation de ce que vous lui proposez à son état psychologique personnel et à ses attentes réelles. C'est l'objet des *avantages personnalisés*.

  – « *Alors, nous ferez-vous observer, les avantages généraux n'ont pas d'intérêt ? Cessons d'en parler.* » Surtout pas. N'oubliez pas de citer aussi les avantages généraux (s'ils sont utiles pour votre client).

En effet si votre concurrent en a parlé sans que vous ne l'ayez fait, il donne à ces avantages généraux un caractère exclusif : ils deviennent des avantages particuliers pour son produit.

Tandis que si vous énoncez aussi des avantages généraux, ou bien vous neutralisez votre concurrent s'il en a lui-même parlé, ou bien vous profitez de son omission (« c'est évident, nous avons tous les mêmes avantages, à quoi bon les évoquer... ») et transformez, à votre profit, ces avantages généraux en avantages particuliers.

RECENSER LES AVANTAGES

Avantage général, avantage particulier, avantage personnalisé et preuve étant des notions claires, il s'agit à présent de se constituer un répertoire des avantages dont on dispose pour pouvoir les présenter aux interlocuteurs, selon leurs attentes.

Première préoccupation : où se trouve l'information ?

Cahier des charges de fabrication du produit, tests de laboratoire, tests de produit en clientèle, votre propre connaissance des produits de la concurrence et ce qu'en disent vos propres clients sont autant de sources pour construire votre argumentaire. On n'oubliera pas de consulter les sites Internet de vos concurrents.

L'emploi de listes-guide ou du tableau de comparaison avec la concurrence joint à l'expérience personnelle permettent de systématiser la recherche de l'information.

Un exemple de liste-guide

Une liste se présente sous la forme d'un aide-mémoire qui ambitionne de faire explorer tous les aspects d'un produit pour lui faire exprimer tous ses avantages.

HISTORIQUE

• Qui a inventé le produit ? • Où a-t-il été inventé ? • Quand a-t-il été inventé ? • Quelle idée a présidé à l'invention ? • Comment a-t-il été inventé ?

COMPOSITION

• Matières premières ou éléments constitutifs. • Origine. • Critères de sélection et de choix des constituants. • Fonction et efficacité des constituants. • Différence avec les concurrents.

FABRICATION

• Procédés utilisés. • Savoir-faire de la société. • Exclusivité des méthodes. • Notoriété de la société. • Degré d'automatisation. • Sophistication des machines de production. • Habileté particulière des ouvriers. • Contrôles.

CARACTÉRISTIQUES

• Contexture. • Poids. • Dimensions. • Encombrement. • Forme. • Divisibilité. • Couleur. • Aspect. • Toucher, sensation tactile. • Ouïe. • Odeur. • Goût en fonction du goût moyen. • Goût en fonction des goûts locaux. • Constance du goût. • Exclusivité du goût. • Temps de conservation. • Propreté, hygiène. • Résistance. • Qualités réelles (contrôlées). • Qualités subjectives. • Qualités différentielles par rapport à la concurrence (les « plus »). • Marque. • Exclusivité de la marque, notoriété. • Image de marque, image de produit.

UTILISATION

• Utilisation centrale (prévue). • Utilisation périphérique (prévue, imprévue).

GAMME

• Étendue de la collection (largeur). • Diversité de la collection (profondeur). • Catégories de produits. • Modèles. • Familles.

PRIX ET CONDITIONS

• Prix consommateur. • Place par rapport à la concurrence. • Prix revendeurs. • Prix centrales d'achat/remises par quantités/barèmes d'écart. • Marge en %. • Marge en valeur absolue. • Marge par rapport aux autres produits. • Marge par rapport à la concurrence. • Conditions spéciales (franco, etc.).

• Ristournes annuelles. • Conditions de paiement. • Conditions de garantie.
• Conditions d'échange.

SERVICE AU CLIENT
• Délai de livraison. • Fréquence des livraisons. • Moyens de livraison.
• Formalités de livraison. • Services rendus par le livreur. • Nombre et proximité des dépôts. • Choix des produits en stock. • Commandes par téléphone.
• Délai de réparation. • Service après-vente. • Fréquence du passage du vendeur. • Autres services.

LE TABLEAU DE LA COMPARAISON
AVEC LA CONCURRENCE

Une autre approche de l'argumentation consiste à placer son produit ou son service en concurrence avec ses principaux concurrents et de confronter leurs caractéristiques respectives.

Cette comparaison n'est pas destinée à être présentée à la clientèle. Aussi l'analyse pourra être effectuée en toute objectivité. Cette comparaison avec la concurrence est faite pour nous, pour détecter nos points faibles et y apporter les solutions qui conviennent (améliorations d'une part, réponses aux objections d'autre part), et pour prendre mieux conscience de nos points forts[1].

Il est conseillé de ne pas confronter notre produit ou service à tous ses concurrents ensemble, mais seulement à chacun des concurrents pris séparément. En effet, il est peu fréquent qu'un interlocuteur connaisse à fond plusieurs concurrents. En général un seul d'entre eux lui est bien connu et c'est par rapport à ce concurrent qu'il

---

1. La présente méthode de comparaison peut servir de point de départ au benchmarking, par lequel l'entreprise, en repérant ses points faibles par rapport aux concurrents, engage les efforts nécessaires pour se hisser au niveau des meilleurs pour chacun des points de comparaison.

évaluera notre produit ou service. C'est donc bien des comparaisons « en duels » successifs auxquelles nous allons procéder.

Voici un exemple de comparaison de services (les bilans donnent par signe le résultat de la comparaison : + en notre faveur ; = équivalence ; – en notre défaveur).

Caractéristiques Société	Notre société	Concurrent A	Bilan	Concurrent B	Bilan
Notoriété	Un peu connue	Très connue	–	Très connue	–
Image	À visage humain	Anonyme	+	Anonyme	+
Structure	Légère et insuffisante	Lourde	+	Lourde	+
Tarifs et conditions	**Notre société**	**Concurrent A**	**Bilan**	**Concurrent B**	**Bilan**
Tarif	Strict	Assez souple	–	Très souple	–
Caution	Exceptionnelle	Systématique	+	Néant	=
Rapport qualité/prix	Satisfaisant	Moyen	+	Satisfaisant	=

ORGANISATION DE L'ARGUMENTAIRE

Après avoir recensé les arguments par les moyens évoqués précédemment (recensement des sources d'information disponibles, exploitation d'une liste-guide, comparaison avec la concurrence), il s'agit maintenant d'organiser l'argumentation de manière à l'utiliser pour persuader.

Une des solutions les plus simples consiste à classer ces avantages en fonction des motivations que l'on peut rencontrer chez un interlocuteur. Ainsi, si nous nous rendons compte au cours de la découverte que le profil psychologique de notre interlocuteur est caractérisé par certaines motivations dominantes, nous irons rechercher dans les « casiers » de notre argumentaire les faits et les avantages qui apportent une réponse à ces motivations particulières.

PRATIQUER L'ARGUMENTATION

Quand faut-il argumenter ? Comment faut-il argumenter ? Combien d'arguments faut-il émettre ? Comment renforcer la puissance de notre argumentation ? Autant de questions essentielles auxquelles nous allons apporter une réponse.

QUAND FAUT-IL ARGUMENTER ?

La réponse à cette question paraît naïve, dans sa simplicité : il faut argumenter quand le client est prêt à nous entendre, c'est-à-dire après que nous nous soyons penchés sur sa situation et que nous l'ayons écouté avec attention, après que nous lui ayons résumé ce que nous avons compris de ses préoccupations et de ses motivations et qu'il nous ait fait entendre son intérêt de principe à l'exposé de notre proposition.

L'argumentation se place donc après la découverte, après la prise de points d'appui, après la synthèse de la découverte.

En pratique on argumentera quand on aura la conviction que le client est à peu près d'accord avec notre analyse de la situation et avec la compréhension de ses motivations, en d'autres termes quand il aura énoncé un nombre d'approbations suffisant.

COMMENT FAUT-IL ARGUMENTER ?

On a compris à travers les différents stades de la découverte que le chargé de négociation cherchait à faire prendre conscience à son interlocuteur et donc à mettre en évidence la recherche d'une meilleure solution que celle dont il dispose actuellement.

L'argumentation trouve son efficacité dans la réponse qu'elle apporte aux attentes réelles de cet interlocuteur.

En somme votre proposition et l'argumentation qui l'accompagne sont annonciatrices de meilleures performances et de meilleurs résultats *du point de vue* de votre vis-à-vis.

Il n'est donc pas indiqué, ni d'employer une argumentation standard appliquée indistinctement à tout client en espérant que certains arguments feront mouche, ni de dérouler des sortes de scénarios-types où à partir de prémisses on identifie nécessairement le point d'aboutissement de la proposition et de l'argumentation (« il est ceci, donc je vais lui proposer cela et employer tels arguments »).

L'argumentation ne peut être efficace que si elle est composée *sur mesure* c'est-à-dire spécialement pour ce client dans cette situation particulière, avec cette mentalité et donc ce ressenti personnel des difficultés et des insatisfactions que l'on appellera son problème. Toute argumentation qui veut être décisive ne peut être qu'unique.

Votre argumentation doit être claire et logique. Vos phrases seront courtes, votre vocabulaire sera riche (ce point sera développé dans le chapitre suivant : « parler »). Vos arguments seront solidement structurés.

UN ARGUMENT STRUCTURÉ

Un argument structuré se compose :

- de l'énoncé d'un avantage général ou particulier soutenu par une preuve ;
- entraînant telle conséquence pour l'interlocuteur ou tel avantage personnalisé.

Il est indispensable que les avantages et les preuves d'un même argument aient un lien logique et étroit entre eux – un rapport de cause à effet – et apportent la réponse implicitement attendue à une motivation particulière de l'interlocuteur.

Il est indispensable aussi de vérifier l'acceptation de l'argument par l'interlocuteur. En effet, s'il n'est pas d'accord, il n'est pas certain qu'il fera ouvertement une objection : dès lors il peut se désintéresser de votre proposition et de vos arguments. Il vaut bien mieux risquer une objection plutôt que de poursuivre une argumentation sans résonance (d'autant que, nous le verrons, une objection nous permet de repartir de l'avant). Argumenter sans rencontrer l'accord du client, reviendrait à argumenter sans découverte préalable.

Pour vérifier l'accord de l'interlocuteur sur votre argument, il suffit de le conclure par une question simple :

– « *C'est bien ce qui vous intéresse ?* »

Vous faites ainsi, en quelque sorte, participer votre client à votre argumentation.

Voici ce que peut être un argument structuré s'adressant à la recherche de nouvelles solutions financières :

– « *Notre société vous permet un mode de gestion plus moderne.*
En effet, au lieu d'acheter comme vous le faisiez précédemment, ce qui vous occasionnait des à-coups de trésorerie, vous allez vous abonner à une dépense hebdomadaire logique. Ainsi, vous allez désormais présenter à votre direction des prévisions budgétaires sans surprise, ce qui fera apprécier la rigueur de votre gestion.
N'est-ce pas un atout favorable ? »

VOTRE STYLE D'ARGUMENTATION

S'il est un moment de la vente où vous devez manifester de l'enthousiasme et votre conviction intime, c'est bien au moment de l'argumentation.

Votre interlocuteur doit sentir aussi bien que vous cherchez à lui apporter la réponse qu'il attend et que vous croyez en votre société ou organisation, en votre produit, service ou idée, et en vous-même par l'ardeur et la chaleur que vous mettez à le convaincre.

Votre comportement manifeste à la fois votre ouverture à l'autre et votre acharnement à lui apporter la solution qui lui convient.

Avec bon sens, bien entendu, nous voulons dire en restant parfaitement adapté à votre vis-à-vis.

Ce moment – fatigant – nécessite à la fois de l'énergie, de la patience, du tonus, une grande sûreté de soi.

COMBIEN DE TEMPS FAUT-IL ARGUMENTER ?

Au risque de rappeler le mot fameux de Fernand Raynaud, nous dirons que la brièveté est la règle d'or, mais que cette brièveté est une question d'appréciation.

Il n'est en tout cas pas nécessaire d'égrener une interminable litanie d'arguments. La sobriété est de rigueur. Sobriété n'est pas sécheresse, et il faut s'adresser à toutes les motivations principales de notre interlocuteur.

En bonne logique, on placera en tête ses meilleurs arguments pour convaincre aussi rapidement que possible.

On cessera son argumentation aussitôt que notre interlocuteur manifestera une nette approbation pour notre proposition (ce point sera repris dans le chapitre 22 : « Comment conclure »).

COMMENT RENFORCER L'ARGUMENTATION

Deux moyens contribuent à renforcer le poids d'un argument : ce sont l'argumentation par comparaison et la spirale d'argumentation.

L'argumentation par comparaison

Le tableau de comparaison avec la concurrence fait ressortir sur certains aspects des avantages évidents de notre proposition par rapport à celle de notre concurrent. Il s'agira donc de prendre appui sur les faiblesses de cette solution concurrente pour faire apparaître la plus grande qualité de la nôtre.

Cependant cette argumentation par comparaison demande beaucoup de tact et de doigté dans son énoncé. Il est toujours délicat de dévaloriser un concurrent : votre interlocuteur pensera que vous vous disqualifiez. De plus, si votre interlocuteur a utilisé et apprécié ce service ou ce produit concurrent, il considérera que votre attaque le concerne puisqu'elle s'applique à un produit qu'il a choisi précédemment.

Pour comparer notre proposition à une proposition concurrentielle, on évitera soigneusement toute attaque de front. Il est préférable de mêler, selon un habile dosage, les compliments et les contre-indications d'une façon insidieuse.

Par exemple, pour faire renoncer quelqu'un à un voyage vers une certaine destination et pour préparer le terrain de vacances dans un autre pays :

– *« Sans doute ces îles sont-elles un pays de grande réputation, dont on célèbre facilement le climat agréable à tout moment de l'année ; mais que pensez-vous au fond de son folklore ? Appréciez-vous sa cuisine ? »*

Rien n'est vraiment dit. Tout est suggéré. L'attaque n'est pas frontale. Elle se fait de biais, par petites touches.

En pratique on exposera en premier les inconvénients de la solution concurrente (en les suggérant, par exemple, sur le mode interrogatif) pour mieux souligner les avantages de notre solution. La liaison entre l'argument repoussoir et l'argument positif se fera par les locutions conjonctives : *tandis que, alors que, cependant que...*

Par exemple :

– *« Vous souhaitez assurer la santé financière et la survie de votre entreprise. Si vous restez indépendant, vous vous privez d'une souplesse de trésorerie certaine qui entraînera pour vous des frais financiers et une plus grande vulnérabilité,* tandis que *par notre prise de participation, nous vous apportons la sécurité financière en raison de l'importance de notre groupe industriel. N'est-ce pas au fond ce que vous recherchez ?* »

La spirale d'argumentation

Pour renforcer l'effet de l'argumentation, vous pouvez avoir recours à la spirale d'argumentation.

Pratiquer la spirale d'argumentation, c'est renforcer l'effet d'un avantage en déduisant de cet avantage des conséquences qui touchent l'interlocuteur de plus en plus personnellement.

Il s'agit en somme de décrire à notre vis-à-vis toutes les déductions logiques d'un avantage en prenant bien soin d'établir un lien logique d'une conséquence à la suivante.

Un exemple illustrera notre propos :

Un vendeur de meubles de classement métallique va visiter un de ses clients qui désire renouveler son vieil équipement de meubles de bureau. En lui décrivant son matériel, le vendeur argumente ainsi :

– « *Votre correspondance sera maintenue dans une position verticale compacte parce que les tiroirs de ce classeur sont munis de dispositifs de calage en acier, solide et rigide.* »

Voilà en apparence un argument correctement construit selon ce qui précède : il expose un avantage particulier – le maintien en position verticale compacte et une preuve – le dispositif de calage.

Cependant ce « maintien en position verticale compacte » ne peut être perçu que lorsque la mise en service a été faite et ne s'adresse donc qu'à un utilisateur qui a déjà l'expérience de ce type de mobilier, ce qui n'est pas le cas de ce client.

Le vendeur de meubles doit donc s'attacher à bien faire voir à cet acheteur non averti les avantages qu'il va retirer de l'utilisation de ce matériel. Aussi le vendeur tente-t-il de se rapprocher de plus en plus des préoccupations concrètes de son client jusqu'au moment où celui-ci comprendra facilement et appréciera les avantages concrets de l'utilisation de ce matériel.

Ceci implique que l'on se soit intéressé – c'est un des objets de la découverte – aux préoccupations du client par rapport à un meuble de classement.

L'exploration préalable de l'interlocuteur a révélé au vendeur que son client veut d'abord retrouver facilement sa correspondance, puis la reclasser rapidement après consultation.

Le vendeur s'engage dans la spirale d'argumentation : il va par arguments successifs répondre de plus en plus près au cœur des préoccupations de son interlocuteur.

Il expose un premier avantage :

   – *« Ce meuble vous permet le classement et la recherche facile des lettres... »*

Quelle est la conséquence de cet avantage pour le client ? Sa secrétaire va gagner un temps appréciable. Le vendeur continue ainsi :

   – *« ... et économise le temps de votre secrétaire... »*

Une nouvelle conséquence, logique par rapport à la précédente vient en évidence : si la secrétaire gagne du temps, elle peut l'affecter à d'autres travaux. Un nouveau rebondissement va être montré :

   – *« ... ce qui permettra à votre secrétaire de faire d'autres travaux et d'éviter les retards fâcheux dont vous me parliez tout à l'heure... »*

Qu'à fait ce vendeur de meubles ?

Il a fait sortir des avantages les uns des autres, comme une poupée russe, chaque conséquence concernant de plus en plus son interlocuteur.

Pourquoi se donner tant de mal ? Notre interlocuteur n'est-il pas suffisamment intelligent pour effectuer lui-même ces déductions ?

On peut l'espérer, mais en réalité on n'en a aucune certitude : chacun est tellement absorbé par un si grand nombre d'informations que, par paresse souvent, il ne se donne pas la peine de pousser la réflexion à ce point. C'est donc au vendeur de faire, pour son interlocuteur, ce travail de déduction.

RENDRE VIVANTE ET PERFORMANTE VOTRE ARGUMENTATION

L'argumentation n'est pas seulement – comme le début de ce chapitre pourrait le laisser supposer – un exercice intellectuel. D'ailleurs nos vis-à-vis n'ont pas nécessairement une intelligence exercée à l'abstraction. Aussi est-il indispensable d'illustrer, d'expliquer, de démontrer ou encore de procéder par anecdotes.

Illustrer

Nous disposons tous d'une faculté de compréhension et de mémorisation visuelle supérieure à nos facultés de compréhension et de mémorisation intellectuelle.

C'est pourquoi plus votre argumentation sera soutenue par des illustrations des maquettes, des photographies, des films convenablement choisis, plus votre message prendra de force.

Le dessin peut également être pratiqué chez votre interlocuteur. Il appréciera peut-être davantage ce tracé – même maladroit – que vous aurez fait pour lui, devant lui. À travers le dessin que vous aurez effectué, il retrouvera plus facilement votre argumentation.

Et si votre argumentation est abstraite et ne se prête pas à l'illustration, vous pouvez encore avoir recours au dessin. Par exemple, si vous avez quatre idées principales à souligner, vous pouvez prendre une feuille de papier, tracer un carré, le partager en quatre quarts, numéroter chaque quart de 1 à 4 et inscrire sous chaque chiffre une des quatre idées. Pour cinq idées, dessinez une étoile marocaine, pour six idées ou plus, tracez un cercle et partagez-le en quartiers.

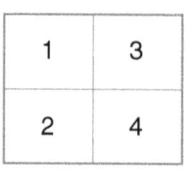 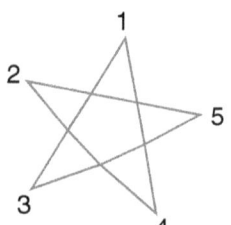 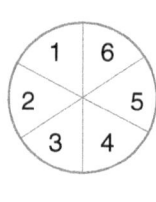

Expliquer

À certains moments de notre entretien, on constate, soit parce que notre interlocuteur le déclare ouvertement, soit par certains signes (questions hors sujet, air un peu égaré, etc.), que nous ne sommes pas suivis par manque de compréhension.

Il vous faut donc reprendre en éclairant le sujet d'une manière différente pour vous retrouver en communication avec votre vis-à-vis.

Laisser un interlocuteur dans l'incertitude quant au sens de vos propos, c'est avoir la certitude de ne pas atteindre l'objectif de l'entretien. Votre vis-à-vis est resté en route.

Une excellente discipline personnelle consiste à penser que nous sommes responsables de l'incompréhension de notre interlocuteur et que dès lors, il nous incombe de mettre notre langage à son niveau de compréhension.

Cependant, dans notre souci d'explication, nous risquons également de vexer notre interlocuteur en lui donnant l'impression que nous le situons trop bas. Aussi, pouvons-nous suggérer l'emploi d'une habileté ? Elle consiste à s'adresser à tout interlocuteur et de lui parler selon notre propre niveau de compréhension, donc sans démagogie, mais en détaillant ce qui pourrait lui paraître difficile à comprendre en accompagnant notre explication d'expressions telles que :

– « *Ce qui, comme vous le savez, veut dire...* »

– « *Ce n'est pas à vous que je vais rappeler...* »

Ainsi, s'il ne comprend pas, notre interlocuteur appréciera la délica-
tesse de notre attention, et s'il connaît déjà l'objet de notre explication, sa susceptibilité sera ménagée par cette précaution oratoire.

Que vos explications, votre argumentation et d'une manière générale
vos paroles pendant la vente bannissent tout jargon, et même parfois
certains termes techniques propres à votre métier. On a déjà observé
que deux ingénieurs, issus d'industries différentes, ne donnaient pas
la même acception aux mêmes termes techniques, et qu'une certaine
incompréhension en résultait.

Les publicitaires savent évoquer des images flatteuses. Ils emploient
un langage métaphorique en substituant une évocation concrète et
séduisante à une description abstraite et sans relief. Sans parvenir à
l'espèce de délire verbal de certains, il faut retenir de cet exemple
l'intérêt que présente dans nos explications l'évocation d'une image
usuelle et accessible à notre vis-à-vis. Il s'agit par là simplement –
comme en pédagogie – de partir et de se fonder sur le domaine familier de l'interlocuteur pour lui faire mieux percevoir notre message.

Il ne faut à aucun moment perdre de vue qu'un produit et un service
ne sont que rarement achetés en raison de leurs qualités intrinsè-
ques. « Un produit est acheté pour son image », affirment les publicitaires. En d'autres termes, votre interlocuteur voit ce que vous lui
proposez à travers son équation psychologique personnelle. Les
évocations que vous pratiquerez comme les avantages que vous
développerez s'adresseront donc aux motivations, c'est-à-dire à la
part émotionnelle de sa réflexion.

Démontrer

Il est parfois peu convaincant d'expliquer, même avec l'appui d'illustrations. Le mieux est encore de faire constater ; c'est l'objet de la
démonstration.

La démonstration – qui aura fait au préalable l'objet d'une expérimenta-
tion afin d'être parfaitement conduite – a pour intérêt principal de faire

apparaître clairement les différents enchaînements de l'explication que l'on a à fournir.

Par exemple, si nous voulons démontrer l'étanchéité d'un bouchon de fût, en raison de la présence d'un ressort inoxydable, nous allons, au cours de la démonstration, montrer le bouchon, le ressort, plonger le ressort dans un liquide agressif, placer le bouchon en place et faire constater la pression supplémentaire apportée par le bouchon pour maintenir le système de fermeture parfaitement étanche.

La démonstration présente un intérêt supplémentaire : on peut inviter son interlocuteur à y participer et à constater personnellement, manuellement, facilement, par la vue, par le goût, par l'ouïe, par l'odorat, la réalité de l'argumentation que nous avançons.

Une démonstration n'est pas un numéro de cirque, c'est-à-dire un jeu gratuit. Elle est l'élément de soutien concret d'une argumentation. La démonstration sera soigneusement préparée. Les différents moments ou phases seront ordonnés selon un ordre logique. Lors de chacune des phases, le ou les aspects significatifs (points-clés) seront mis en évidence. Ces points clés seront aussi bien un tour de main, un détail qui contribue à l'argumentation, une mise en garde sur ce qu'il faut éviter[1].

On a tout intérêt, quand on vend du matériel technique, à définir avec l'interlocuteur les critères de validation de la démonstration pour lui donner force probante.

---

1. Aux États-Unis, et hélas ce travers risque de contaminer l'Europe, celui qui effectue une démonstration ne doit pas oublier d'avertir l'utilisateur et de le mettre en garde (« beware ! ») contre les risques encourus en cas de mauvaise exécution. Espérons que nous ne sombrerons pas un jour dans les excès américains où des avocats en mal d'honoraires incitent les utilisateurs maladroits, privés ou professionnels, à porter plainte pour se faire dédommager par le fabricant. Le « gouvernement des juges » devient alors le chancre de la démocratie.

Les anecdotes

Nous sommes des latins. Nous sommes d'un pays du verbe et de conteurs. Nous avons tous prêté une attention silencieuse à un « il était une fois... » dans notre tendre enfance. Pourtant nous ignorons souvent les ressources qu'apporte l'anecdote à notre argumentation.

Il peut arriver par exemple que nous ayons à évoquer des perspectives désagréables : accident, incendie, décès, perte ; et pour diverses raisons nous ne souhaitons pas placer notre interlocuteur dans ce contexte.

Aussi pouvons-nous avoir recours à l'évocation d'une « autre personne » (qui bien entendu ressemble comme un frère à notre vis-à-vis) à qui ce fâcheux événement est arrivé et qui a subi des conséquences extrêmement dommageables pour elle.

On signalera aussi que l'anecdote vous permet de critiquer une façon de voir de votre interlocuteur qui gêne votre projet. Ainsi faisant, vous chargez l'un des personnages de votre histoire de tenir à votre vis-à-vis les propos que, diplomatiquement, vous ne voulez pas tenir ouvertement.

CAS PARTICULIERS

Selon que votre entretien sera bref ou long, qu'il se déroulera en une ou plusieurs phases successives, que la découverte pourra être plus ou moins poussée ou morcelée, l'argumentation exposée ici en général, trouvera son expression propre à partir des principes qui précèdent.

Seulement son agencement, sa distribution, son expression seront adaptés aux circonstances rencontrées.

17 Parler

*« Non, messieurs, la pompe de la diction et les ges-
ticulations théâtrales ne contribuent guère à la
découverte de la vérité. Les sons formidables et les
déclamations furieuses, les assertions hardies et les
périodes ronflantes, peuvent affecter la jeunesse et
les hommes sans expérience ; mais leur triomphe
s'arrête là, et peut-être que le bouillant orateur s'est
plus formé à l'école des déclamateurs qu'à l'école
des sages, à qui l'âge et l'expérience ont découvert
un plus sûr moyen de communiquer leurs sentiments. Si la chaleur de son tempérament lui per-
mettait d'écouter ceux à qui l'habitude des affaires a
acquis une supériorité incontestable, il pourrait
apprendre à raisonner au lieu de déclamer, à préfé-
rer la justesse de l'argument et la connaissance
exacte des faits au ronflement des périodes et à
l'accumulation des épithètes, qui peuvent troubler
l'imagination pour un moment, mais ne laissent
aucune impression durable dans l'esprit. »*

Robert WALPOLE

On a longtemps réduit l'art de convaincre à la puissance verbale, aux
records de temps de parole, à l'habileté ou au caractère implacable
de la dialectique, à l'élégance du vocabulaire, aux envolées oratoires,
au choix de formules ciselées, au charme de la voix.

En suivant ce raisonnement, le grand vendeur associerait la période
oratoire de Bossuet à la voix « de violoncelle » d'Aristide Briand, au
sens des formules d'un Charles de Gaulle.

Ce serait faire fausse route, du moins, si l'on s'intéresse aux talents
qui sont demandés au vendeur.

CELUI QUI ÉCOUTE A L'INITIATIVE

L'enjeu de tout entretien de vente est de parvenir à un accord. Il s'agit ainsi moins de monopoliser le temps de parole que d'être à l'écoute de l'interlocuteur.

Vendre, c'est apporter la réponse attendue par notre interlocuteur au problème ou à la question que nous l'avons aidé à définir. Pour cela il faut comprendre l'autre. Être attentif à l'autre.

Celui qui écoute a l'initiative, parce qu'il peut organiser ses propos en fonction de ce qu'il aura entendu.

Mais si l'écoute a une importance primordiale, principalement dans la première partie de l'entretien (celle qui est organisée autour de la découverte), la parole ne saurait être tout à fait exclue de la vente.

En dehors de l'emballage, qualifié par James Pilditch de « vendeur silencieux », on imagine difficilement un vendeur qui ne se ferait pas remarquer par la qualité et l'opportunité de ses propos.

Tout simplement parce que « la parole est action » (Démosthène) et que la capacité de persuader quelqu'un de se décider à faire quelque chose, de l'entraîner à agir et d'obtenir de lui qu'il agisse effectivement passe en grande partie par la parole.

La parole est un langage[1] qui assure trois fonctions :

• une fonction d'expression : par la parole nous signalons notre intention ou notre état ;

• une fonction d'appel : les mots que nous prononçons veulent influencer celui qui reçoit notre message. Nous cherchons à le faire entrer dans notre zone d'influence ;

• une fonction de représentation : les mots nous permettent de décrire une idée, un produit, un service.

---

1. Tous les langages ne s'expriment pas que par des paroles. Les panneaux de signalisation routière sont un langage.

Pouvons-nous réfléchir autour de quelque propos sur la prise de parole dans la vente ?

UN OBJECTIF DE CONVERSATION

Parler pour vendre implique que l'on ait un objectif de conversation acceptable pour les deux parties. Ce qui vous amènera à élaborer plusieurs hypothèses avant d'engager votre entretien (voir le chapitre 11 « Préparer la découverte »).

Cet objectif de conversation appelle, pour être clairement exprimé d'une part, pour être complètement perçu par votre interlocuteur d'autre part, un tri du vendeur entre l'essentiel et l'accessoire.

Votre interlocuteur vit en dehors de vous, par rapport à son propre contexte ; il attend de vous un certain message. Le supposer vous permet de mesurer l'écart qui existe au départ entre ce qu'il voudrait entendre et ce que vous voulez lui dire, et ainsi d'échafauder votre cheminement probable pour trouver l'accord.

LE CHOIX DES MOTS

Cherchez à être compris. Face à un interlocuteur que vous voulez convaincre, c'est un mauvais choix que de s'exprimer dans le jargon de votre métier ou de votre technique.

> « J'ai, personnellement, toujours considéré qu'un vendeur qui truffait sa prose d'expressions techniques, ou bien ne dominait pas le domaine dont il traitait et était incapable de me l'expliquer – et donc n'était pas un bon professionnel, ou bien me prenait pour un imbécile qui se laisse attraper par quelques mots techniques – et ainsi ne me mettait pas en situation favorable pour étudier sa proposition. »
>
> René-Marie d'AGDE

Cependant vous pouvez être dans l'obligation d'employer des termes techniques ou de métier. N'omettez alors pas d'expliquer le terme, si vous pensez qu'il peut être mal compris en ajoutant :

« Ce qui *comme vous le savez*, veut dire... »

Par exemple : « Cette graisse est butyreuse ce qui, comme vous le savez, veut dire qu'elle a la consistance du beurre. »

De deux choses l'une, ou votre interlocuteur connaît le terme et cette précision « comme vous le savez » évite tout impair ; ou bien votre interlocuteur ne connaît pas le terme, et il vous sera reconnaissant de le lui avoir expliqué sans humiliation, puisque vous feignez de croire qu'il en connaît le sens.

Chercher à être compris, c'est aussi employer des mots du langage courant, des mots clairs, des mots précis. Chaque mot nouveau sera défini.

Cependant à trop rechercher un langage simple, on risque de tomber dans la banalité, voire dans la médiocrité.

Il nous arrive souvent, pour étudier les conditions de travail et les situations de vente des équipes de vente avec lesquelles nous travaillons, d'accompagner un représentant en clientèle. Nous avons récemment été consterné d'entendre un représentant en orfèvrerie vanter ses produits en disant :

– « *C'est bien, hein ?* » ou :

– « *C'est vendable* ». (Voir chapitre 9.)

Quel plaisir en revanche que d'entendre un excellent représentant d'une société de location et d'entretien de vêtements de travail détailler leur aspect seyant, agréable, élégant, flatteur, leurs coloris chauds et attractifs, la souplesse du tissu, la qualité de la coupe, l'agrément qu'apporte la martingale pour esquisser la ligne, etc.

(Une séance ultérieure de formation en groupe a permis à l'ensemble des vendeurs de découvrir que 54 qualificatifs ou expressions permettaient de mettre en valeur leur argumentation).

En bref, pour sortir de la banalité et de la grisaille, que votre vocabulaire d'argumentation soit composé de mots forts, imagés, colorés, vivants, nous allions écrire : gourmands.

« Les limites de mon langage constituent les limites de mon univers » écrivait le philosophe viennois Ludwig Wittgenstein (1889-1951). La richesse de votre vocabulaire gouverne la fluidité de votre expression.

Cependant, si votre vocabulaire doit être expressif, ne le variez pas à l'infini.

Répétez vos meilleurs mots, vos meilleures expressions. Reprenez toujours les mêmes mots pour désigner les mêmes choses. Nous ne sommes pas ici dans le domaine de l'éloquence appréciée au niveau de la richesse numérique des expressions. Nous sommes ici dans un contexte où l'efficacité prime et où le bonheur d'expression doit s'accompagner d'une mémorisation de nos arguments par votre interlocuteur.

Vous serez peut-être lassé vous-même de vos répétitions. On n'observe pas la même rapidité de lassitude chez l'interlocuteur. N'abandonnez pas trop vite la reprise de vos meilleures expressions, des mots les mieux choisis de votre argumentation, de vos explications, de vos démonstrations.

LES MOTS ET EXPRESSIONS À PROSCRIRE

Le choix des mots a beaucoup d'importance. Et ne pas prêter une attention aiguë à son vocabulaire, c'est choisir d'être trahi par nos expressions et de révéler nos « maladies intérieures ». En voici quelques symptômes verbaux.

Le symptôme du larbin (les expressions – paillasson)

Il est probable que si vous ne vous sentez pas sur un pied d'égalité avec votre interlocuteur, si vous vous sentez diminué par rapport à lui, vous allez l'exprimer (donc le lui dire et ce faisant renforcer ce déséquilibre) en disant :

– « Je m'*excuse* de vous déranger. »

– « Je vous fais une *petite visite*. »

Allons donc, vous n'êtes pas un larbin. Vous êtes un vendeur et reconnu comme tel dès lors que vous entrez avec votre porte-documents chez votre client. Donc vous êtes dans les affaires, pour faire des affaires, c'est-à-dire pour apporter des solutions aux problèmes de vos clients. Si le service que vous rendez est réel, pourquoi voulez-vous vous excuser de le rendre ? (Si vous n'êtes pas convaincu de la valeur du produit, du service ou de l'idée que vous proposez qu'avez-vous fait, avant d'entrer chez le client, pour étudier tous les avantages pour votre clientèle de la proposition que vous voulez lui présenter ? Et si votre produit ou service est réellement mauvais, ne serait-il pas judicieux d'envisager un changement de situation ?).

Le symptôme du pessimiste (les mots noirs)

Certains vendeurs broient du noir, du moins peut-on le supposer, en étant très préoccupés des « ennuis », des « soucis », des « pannes », des « problèmes », des « dangers », des « réclamations », des « objections qu'ils vont rencontrer », etc. et qu'ils veulent éviter à leur client.

Aussi prennent-ils – maladroitement – les devants pour lui éviter de telles perspectives fâcheuses.

Si l'intention est estimable, il n'en va pas de même du résultat.

L'interlocuteur d'un tel vendeur, qui n'avait pas obligatoirement envisagé l'éventualité d'un emploi fâcheux du produit vendu, va à coup sûr envisager le pire.

Le vendeur en employant ces « mots noirs » piège lui-même sa vente.

Le symptôme du défaitiste (les expressions négatives)

On se demande ce que fait le défaitiste dans la vente. Il exprime l'apparence d'un homme (ou d'une personne) qui serait soulagé de ne pas réussir à vendre. Écoutons-le :

– « *Vous n'avez besoin de RIEN ?* » *NON ?*

– « *Vous NE prenez PAS ceci, NON ?* »

– « *Vous NE voulez PAS faire un essai ?* »

Si vous êtes de cette catégorie, ou bien vous avez intérêt à solliciter un emploi dans une administration ou bien – ce qui me paraît préférable – remplacez ce vocabulaire négatif par des expressions positives ou interrogatives :

– « *Je vous propose d'étudier avec vous vos besoins.* »

– « *Que pensez-vous de l'intérêt, pour vous, de notre proposition ?* »

Le symptôme de l'éternel hésitant (les expressions dubitatives)

Si le doute est une excellente disposition d'esprit du chercheur, et d'une manière générale de tout individu quand il fait retour sur lui-même, ce même esprit de doute est un robuste adversaire du vendeur, parce qu'il plonge le client dans l'incertitude alors que l'on attend du vendeur qu'il crée l'élan vers l'accord des deux partenaires.

Aussi, quand il nous arrive d'entendre des expressions faisant un large appel au conditionnel, telles que :

– « *... Il me semblerait que ce vêtement pourrait vous convenir...* (en réalité, rien n'est moins sûr !). »

– « *En principe vous devriez pouvoir recevoir cette bourriche d'huîtres aux alentours des fêtes de Noël...* » (quelle certitude aurons-nous de réveillonner avec ces huîtres ?).

– « *Éventuellement, si cela vous intéresse, nous pourrions passer un accord...* » (le client est prié de se décider tout seul).

Quand nous entendons autant de conditionnels, nous pensons que le client est bien facile à traiter s'il donne son accord et que si la vente se conclut, la responsabilité n'en incombera surtout pas au vendeur.

Le symptôme du sans-gêne

Si certains vendeurs pêchent par discrétion on n'en dira pas autant de celui qui se sent à l'aise partout, au point de ne plus garder la moindre réserve, même s'il rencontre son interlocuteur pour la première fois.

– *« Soit dit entre nous, chuchotera-t-il sur le ton du secret, je vais vous faire une confidence... »* ou bien :

– *« Franchement, vous me connaissez, vous pouvez me faire confiance... »*

Autant d'expressions familières, trop familières, que votre nouvel interlocuteur n'est pas prêt à entendre.

Sans doute, plus tard, quand une ancienne complicité fera que vos relations commerciales s'entremêlent à ce qui serait presque de l'amitié, en tous les cas à une grande camaraderie d'affaires, vous pourrez utiliser de telles expressions. Mais ceci est une autre histoire.

Le symptôme de l'agressivité (les « barbelés »)

Certains vendeurs qui ont sans doute mal traduit « l'agressivité » américaine pensent que la violence verbale est payante.

Ne rétorquent-ils pas à un client qui fait des objections :

– *« Pas du tout ! qu'en savez-vous ? Vous n'y connaissez rien... c'est faux, laissez-moi vous prouver que... »* et autres expressions qui risquent de se terminer par une solide discorde.

De telles répliques, en tout cas sont comme des barbelés sur lesquels l'entretien de vente s'accroche et qui risquent de griffer sérieusement votre interlocuteur. Attendez-vous dès lors au pire...

Le symptôme de l'orgueil hautain

Nous avons rencontré des vendeurs appartenant à certaines sociétés prestigieuses (parce qu'elles avaient su se créer une image de marque flatteuse) tellement subjugués par l'esprit maison qu'ils estimaient appartenir à une caste.

Leurs discours – songeaient-ils seulement à écouter leur interlocuteur – étaient truffés d'expressions telles que « ma compagnie, mon groupe, mes produits, nos performances » marquant avec aplomb qu'ils en étaient quasiment les propriétaires.

De telles expressions personnelles n'invitent pas à la coopération constructive, mais créent entre les interlocuteurs un fossé qui handicape aussi la vente.

Après cette incursion dans quelques parlers à proscrire, nous voudrions continuer sur un mode plus positif et faire deux recommandations.

SOYEZ ALTRUISTE FACE À UN CLIENT ÉGOÏSTE

Ce qui intéresse le client, votre interlocuteur, c'est lui, ses problèmes, ce qui peut l'aider à les résoudre. Aussi ne parlez pas de *vous*, de *votre* société, de vos produits, mais au contraire des avantages qu'il va trouver lui, dans la solution que vous apportez à son problème.

Soyez altruiste face à un client égoïste. Après votre prochain entretien, essayez de le reconstituer et de compter le nombre d'expressions personnelles (nous, moi, mon, mes) et le nombre d'expressions qui s'adressent à lui (vous, votre, vos) : une bonne proportion, à titre indicatif serait 1/3 de « nous » et 2/3 de « vous ».

Prenez la « recette » comme une indication pédagogique et non comme une règle absolue.

Notre deuxième recommandation ressemble plus à une recette. Plutôt que d'évoquer les bénéfices futurs, les avantages dans l'avenir que provoquera la possession du produit, du bien d'équipement, l'utilisation du service ou l'adhésion à l'idée que vous proposez, parlez-en au présent avec votre interlocuteur comme s'il en était déjà l'usager. D'autres auteurs parlent « d'installer le client dans le produit », c'est la même idée.

Aussi ne dites pas :

– « Avec ce produit vous *obtiendrez...* »,

Dites plutôt :

– « Avec ce produit vous *êtes*, vous *faites*, vous *obtenez.* »

Ainsi, vous anticipez la possession et le client ou l'interlocuteur s'habitue insensiblement au produit, au service, à l'idée que vous lui proposez.

CONDENSEZ VOTRE EXPRESSION

Au-delà de la maîtrise du vocabulaire, apprenez à vous exprimer sobrement. Toutes digressions, parenthèses, apartés, incidentes ont pour effet d'embrouiller la compréhension de votre interlocuteur.

LIBÉREZ L'ESPACE-TEMPS

Évitez les longs discours, les monologues prolongés et vous aurez un échange plus intense avec votre interlocuteur.

En effet, ou vous gagnez du temps et vous en faites gagner à votre interlocuteur, ou en conservant un temps d'entretien identique vous conduisez une conversation plus complète. Ce conseil fait souvent l'objet de discussions passionnées de la part des vendeurs, selon que leur origine géographique se situe au nord ou au midi, puisque les habitudes verbales sont loin d'être identiques d'une part, et parce qu'ils craignent une certaine sécheresse de leurs propos d'autre part.

Nous croyons qu'il faudra bien distinguer dans un entretien de vente ce qui concerne le métier à qui doit revenir la première part, et ce qui concerne la relation amicale entre deux individus qui doit être cantonnée dans des limites raisonnables. On se limitera autant que possible à ce qui est nécessaire pour garder à l'entretien une bonne atmosphère et un certain moelleux.

ET MAINTENANT, PARLEZ !

Quelques considérations d'abord sur l'expression verbale.

Les silences donnent du relief à vos propos

Un des signes révélateurs de l'angoisse d'un vendeur est la précipitation du flux verbal. Lors de ses entretiens en clientèle, celui-là semble avoir peur du vide que représente le silence.

Or le silence est un moyen puissant pour donner du relief à vos propos.

Au risque d'énoncer un paradoxe, nous observons d'abord que les silences éclairent considérablement les mots. Au-delà de leur rôle pour ponctuer l'expression verbale, ils permettent de mettre en relief certains mots auxquels on veut donner de l'importance.

Le bref silence (en solfège on parle de « soupir ») qui précède un mot a pour effet de mobiliser l'attention de l'auditeur et est un signe explicite qui parfait la connivence entre les deux interlocuteurs.

Au cours de votre entretien de vente, vous émettez un argument fort. Plutôt que d'énoncer immédiatement après un autre argument (qui d'ailleurs détruira en partie l'effet du précédent, si celui-ci n'a pas été assimilé par votre interlocuteur), laissez résonner cet argument dans l'esprit du client, ponctuez votre propos par un court silence.

Ce silence souligne l'argument. Il permet de plus à votre client d'en absorber les composantes (avantage personnalisé notamment).

VERTU DU SILENCE

À présent, voici que votre client vient d'émettre une objection. Plutôt que de dégainer et de riposter (vous n'êtes pas le « cow-boy qui tire plus vite que son ombre » !), accordez-vous quelques brefs instants avant de traiter l'objection.

Même si la parade – parce que cette objection est classique – vous vient immédiatement à l'esprit, en différant votre réponse de quelques secondes, vous vous donnez l'air d'un personnage qui réfléchit avant de parler.

Riposter immédiatement suggère à votre interlocuteur que vous agissez par réflexe, comme un automate, que vous apportez une réponse standard.

Ce bref silence donne au contraire l'impression que vous prenez en considération ses propos, que vous les intégrez dans votre réflexion, que vous leur apportez la réponse appropriée.

Quand, au cours de votre visite, il vous arrive de rechercher un document dans un dossier ou dans votre serviette, faites silence pendant cette recherche. Parler pendant que vous compulsez votre dossier donne l'impression, soit que votre recherche n'est pas méthodique, soit que vos propos sont sans importance, soit les deux à la fois.

Accordez-vous aussi, plusieurs fois pendant l'entretien, au cours de la phase de la découverte, après une série d'arguments, quelques courts instants de silence pour observer les réactions de votre interlocuteur.

Analyse d'une phrase : logique et sensibilité

Toute phrase prononcée a deux significations. Une signification intellectuelle qui est révélée par les mots avec lesquels on a construit la phrase. Une signification sensible qui est révélée par la finale de la phrase.

Si la finale de la phrase monte, vous exprimez un état agressif ou en colère. Si en revanche la finale de la phrase descend, vous exprimez un état triste ou découragé. Ainsi logiquement on écoute la phrase à l'endroit, mais sensiblement on l'écoute à l'envers.

La respiration

Vous placez votre respiration avant ou après la phrase. Oui, mais quand on a le trac, on respire mal, on s'essouffle, la phrase est heurtée et révèle votre trouble, et votre angoisse s'accentue.

Aussi le conseil que tout entraîneur donne à son équipe sportive nous paraît judicieux : n'attendez pas d'être essoufflé pour respirer.

Respirez d'abord, cela vous décontractera un peu (la question est plus complexe que cela et déborde le cadre de cet ouvrage).

Le rythme : les longues et les brèves

Toute expression verbale se fait à un rythme lent, moyen, rapide ou saccadé, par l'émission de phrases, de mots et de syllabes longues et brèves.

Pour endormir, pour calmer ou pour répondre à une question, attaquez en longues.

(Pour séduire une femme, vous l'invitez en parlant ainsi – les traits indiquent les durées :

   – « *Madame – voulez-vous – me – faire – l'immense plaisir – de dîner – avec moi – ce soir* »).

La pratique des longues est judicieuse pour votre découverte (voir chapitre 11).

Pour exciter, pour réveiller, pour interroger, attaquez en brèves, prenez un rythme plus sec, plus saccadé.

Et si votre phrase est longue, coupez-la. Ainsi vous créez une deuxième finale. Vous rendez votre phrase plus forte. Une phrase courte est plus solide. Un rythme rapide, fondé sur les brèves s'impose pour l'argumentation et la conclusion (voir ces chapitres).

Les ruptures

Parfois il est nécessaire d'utiliser, dans la même phrase, le rythme rapide et le rythme lent. Créez alors une rupture entre les séquences par un silence plus ou moins bref. Le changement de rythme apparaîtra parfaitement maîtrisé et créera l'effet recherché auprès de votre interlocuteur.

Le ton

Selon la hauteur, le timbre, l'intensité et même l'accent naturels de votre voix (et que l'on ne peut pas facilement changer – certains hommes politiques en ont fait l'amère constatation) mais surtout selon les inflexions que vous apportez à votre voix, vous pouvez être tour à tour et à votre gré, sérieux, grave ou dramatique, parler au cœur et à la sensibilité, être pathétique ou encore amical, voire enjoué et enflammé, et aussi être tranchant, catégorique, autoritaire, condescendant, moqueur ou sarcastique. Quelle palette vocale !

Quelle richesse d'expression !

L'articulation et la prononciation

L'articulation, c'est-à-dire l'usage dynamique des lèvres et de la langue pour obtenir une émission phonique nette ainsi que la prononciation, c'est-à-dire la modulation phonétique (souvent tributaire des accents régionaux) contribuent également à la clarté de vos propos et au plaisir d'écoute de votre interlocuteur.

(Malheureusement l'imprimé est un moyen de transmission infirme pour atteindre le perfectionnement du lecteur, en ceci qu'il lui manque l'image en mouvement et le son. Nous esquissons ici seulement ce sujet)[1].

---

1. Les cassettes sonores « Mieux vendre » du même auteur (Moulinier et Associés éditeur) complètent utilement ces observations.

18 Origines et traitement des objections et des obstacles

S'il est des moments difficiles pour ceux qui veulent faire passer un message dans l'esprit de leur interlocuteur, c'est – après le moment de la rencontre avec cet interlocuteur – chaque fois que votre vis-à-vis émet des objections.

Une objection c'est, parfois, pour quelqu'un qui se sent sûr de lui et de son fait, comme si la terre se dérobait sous ses pas. Parler d'angoisse face à l'objection serait sans doute excessif, mais nombreux sont ceux que l'objection déséquilibre.

POURQUOI VOTRE INTERLOCUTEUR OBJECTE-T-IL ?

On pourrait naïvement estimer que, en raison de l'intérêt qu'on est disposé à accorder à l'interlocuteur, en raison de l'empathie que l'on manifeste, notre vis-à-vis est bien mal intentionné de faire obstacle à nos propos par ses objections.

Plutôt que de discuter cette opinion, pourquoi ne pas s'interroger sur l'origine des objections ?

Votre interlocuteur a peut-être été irrité de votre intrusion dans ses affaires et il élève des défenses pour se préserver.

Confusément votre client se sent mal à l'aise et redoute de votre part quelque traquenard.

Votre proposition et les avantages que vous avez fait valoir semblent trop séduisants : leur réalité provoque le doute.

La décision à prendre par le client est importante pour lui : a-t-il bien fait le tour de la question ; est-il suffisamment informé ?

Mais un autre client va redouter de prendre cette décision, il cherche à gagner du temps ; tous les prétextes sont bons pour se dérober.

Votre habileté de vendeur, l'aisance que vous manifestez, le sentiment que vous avez trop l'initiative, que vous maîtrisez trop bien le jeu va provoquer chez votre interlocuteur une réaction de résistance, de défense ou d'opposition.

D'autres encore ne sont pas forcément bien disposés envers vous au moment où vous vous présentez à eux : agaceries, mises à l'épreuve diverses, seront votre lot.

En d'autres termes votre interlocuteur, parce qu'il a peur, veut se rassurer, se défendre, se dérober ou parce qu'il ne sait pas, doute, proteste, veut en savoir plus.

Dès lors, tout devient clair : votre interlocuteur par son objection vous révèle qu'il est habité par la peur ou qu'il est dans l'ignorance.

Peur, ignorance : à travers ses objections notre vis-à-vis rejoint les anciennes terreurs ancestrales de l'homme primitif.

Au fond, au risque d'émettre un paradoxe, on devrait presque remercier un client qui fait des objections et cela pour plusieurs raisons. Il nous révèle sa peur ou son ignorance, ce qui est un renseignement de toute première importance qui va nous permettre de le rassurer et de l'informer. Il nous permet de l'explorer davantage, de connaître mieux les tenants et les aboutissants de son raisonnement et de mieux cerner ses motivations, et donc de construire le discours tendant à le rassurer et à l'informer.

Et au fond, surtout s'il nous demande plus d'éclaircissements, plus d'informations à travers son objection, notre interlocuteur nous dit que nous l'intéressons.

Ces observations fondamentales vont inspirer notre manière de traiter l'objection.

COMPORTEMENT, PARADE, RÉPONSE

Comme en une leçon d'escrime, face à l'assaut de l'adversaire, nous décomposerons le traitement de l'objection en trois aspects : l'attitude générale, la parade, la réponse proprement dite.

Ainsi, c'est moins des réponses automatiques, voire miraculeuses, que le lecteur trouvera ici, que l'intelligence du traitement à apporter pour qu'il puisse composer lui-même sa réponse.

VOTRE COMPORTEMENT FACE À UN INTERLOCUTEUR QUI OBJECTE

Il y a dans toute objection une dose d'agressivité plus ou moins importante, agressivité qui va provoquer chez votre interlocuteur une réaction parfois très vive.

Dans ces circonstances, il est indispensable de posséder une parfaite maîtrise de soi, de ne jamais se départir d'une manifestation de bienveillance tranquille. Votre attitude assurée est apaisante pour votre interlocuteur.

Parce que nous avons observé qu'à travers l'objection, votre client révèle sa peur ou son ignorance, il ne convient ni de vous moquer de sa peur, ni de railler son ignorance. Au contraire, pour manifester un certain respect de votre interlocuteur, vous le laissez parler, vous ne l'interrompez pas, vous l'écoutez avec un air attentif et intéressé.

Les mots sont des pièges. Face à certaines paroles, ressenties comme agressives, on réagit soi-même et on se laisse prendre aux délices de la discussion. même si celle-ci se fait en termes robustes et avec vigueur.

C'est en ceci que l'entretien de vente se distingue profondément des duels politiques. Le politicien cherche à vaincre son adversaire et ne cherche aucunement à le convaincre. Tout au plus le politicien, soit cherche à se conforter dans son opinion, soit cherche à conforter ses supporters.

Le vendeur, lui, veut construire un accord, il cherche à faire partager son point de vue à son client. Pour parvenir à ce but, il est habile d'éviter la discussion parce que celle-ci risque toujours de se transformer en combat.

Il est ainsi fortement recommandé, en pratique, d'éviter des ripostes agressives telles que :

– « *Vous avez tort !* »

– « *Non, ce n'est pas vrai !* »

– « *Vous n'y comprenez rien...* »

– « *Qu'en savez-vous ?* »

– « *Laissez-moi vous prouvez que...* »

et autres expressions de ce genre.

Vous amorcerez en revanche votre réponse par des expressions dont, au-delà de la signification littérale, il faut comprendre l'esprit.

Quand vous dites :

– « *Je comprends parfaitement votre point de vue...* »

– « *Croyez bien que je comprends votre situation...* »

vous exprimez votre bienveillance et votre attention vis-à-vis de ce que pense votre interlocuteur et vous le dites en de tels termes que celui-ci pense que vous partagez son point de vue.

Or vous n'êtes pas de son avis, vous ne pensez pas comme lui, vous lui dites simplement que vous le comprenez – sans lui préciser que vous ne partagez pas son point de vue.

Voici quelques autres expressions qui produisent le même effet :

– « *Je vois tout à fait ce que vous voulez dire...* »

– « *Il est normal que vous pensiez ainsi pour le moment...* »

– « *Vous faites bien d'attirer mon attention sur ce point.* »

– « *J'ai eu, moi aussi, cette première impression...* » (mais sous-entendu, ce passé est bien terminé).

– « *C'est là un point de vue tout à fait naturel ; beaucoup de personnes font la même chose...* » (sous-entendu : je n'en fais pas partie).

– « *Oui, il n'y a pas de doute, vous avez de bonnes raisons pour cela...* »

On soulignera au passage que les mots : « objection », « obstacle », « difficulté », « accusation » qui ont un relent d'hostilité sont évités et remplacés par des mots plus édulcorés tels que : « observation », « remarque », « point de vue », « question », « réflexion », « impression », etc.

Au fond, l'attitude générale à tenir face à l'objection consiste à laisser venir, laisser s'exprimer, favoriser l'expression de l'interlocuteur, lui inspirer confiance de manière à comprendre parfaitement la nature et le contenu de l'objection pour ensuite, amorcer une large courbe, y entraîner votre interlocuteur, sans qu'il perçoive le virage que vous lui faites prendre.

Souplesse, décontraction, éviter toute manœuvre brusque sont autant de garants de la qualité du traitement que nous apportons à l'objection.

L'humour, ou même simplement un léger sourire sur votre visage, ponctuant une interjection, fait partie de ce jeu d'attitude :

– « *Sérieusement ?* » (sourire amusé).

– « *Hum !* » (regard vers l'interlocuteur, l'air interrogatif, prêt à sourire).

– « *Oh !* » sur le ton du « shocking » anglais, mi-scandalisé, mi-plaisantin.

PARER L'OBJECTION

La parade de l'objection n'est pas la réponse à l'objection. Elle n'est que le coup d'arrêt qui prépare le terrain de la contre-attaque.

Et comme nous nous sommes placés sur un terrain qui répugne à tout esprit d'agression, notre parade sera entièrement exécutée en souplesse et en douceur.

La parade de l'objection est constituée par la phrase chargée d'amortir le choc qui sert en quelque sorte de charnière entre l'objection exprimée par le client et notre réponse. Nous proposons huit charnières différentes.

Oui, mais...

Il apparaît qu'un polytechnicien qui devient ministre des Finances pour accéder enfin à la présidence de la République marque son époque par sa manière de répondre aux difficultés rencontrées. Si Raymond Poincaré s'est rendu célèbre par son « Non, car... », Valéry Giscard d'Estaing est aussi connu par son : – « Oui, mais ».

Autres temps, autres parades.

Ce « Oui, mais » toutefois marque un peu brusquement le virage.

Aussi nous en reprendrons l'esprit d'acceptation en surface de la position du client, pour aborder la question sous un autre aspect, en disant :

– *« Oui, monsieur, je vois parfaitement ce qui vous préoccupe. Cependant, je vous propose de considérer la question sous un angle différent... »*

Reformulation affaiblie

Les techniques de reformulation sont d'un précieux secours pour atténuer la force d'une objection. Ici, nous reprenons l'objection en édulcorant le propos de notre interlocuteur. Il s'agit au fond de transformer le « non » en « peut-être ».

Votre client vous dit :

– *« Je n'en veux pas. »*

Vous reprenez :

– *« Je vois que vous hésitez à accepter ma proposition. »*

Ou bien si votre client déclare :

– *« C'est trop cher ! »*

Vous répliquez :

– *« Vous trouvez que ce budget dépasse un peu ce que vous comptiez investir... »*

Reformulation interrogative

Certaines objections, par leur caractère inattendu, vous mettent en déséquilibre. La réponse n'est pas évidente et vous avez besoin de gagner du temps pour réfléchir.

Aussi vous reprenez l'objection du client sous la forme d'une question. Vous pouvez délayer cette reformulation. On peut s'exprimer ainsi :

– *« Vous faites bien de soulever cette question. Elle mérite d'être discutée. En somme si j'ai bien compris vous me posez la question de savoir si... »*

Et pendant ce temps-là, vous disposez des quelques secondes nécessaires pour agencer votre réponse.

Reformulation interprétation

La reformulation interrogative peut faire l'objet d'un glissement provoqué par vous, du terrain choisi par votre interlocuteur vers un terrain qui vous soit plus favorable.

Cette manière de ne pas répondre tout à fait à ce que vous demande votre client, mais de répondre légèrement à côté – pas trop à côté toutefois : ce serait se moquer de votre interlocuteur ! – comporte le risque d'irriter votre client si vous l'employez trop systématiquement.

Voici un exemple de reformulation-interprétation, qui malgré son excès, illustre bien ce que nous suggérons :

Aux visiteurs d'un programme immobilier, situé en périphérie d'une grande agglomération et proche d'un échangeur routier, qui s'inquiétant du bruit de la circulation font remarquer « la proximité de l'échangeur routier », l'hôtesse reprend :

> – « *Vous avez observé la proximité de l'échangeur routier et vous voudriez savoir à combien de minutes nous nous trouvons du centre ville ? Je peux vous préciser que...* » On parle de bruit à propos de l'échangeur et vous obliquez vers la commodité des liaisons routières.

Effritement

Il arrive que l'on ne voie pas très clair dans la remarque d'un client. S'agit-il d'une objection ? que cache son observation ?

Afin de ne pas s'aventurer imprudemment à fournir une réponse qui ne correspondrait pas à la question posée, afin de ne pas suggérer une véritable objection qui résulterait d'une réponse hâtive, il est bon d'obliger l'interlocuteur à justifier son objection en lui demandant d'expliquer ce qu'il veut dire.

> – « *Votre remarque est intéressante, mais je ne suis pas sûr de l'avoir bien comprise. Pouvez-vous me dire ce qui vous amène à penser ainsi ?* »

En somme on renvoie la remarque à l'interlocuteur en l'enrobant d'une série d'interrogations.

Cette parade permet d'y voir plus clair. Par ses justifications votre client vous aide à mieux le comprendre et donc à compléter votre découverte. De notre point de vue, l'effritement devrait être la parade la plus employée pour traiter les objections sans avoir pour autant une vocation à les résoudre toutes.

Et il arrive même – ce qui n'est pas négligeable – que votre interlocuteur détruise lui-même son objection en constatant que, tout compte fait, elle n'a pas une grande importance.

Il s'agit donc là d'une parade de grande qualité.

Division

Le procédé de la division s'apparente à l'effritement. Avec l'effritement vous renvoyez à l'interlocuteur la charge de la preuve en espérant qu'à travers sa réponse vous trouverez plusieurs voies pour asseoir une contre-argumentation.

Par la division, vous décomposez vous-même l'objection en l'analysant. Vous dites à votre interlocuteur que « son observation a plusieurs contenus qu'il convient d'analyser successivement. »

Déjà Descartes dans son deuxième précepte[1] nous recommandait « de diviser chacune des difficultés en autant de parcelles qu'il se pourrait et qu'il serait requis pour les mieux résoudre ».

Il y a quelques années, le gouvernement français a fait exploser une bombe atomique expérimentale à Mururoa. Protestations de l'Australie, de la Nouvelle-Zélande et de la république du Vanuatu. Quelques jours après le Premier ministre de l'époque tient une conférence de presse et l'un des journalistes l'interroge au sujet de cet événement. Le Premier ministre a eu recours à la division :

> – *« Je vous remercie de cette question... En effet vous interrogez notre équipe gouvernementale sur sa politique dans les domaines de la défense nationale, de nos relations avec les États souverains du Pacifique, de la recherche nucléaire. Eh bien je vais vous préciser nos orientations sur tous ces points... ».*

Ainsi faisant, l'orateur choisissait des terrains familiers et minimisait l'assaut initié par les manifestations de quelques pays en raison du risque de pollution nucléaire.

---

1. *Discours de la Méthode*, deuxième partie.

Prévention

Si l'on pense qu'une objection va surgir, on peut chercher à prendre l'avantage sur l'interlocuteur en devançant l'objection.

– « *Vous allez sans doute me dire que...* »

Ainsi on coupe l'herbe sous le pied de l'interlocuteur et on peut même éluder l'objection par une pirouette.

– « *Je sais ce que vous allez me dire. Cette question est entendue, si vous voulez bien, nous n'allons pas nous appesantir là-dessus...* »

La prévention présente le risque que l'on se soit mépris sur les intentions de l'interlocuteur : en pensant devancer une objection, on la suggère à notre vis-à-vis et nous nous créons une difficulté supplémentaire !

Ballon d'essai

On peut considérer le ballon d'essai comme une variante de la prévention. Le ballon d'essai s'inspire de la démarche adoptée par les milieux politiques quand ils sont incertains de l'accueil réservé par l'opinion à une mesure nouvelle. En général, plutôt que de prendre ouvertement position, on tâte le pouls de l'électorat en chargeant un personnage de second plan ou un journaliste d'échafauder une hypothèse d'orientation. Selon les réactions enregistrées les hommes de gouvernement savent comment formuler leur projet (s'ils n'ont pas à le retirer).

Nous sommes parfois dans la même incertitude vis-à-vis de notre interlocuteur quand notre société prépare un projet dont on a lieu de penser que la clientèle ne l'accueillera pas sans réticence (suppression de certains services rendus gratuitement, réorganisation des structures humaines, changement de politique, etc.). Aussi peut-on évoquer à haute voix devant lui, « les interrogations de certaines personnes dans notre société » et demander à notre vis-à-vis « quel serait son avis si cette hypothèse prenait corps ».

Ce ballon d'essai permet, si la réaction de l'interlocuteur est vive, de protester en affirmant bien haut que « naturellement il ne s'agit que d'un projet », que « celui-ci est encore à l'étude », que « son abandon n'est pas à exclure ». On aura bien soin, dans cette protestation, de ne pas ruiner, par des propos irresponsables, le projet à l'étude en se désolidarisant de sa société.

Le ballon d'essai a deux avantages appréciables : il permet de découvrir la réaction possible du client ou son degré d'acceptation de notre sujet ; il permet également de faire évoluer l'interlocuteur en l'habituant progressivement à l'idée nouvelle que nous souhaitons lui faire accepter.

Écran

Certaines objections surgissent trop tôt. Le terrain n'est pas encore préparé pour la réponse, ou bien la question déséquilibre l'organisation de nos propos. Il faut donc repousser à plus tard cette question inopportune pour y répondre ultérieurement. Cependant il faut également rassurer le client en lui montrant que nous l'avons entendu et que notre réponse va intervenir un peu plus tard, ou que l'argumentation que nous développerons répondra à sa préoccupation.

On peut s'exprimer ainsi :

– *« Je comprends tout à fait que vous fassiez cette remarque. Je vous apporterai la réponse dans un moment. Me permettez-vous auparavant de vous préciser que... »*

Si vous voulez garder votre crédibilité auprès de votre interlocuteur, il est judicieux de reprendre ostensiblement la question posée par l'interlocuteur au moment où vous la traiterez.

L'écran est une parade utile quand votre client impatient vous interroge d'emblée sur le prix de ce que vous lui proposez. Dites-lui alors simplement :

– *« Naturellement, monsieur, cet aspect fera l'objet de toute notre attention ; je vous présenterai nos conditions tarifaires tout à l'heure. Auparavant pouvons-nous examiner... »*

Et si votre interlocuteur insiste, ne répétez pas votre écran : répondez sommairement en gardant quelques avantages supplémentaires pour le moment décisif.

Silence

Il n'est de pire sourd que celui qui ne veut point entendre. Vous pouvez sembler tellement pris par votre exposé ou par l'intérêt que vous portez à votre interlocuteur qu'une de ses remarques n'est pas entendue par vous.

Cependant si on peut ignorer purement et simplement une objection secondaire, vous ne pouvez traiter par l'indifférence et le silence toutes les objections qui se présentent à peine de paraître sectaire, sourd et borné.

Boomerang

Il y a un moyen qui combine à la fois les avantages du silence et les avantages de la reformulation interrogative. C'est celui qui consiste à ne pas répondre mais à renvoyer la question à l'interlocuteur :

- « *Si vous me posez la question, vous devez bien avoir un point de vue à ce sujet... ?* »

Attention ce procédé est vite irritant et est de surcroît aisément détecté par votre vis-à-vis. Pourtant, utilisé à bon escient, il constitue une excellente esquive.

RÉPONDRE À L'OBJECTION

Le contenu de votre réponse repose évidemment sur les qualités et les avantages du produit, du service ou de l'idée que vous proposez.

Cependant, selon les types d'objections rencontrés, il sera judicieux de colorer votre réponse pour lui donner tout le moelleux acceptable pour votre interlocuteur.

Plusieurs manières de faire sont à votre disposition pour construire votre réponse à l'objection, après avoir effectué votre parade.

L'appui

L'une des meilleures réponses, parce qu'elle est constructive, consiste à s'appuyer sur l'objection pour déboucher sur un argument.

Vous semblez dire ainsi à votre interlocuteur :

– *« J'attendais votre remarque. C'est justement pour cette raison que je viens vous voir, afin de vous informer des particularités et des qualités du produit (du service ou de l'idée) dont je suis venu discuter avec vous. »*

La compensation

Dans certains cas, votre interlocuteur met le doigt sur une faiblesse incontestable de votre proposition. Plutôt que de nier l'évidence, ce qui vous ferait passer pour stupide ou de mauvaise foi, il vaut mieux admettre l'inconvénient. Mais vous allez mettre en balance le « léger inconvénient » et insister sur les « avantages considérables » de ce dont vous cherchez à le convaincre.

La sélection

Si un interlocuteur émet deux, trois objections à la fois, parfois davantage, vous choisissez celle ou celles des objections auxquelles la réponse est le plus facile, et vous tentez d'ignorer celles que vous avez laissées de côté, parce qu'elles sont plus difficiles. Bien entendu tous les clients ne sont pas dupes et peuvent vous faire observer que vous ne répondez pas à telle objection qu'il vient de faire, auquel cas vous tenterez de répondre.

Cependant, dans la mesure où votre interlocuteur n'a pas tenu une comptabilité exacte de ses objections, il arrive qu'il oublie de revenir sur une objection délicate pour vous.

Les objections en rafale sont souvent le fait d'interlocuteurs sanguins, un peu « soupe au lait » et dont les propos outrepassent en intensité ce qu'ils voudraient réellement vous dire. Aussi, face à cette rafale d'objections, non seulement vous pratiquez la sélection mais encore vous répondez méthodiquement à chaque objection avec le plus grand calme pour « meubler le temps » ce qui favorise l'oubli de l'objection réellement gênante pour vous.

La diversion

Il est parfois facile de contourner l'objection en la détruisant. Pour cela vous posez à votre interlocuteur une série de questions bien préparées auxquelles il est obligé de répondre par l'affirmative et qui ont pour résultat d'éliminer l'objection, sans que vous ayez pris le risque de l'aborder de front.

L'anecdote

Ah, qu'elle est commode l'histoire que vous racontez à votre interlocuteur. Vraie ou fausse, cette anecdote vous permet – comme en un psychodrame – de mettre en scène deux protagonistes dont l'un se trouve dans une situation analogue à celle de votre client, et l'autre qui vous ressemble comme un frère.

Par le truchement de cette histoire, vous pouvez faire comprendre à votre interlocuteur les conséquences de son refus et combien son raisonnement est déraisonnable. Bien entendu, s'il s'identifie trop ouvertement au protagoniste présumé de votre anecdote, vous ne manquerez pas de protester qu'il s'agit bien d'un autre que lui, dans une autre situation que la sienne, dans une autre localité.

L'humour, l'exagération

Une touche d'humour, un brin d'exagération pour forcer le trait peuvent avoir le mérite de détendre l'atmosphère, de révéler que vous contrôlez bien la situation et que vous vous sentez à l'aise face aux « remarques » de votre vis-à-vis, en même temps que vous l'aidez à prendre de la distance vis-à-vis de ses préoccupations.

Malheureusement l'humour ne peut pas être exercé avec n'importe quel interlocuteur et vous ne pouvez le réserver qu'à ces clients dont vous savez qu'ils apprécient ce genre de langage.

QUAND LE CLIENT DEVIENT SÉDUCTEUR

Au cours d'une négociation, votre interlocuteur manifeste une exigence relative à la constitution du produit, aux services ou aux conditions commerciales qui sort du champ de vos prérogatives.

Plus même, il vous suggère l'argumentation que vous devriez développer selon lui auprès de votre hiérarchie pour faire accepter sa demande (« *À votre place, je proposerais cette légère modification du produit... je ferais valoir le faible coût du service supplémentaire demandé...* ».). Il peut accompagner cette argumentation de flatteries plus ou moins appuyées, selon sa finesse et celle qu'il vous attribue (« *Je pense qu'un commercial de talent, tel que vous... vous savez combien j'apprécie votre professionnalisme...* »).

Or, bien entendu, cette habileté du client ne saurait faire exception au principe constant de défense du prix et des conditions défini par la politique commerciale.

Cette situation engendre deux groupes de réflexions :

• À l'évidence le client se montre très intéressé par votre proposition. Il cherche à l'améliorer.

Est-ce à dire qu'il est certain d'obtenir satisfaction ? Pas nécessaire-ment. Peut-être s'attend-il à décrocher un léger avantage supplé-mentaire, sans plus.

- La flatterie du client doit laisser le vendeur de marbre (intérieure-ment). Cette indifférence totale peut (extérieurement) s'accompa-gner d'un sourire et d'un léger remerciement. Se rengorger et se laisser manipuler par le compliment de votre interlocuteur serait montrer que vous subissez son empire, donc accuser votre faiblesse. Votre faiblesse en tant que chargé de négociation. La faiblesse du dispositif de la Politique Commerciale dont vous êtes le bras séculier.

Comment le vendeur peut-il se dégager de cette tentative de prise d'ascendant de son client ?

- Face à une demande formulée de cette façon il est indispensable – traitement habituel de toute objection – de ne pas réagir brusque-ment, en opposant une fin de non-recevoir. Agir ainsi ferait perdre la face au client et conduirait sûrement à l'échec de la négociation.
- Il serait aussi déplacé de manifester une souplesse excessive et d'adopter d'emblée le point de vue du client pour se faire son avocat auprès de votre hiérarchie.
- Le chargé de négociation va prendre ses distances par rapport à la question posée. Il agit en sorte comme un tiers extérieur et neutre par rapport au débat engagé entre le fournisseur (dont il est cepen-dant le délégué) et le client.

  – *« Examinons votre requête : vous souhaitez obtenir telles caractéris-tiques qui modifient la proposition que je vous ai faite... Il faut consi-dérer aussi le raisonnement propre à notre entreprise. »*

Donc reformulation de la question soulevée par le client, suivie d'une mise en regard de la politique de l'entreprise. Ce dernier aspect, présenté avec le modelé, la souplesse d'expression néces-saire, débouchera sur une argumentation sur les qualités intrinsè-ques du produit, du service et des conditions proposées reliées à l'intérêt du client (avantage personnalisé).

À la limite, le vendeur peut accorder un léger avantage supplémentaire, en faisant valoir l'importance de la concession accordée (même si, *in petto*, il estime qu'il fait un cadeau qui coûte peu à son entreprise).

Notre lecteur a compris la démarche recommandée :

- esquive souriante de la contre-proposition et du compliment qui l'accompagne ;
- examen des raisonnements des deux parties ;
- rejet, avec tout au plus une légère concession, appuyé sur une argumentation personnalisée.

QUAND IL FAUT DIRE « NON » À UN CLIENT

Deux « Non » angoissent les commerciaux. Le premier est le refus de la commande par le client. Le second est le refus d'une sollicitation excessive du client auprès de son fournisseur. Dans les deux cas, il semble au commercial que le sol se dérobe sous ses pas.

Que penser du refus que doit opposer parfois un vendeur à son client ?

- Sur le plan des principes, une négociation ou une vente ne peut conduire à un accord durable que si les parties ont traité d'égal à égal.

  Il n'est donc pas admissible de considérer qu'un vendeur doive se plier au bon vouloir du client. L'expression « client-roi » est une expression stupide si elle induit que le client peut se conduire en despote.

  Dire « Non » est un des moyens du vendeur pour rétablir l'indispensable équilibre avec son interlocuteur.

- Se considérer comme un larbin aux ordres du client, c'est pour un vendeur se tromper de personnage.

Le client – et cela est de plus en plus vrai avec l'élévation du degré culturel des interlocuteurs – appréciera d'autant plus le représentant de son fournisseur que celui-ci saura exprimer une réelle personnalité.

La servilité n'est pas la meilleure voie pour atteindre ce but. Dire « Non » est aussi une façon de montrer que l'on a du caractère et du courage.

• Bien entendu, se mettre en position de refus demande au vendeur du discernement.

Il est inacceptable d'invoquer des priorités de livraison ou de fabrication accordées à certains clients ou des défauts d'organisation interne. Ce qui crée la raison d'être d'une entreprise, principe constant du marketing, c'est de s'organiser pour apporter aux clients une satisfaction légitime de leurs besoins.

En revanche, il est parfaitement admissible de se retrancher derrière des obstacles d'ordre juridique, des cas de force majeure, des incompatibilités techniques, des interruptions d'activité, des coûts de mise en œuvre excessifs, la disparition de la rentabilité, etc.

Comment exprimer un refus ?

• Traitez votre client à l'égal de tous les autres. Votre client ne doit jamais considérer que le refus que vous lui opposez lui est exclusivement réservé, mais que la mesure concerne la totalité de votre clientèle sans exception (même si cela n'est pas absolument exact).

• Exposez positivement le refus. Ceci peut paraître paradoxal : comment dire « Non » positivement ? Entre : « *Nous devons repousser votre demande* » et « *Nous ne pouvons malheureusement pas accepter votre demande* » il y a la nuance d'un examen bienveillant (et donc positif dans le second cas), le « Non » de la première réponse étant plus raide. De plus, l'adverbe « malheureusement » implique une situation de contrainte de votre part que vous ne pouvez pas contourner.

- Expliquez les faits, mais pas n'importe lesquels.

  Nous rappelons que la gestion de vos affaires et notamment la connaissance des prix de revient n'ont pas à être révélés à vos clients. Cela ne les regarde pas, tout simplement.

  Cependant d'autres explications peuvent être données, par exemple sur le plan technique.

- Soyez imaginatif : proposez une solution de remplacement.

  La solution de remplacement peut avoir plusieurs aspects :

  – Soit assurer une contrepartie honorable pour rendre acceptable son exigence (on se reportera au chapitre 21 sur « Le marchandage »).

    Par exemple, si votre client exige une augmentation de la remise, vous la soumettez à la condition soit d'un engagement ferme sur une quantité accrue, ou bien vous la compensez par la suppression de certains services tel que l'étiquetage, la livraison franco, etc.

  – Soit détourner l'attention du client vers une autre solution, par un procédé de glissement (tel celui pratiqué dans la dialectique de la découverte....).

    Si votre client demande l'exclusivité de la distribution d'un produit, plutôt que d'invoquer la piètre défense de l'interdit légal du refus de vente, et parce que votre intérêt et sans doute votre politique commerciale sont de multiplier vos points de vente, pourquoi ne pas proposer une opération spéciale menée et financée en commun ?

  – Et dans tous les cas, même en faisant échec à la prétention de votre interlocuteur, lui éviter de perdre la face, en trouvant une porte de sortie honorable.

- Mettez votre refus sur une perspective longue. Évoquez l'excellence et l'ancienneté de votre collaboration et le bénéfice mutuel que chacun en tire. Évoquez l'avenir et les avantages que vous serez toujours en mesure d'offrir. Ces propos sont peut-être un peu creux, mais ils ont pour but de tempérer l'éventuelle désillusion de votre partenaire.

Prévenez les objections à répétition

Parce que votre entreprise a choisi de positionner un ou plusieurs produits sur un créneau inhabituel et que celui-ci a un aspect surprenant pour votre clientèle ; parce que vos produits hauts de gamme se situent à un niveau de prix élevé ; parce que votre proposition a un caractère nouveau qui heurte au début ceux à qui vous la destinez, vous avez l'habitude de rencontrer souvent les mêmes objections.

Ce peut être aussi le cas d'une erreur ou d'un oubli à l'égard de votre client. Et vous vous attendez à ce qu'il vous accueille par des récriminations.

Dans ce cas, et nous soulignons, si vous avez la certitude que l'objection ou la remarque va surgir, vous avez intérêt à prendre le premier l'offensive.

Vous pouvez simplement dire, pour précéder les objections évoquées ci-dessus, respectivement :

- *« Le produit dont je vais vous parler a des caractéristiques peu banales »*.

- *« Il est évident que, compte tenu de notre notoriété et de notre réputation, nous ne pratiquons pas les prix les plus faibles du marché »*.

- *« Carrez-vous bien dans votre fauteuil : ce dont je vais vous entretenir va vous étonner »*.

Ce faisant, en précédant l'objection (technique de la prévention), vous ôtez à votre client une possibilité de prendre l'avantage sur vous et de vous obliger à vous mettre en position défensive. Ce qui est adroit.

Encore plus adroit est le procédé qui accompagne cette prévention d'une flatterie, à peine marquée. Voici quelques illustrations correspondant aux quatre exemples cités plus haut :

- *« Parce que votre réflexion vous a conduit à un assortiment qui vous distingue de celui de vos concurrents, j'ai pensé à vous parler spécialement d'un produit peu commun »*.

– « *Je connais votre exigence envers vos fournisseurs : vous êtes d'abord attentif à l'extrême qualité des prestations et êtes prêt à payer le juste prix en fonction du haut niveau de qualification attendu du fournisseur* ».

– « *Ce que je vais vous dire ne peut pas intéresser un personnage routinier ; c'est pourquoi j'ai prévu de vous parler de notre nouveau système...* ».

– « *J'ai prévu de me déplacer moi-même pour présenter à mes meilleurs clients notre nouveau catalogue* ».

Ceci précisé, au-delà de l'aspect agréable pour votre interlocuteur du léger compliment qui accompagne sa préparation psychologique, le but recherché par la prévention est d'affronter dès le début de l'entretien l'obstacle prévisible. Si, malgré votre habileté de présentation, le produit inhabituel, le prix élevé, la proposition surprenante, la récrimination ont des fondements solides, la prévention ne fera pas disparaître la difficulté, comme par enchantement. En revanche, le client et vous, discuterez rapidement du fond de la question. Et si un échec s'ensuit, vous n'aurez pas perdu de temps avant de le constater.

SE DÉGAGER SI ON SE SENT DANS UNE IMPASSE

Soyons honnêtes. Si certains clients au caractère difficile peuvent vous mettre dans l'embarras, il faut bien considérer que le vendeur peut avoir, par ses maladresses, notablement contribué à se placer en mauvaise position pour bien négocier.

Alors comment peut-on se dégager ?

• Vous vous êtes fixé un objectif principal et un ou deux objectifs secondaires, moins ambitieux. Essayez alors d'atteindre ce ou ces objectifs secondaires.

• Si vous estimez que l'atmosphère est mauvaise au point de ne même pas rendre possible ou envisageable l'atteinte d'un second objectif, alors il faut rompre. Mais pas n'importe comment !

Aujourd'hui rien de constructif ne pourra sortir de la poursuite de l'entretien. Demain, il n'en ira pas forcément de même. On va donc préparer la prochaine rencontre.

Ceci implique que l'on se donne du recul en faisant un bilan des points de désaccord d'abord puis des points d'accord, enfin parmi les points de désaccord, ceux sur lesquels une nouvelle réflexion de l'un et l'autre interlocuteurs peut changer le cours des choses.

Ce faisant, on tente – et on réussit la plupart du temps – de remplacer une tension passionnée par la froide logique de la réflexion.

19 Parades et réponses aux objections

Il serait difficile d'envisager de répondre à toutes les objections possibles. Nous avons recensé dans une seule société industrielle quelque 350 objections différentes ! Aussi les exemples qui suivent sont-ils à considérer plus comme des illustrations des propos tenus dans le chapitre précédent que comme une amorce d'encyclopédie des réponses aux objections.

Pour rendre ces exemples plus alertes, nous les avons présentés sous forme de dialogues.

DÉBAT ENGAGÉ SUR UN PLAN TECHNIQUE

LE CLIENT.— « *Votre produit est techniquement dépassé.* »

LE VENDEUR.— « *Pour bien comprendre votre remarque, pouvez-vous me préciser quels sont vos points de repère sur le plan technique ? (à quoi comparez-vous ce que nous proposons ?)* » (boomerang et effritement).

Autre exemple :

LE CLIENT.— « *Mon personnel ne saura jamais se servir d'un appareil aussi complexe.* »

LE VENDEUR.— « *Vous faites bien d'aborder la question de l'utilisation. C'est justement pour éviter toute difficulté d'emploi que nous vous proposons de former les opérateurs dans notre école d'entraînement. Ce service est facturé à prix coûtant.* » (appui suivi d'une proposition complémentaire).

Et encore :

LE CLIENT.— « *C'est bien beau, mais c'est théorique !* » (ignorance).

LE VENDEUR.— « *Dois-je comprendre que quelque chose vous paraît insuffisant, et dans ce cas, pouvez-vous me dire quoi ?* » (affaiblissement suivi d'un effritement).

CLIENT DIFFICILE (tissus d'ameublement)

LE CLIENT.— « *Vos décors ne me plaisent pas !* »

LE VENDEUR.— « *Votre point de vue m'intéresse... Pouvez-vous me donner des explications complémentaires ? De quels décors parlez-vous ? Quels sont à votre avis, pour votre clientèle, ceux qui ne se vendent pas du tout, qui se vendent moyennement, qui se vendent de façon satisfaisante ?...* » (effritement).

UN AUTRE CLIENT DIFFICILE (collection de tissus féminins)

LE CLIENT.— « *Votre collection ne me plaît pas !* »

LE VENDEUR.— « *Votre remarque me fait penser à nos réunions de sélection des modèles créés par nos stylistes. Je suis personnellement souvent tenté de choisir selon mon goût. Mais je pense aussitôt au chiffre d'affaires dont j'ai la responsabilité et à ce que veut ma clientèle...* » (anecdote).

CLIENT IMPATIENT

Nombreux sont les clients qui pensent perdre leur temps avec des vendeurs. Peut-être ont-ils rencontré une grande proportion de vendeurs de faible niveau ou peut-être sont-ils soumis à un travail intensif ? Mais céder à leur impatience, c'est les laisser maître de votre jeu. Aussi est-il important d'écarter momentanément cette impatience pour construire correctement votre entretien.

LE CLIENT.— *« Faites-moi voir tout de suite vos nouveautés ! »*

LE VENDEUR.— *« Je vous remercie de l'intérêt que vous portez à la créativité de notre société. Vous êtes probablement intéressé par les idées qui ont présidé à la conception de ces nouveautés afin de voir si elles correspondent à votre propre raisonnement quant à votre assortiment de produits... »* (écran).

DÉLAI DE LIVRAISON

LE CLIENT.— *« Le délai de livraison est trop long. »*

LE VENDEUR.— *« Quel délai est réellement indispensable pour vous ? »*

Le vendeur fait décrire la mise en fabrication dans laquelle s'inscrira la fourniture en question (effritement).

Autre réponse :

LE VENDEUR.— *« Un délai rapide est envisageable, mais il y a un risque : le voici (...). Êtes-vous prêt à l'assumer ? Quelles en seraient alors les conséquences pour vous ? »*

On débouche sur un choix entre deux inconvénients qui s'apparente à la compensation.

CLIENT MOQUEUR

Certains interlocuteurs tentent de prendre leurs distances vis-à-vis de leurs visiteurs pour s'assurer la maîtrise du jeu. C'est de bonne guerre, et il est simple de déjouer cette tactique. Ceci s'exerce souvent aux dépens des jeunes vendeurs.

LE CLIENT.— *« Vous êtes bien jeune... »*

Ce peut être également, en s'adressant en général à la cantonade, à d'autres personnes présentes dans le même lieu :

– « *Tiens ils les prennent au biberon chez...* »

LE VENDEUR.— « *Je suis jeune, c'est évident : j'ai vingt-quatre ans et je pense que, comme toutes les personnes qui ont de l'expérience, vous pouvez m'apporter beaucoup...* » (appui et interprétation).

Autre solution :

LE VENDEUR.— « *Je suis jeune, c'est vrai. Mais ne trouvez-vous pas sympathique qu'une société de l'importance et de l'expérience de la nôtre fasse confiance à la jeune génération ? (sous-entendu : Et vous, ne croyez-vous pas aux capacités des jeunes ?* » (reformulation interprétation).

Troisième solution :

LE VENDEUR.— « *Je suis jeune et vous vous interrogez sans doute sur la compétence des jeunes ? Dans notre compagnie, avant de lancer en clientèle les nouveaux collaborateurs comme moi, nous sommes mis à l'épreuve d'un certain nombre de situations : stage de mécanique, stage chez un transporteur, stage en service d'entretien de l'industrie, etc. De toute façon, rien ne vaut l'expérience réelle et je pense que j'ai beaucoup à apprendre de mes clients...* » (interprétation et anecdote).

CLIENT QUI NE VEUT PAS MULTIPLIER LES FOURNISSEURS

LE CLIENT.— « *Votre gamme n'est pas complète !* »

LE VENDEUR.— « *Je comprends la simplification que représente un seul fournisseur... mais avez-vous observé notre souci d'être de véritables spécialistes avec une sélection stricte de nos articles... et au fond, n'est-ce pas ce que recherche chez vous votre clientèle ?* » (appui).

Concurrence

Votre concurrent parce qu'il a une gamme plus étendue que la vôtre s'impose à ses clients en leur proposant une remise supplémentaire à condition qu'ils achètent un produit que vous ne vendez pas.

Le client est lié à son fournisseur.

LE VENDEUR.— « *Bien entendu, voilà des conditions qui semblent inté-ressantes. Cependant si l'on raisonne ensemble qu'est-ce que ça recouvre ? Quels sont vos avantages et quelles sont vos obligations ?* » (effritement).

Le travail d'investigation se poursuit de façon à révéler à l'interlocuteur les inconvénients de sa solution actuelle, en suivant le raisonnement développé dans le chapitre 4.

Le représentant du concurrent est une relation amicale du client

LE CLIENT.— « *Vous comprenez, votre concurrent est un camarade d'études.* »

LE VENDEUR.— « *C'est donc un ami pour vous et l'amitié en affaires est un art difficile à cultiver. Je vous en complimente. J'ai, moi aussi, des amis parmi mes clients et ils me réservent leur clientèle. Aussi je leur obtiens les meilleures conditions parce qu'il est juste de favoriser les clients fidèles. Je suis persuadé que votre ami, mon confrère, a également obtenu pour vous les conditions les plus avantageuses...* » (interprétation et anecdote).

Par cette anecdote, on introduit le ver dans le fruit.

Le vendeur attend la réaction du client. Elle peut ne pas se produire et il faudra renouveler la tentative un peu plus tard, à moins que l'on dispose d'autres atouts pour insister immédiatement.

Si le client, en revanche, a l'air intéressé :

– « *Voulez-vous que nous examinions ensemble les conditions que je pourrais vous faire...* » (reformulation interrogative).

Autre solution :

LE VENDEUR.— « *Il est toujours dangereux de se lier exclusivement à une marque ou à un fournisseur, parce que, petit à petit, il sera tenté d'oublier le privilège que vous lui avez accordé en lui réservant toute votre clientèle.* » (appui).

LE CLIENT SEMBLE ACCORDER DE L'IMPORTANCE À DES DÉTAILS SECONDAIRES

Certains clients portent une attention exagérée, selon vous, à des détails qui vous semblent secondaires : la largeur n'est pas tout à fait ceci, l'épaisseur a trop de cela, la couleur serait plus... si..., etc.

Dans tous les cas, le vendeur habile évitera d'affronter l'obstacle et se contentera d'examiner avec sérieux la remarque de son interlocuteur et lui fera préciser comment lui-même choisit ses produits, comment il raisonne sa gamme et son assortiment, quel type de clientèle il doit satisfaire, quelles normes il doit respecter et ainsi de suite, jusqu'à ce qu'il ait fait constater – si faire se peut – par son interlocuteur qu'il peut passer outre ces détails secondaires (effritement).

CLIENT EN COLÈRE

LE CLIENT.— « *Sortez !* »

Le vendeur reste calme, ferme et marque un certain étonnement. Ce client ne se domine plus. Une enquête discrète auprès de son entourage lui permet de comprendre l'origine de cet excès : maladie, ennui, éthylisme... Bien entendu, votre négociation, ce jour-là, n'a aucune chance d'aboutir. Cependant vous vérifiez l'origine de l'orage :

LE VENDEUR.— « *Naturellement, je ne vais pas me cramponner ici. Qu'est-ce qui, dans mes propos, a provoqué votre colère ?* » (effritement).

Et lors de la visite suivante, après vous êtes enquis de l'humeur de ce personnage, un peu d'humour peut détendre l'atmosphère :

– « *Dites-donc, vous n'étiez pas en forme l'autre jour ?* »

À moins que le silence soit encore la meilleure introduction à la reprise du cours normal de la conversation.

CLIENT QUÉMANDEUR PAR PRINCIPE, D'ENTRÉE DE JEU

LE CLIENT.— « *Vous me faites combien ?* »

LE VENDEUR.— « *Je peux faire beaucoup pour vous. Je viens précisément négocier avec vous sur les conditions d'une collaboration ; mais pour construire quelque chose de satisfaisant pour vous, il faut que nous parlions ensemble...* » (reformulation interprétation).

LES FAUSSES APPARENCES

Notre interlocuteur occupe le devant de la scène. Mais au moment de prendre la décision, il se souvient tout à coup que c'est sa femme, son conseil d'administration, son comptable ou je ne sais qui d'autre, qui doit examiner la proposition et décider de la conduite à tenir.

Vraies ou fausses apparences, il faut bien prendre ce que nous dit notre interlocuteur pour argent comptant, mais cependant l'entraîner vers nous, en démasquant celui qui doit prendre la décision.

LE VENDEUR.— « *Si je comprends bien, dans votre organisation les rôles sont répartis en fonction des talents de chacun. Pouvez-vous me préciser selon quelles modalités ce type de décision est habituellement pris ?* » (effritement). « *Et vous-même, quelle est votre participation à cette décision ? Quel est votre avis personnel sur ma proposition ?* »

Ce faisant le vendeur s'enquiert de la répartition des tâches et a l'air de la trouver naturelle ; il évite de donner l'impression à son interlocuteur qu'il est la « cinquième roue du carrosse » ; il l'oblige à prendre position ouvertement pour ou contre la proposition qui est faite.

Cette prise de position peut être obtenue par une autre question :

– « *Si vous étiez le seul décideur, que feriez-vous ?* »

RÉSISTANCE AU CHANGEMENT, HABITUDE, ROUTINE

Nous reprochons facilement à nos prospects ce que nous apprécions chez nos clients : la fidélité, une situation dont ils ont l'habitude et qui les satisfait.

La remise en question permanente est un des acquis du mouvement d'idées de ce début de XXIe siècle, et nos concurrents en agressant nos propres clients nous obligent à la vigilance et au dynamisme, tandis que nous-même, en portant le combat commercial chez les clients de nos concurrents, rendons le service à ces clients de les obliger à comparer et à remettre en question leur choix.

Il s'agit donc, face à un interlocuteur qui se déclare satisfait de son fournisseur actuel – l'un de nos concurrents – d'obtenir une ouverture vers une discussion. Or cet interlocuteur, qui ne vous connaît pas, n'a aucune raison particulière *a priori* d'entrer en dialogue avec vous (s'il entre en dialogue facilement, on se trouve en présence soit d'un client déçu par son fournisseur, donc perméable à vos propos, soit d'un client butineur qui va de fournisseur en fournisseur et ne sera d'aucune fidélité à votre égard, ce qui ne signifie pas que les affaires traitées avec lui sont sans intérêt). Un interlocuteur satisfait sera vraisemblablement en position fermée et avancera le premier prétexte venu pour vous éconduire :

LE CLIENT :
- « *J'ai du stock.* »
- « *Mon hangar est plein.* »
- « *J'ai mon fournisseur.* »
- « *Je n'ai besoin de rien.* »

Il s'agit donc de s'emparer de cette déclaration, bien qu'elle n'offre que peu de prise à l'ouverture d'un dialogue.

La reformulation-transformation est un auxiliaire précieux :

- « *Vous voulez dire par là que j'arrive trop tôt pour la prochaine commande. Selon votre rythme d'écoulement vous prévoyez un prochain approvisionnement vers quelle époque ?* »

Bien entendu, ainsi traitée, cette objection prétexte nous conduira vers une objection plus réelle : cet interlocuteur ne vous connaît pas.

Et précisément, nous sommes venus spécialement pour faire mutuellement connaissance :

LE VENDEUR.— « *Il est tout à fait normal que vous raisonniez ainsi pour le moment. Mais j'ai le sentiment que notre société et nos produits ne vous sont pas très familiers. C'est précisément pour cela que je suis venu m'entretenir avec vous.* »
« *Disposez-vous d'un instant pour en parler tout de suite ou préférez-vous me fixer un rendez-vous à une date proche ?* »

Le traitement de cette objection ne s'arrête pas là. Il faudra absolument au cours de cet entretien, aussi bref soit-il (et même si vous prenez rendez-vous) avoir émis un ou deux bons arguments, mais surtout pas une litanie récitée plus ou moins machinalement ! Un ou deux arguments sur des points faibles de vos concurrents (voir le chapitre 16 « Argumenter »).

CLIENT AFFAIRÉ, CLIENT DÉRANGÉ

Il est de ces interlocuteurs occupés fébrilement, sautant d'un appel téléphonique à un autre, interrompant à tout moment leur secrétaire – et votre entretien. D'autres sont appelés et dérangés en permanence, et votre entretien se trouve haché en menus morceaux.

Dans les deux cas, plutôt que de vous agacer de l'inorganisation (probable) de votre vis-à-vis, complimentez-le légèrement sur son rythme d'activité et sur la bonne marche de son affaire que cela implique.

Puis vous remettez votre interlocuteur au fil de vos propos par une reformulation-résumé.

CLIENT PRESSÉ

Le client qui se dit pressé veut-il vous impressionner par son activité ou est-il réellement pressé ?

Dans l'un et l'autre cas vous procéderez de la même manière en lui proposant à la fois un rendez-vous à une date où il disposera de plus de temps, sans omettre de lui dire que vous avez « quelques solides arguments à développer, tel que... » de manière à le sensibiliser à l'intérêt pour lui du rendez-vous que vous lui proposez.

Il arrive souvent que cet interlocuteur pressé dispose tout à coup d'un peu plus de temps que nécessaire.

En tout état de cause, si votre client vous propose : « *Dix minutes pas plus* », mettez votre point d'honneur à respecter ce délai et utilisez-le avec le plus de densité possible.

Au bout de dix minutes, observez que vous avez respecté le délai imparti et proposez un nouveau rendez-vous – si la poursuite de l'entretien n'est pas possible sur-le-champ.

LES INDÉLICATESSES D'UN CLIENT

Certains interlocuteurs accepteraient de traiter avec vous, à condition que vous vous montriez « compréhensif », « intelligent », que vous puissiez leur accorder des « avantages très personnels », en général il s'agit soit d'un dessous de table, soit d'une affaire à laquelle Vénus accorde en général sa bénédiction.

Or votre société ne pratique pas la concussion. Que faire ? Votre première parade sera le silence. Vous n'avez pas entendu, ce qui vous évite d'avoir compris.

Cependant votre interlocuteur insiste et se montre explicite. Un large sourire et une grande décontraction accompagneront naturellement votre réponse :

– *« Nos produits se vendent grâce au sérieux de nos fabrications, au dynamisme de notre société. À notre grand regret, nous ne pouvons pratiquer ainsi. »*

Veillez, ce faisant, à ne pas vexer cet interlocuteur qui pourrait se montrer gênant dans vos négociations futures – si tant est qu'elles soient encore possibles ! – Et puis, n'oubliez pas d'en référer à la direction de votre entreprise : les mœurs de votre interlocuteur sont-elles acceptées, encouragées ou ignorées par ses propres supérieurs hiérarchiques ? Si les coups bas sont pratiqués par votre interlocuteur ou par l'entreprise cliente, vous êtes autorisé à prendre les mesures de rétorsion qui s'imposent, même si certaines sont parfois nauséabondes.

Les mises en examen de dirigeants responsables de l'exportation pour causes de bakchichs distribués, les affaires de financements occultes des partis, les procédés irréguliers contribuant à pousser la concurrence rendent plus problématique la tentative de la concussion. À la réprobation morale s'ajoute le danger d'être impliqué dans une affaire relevant des tribunaux.

LE CLIENT SILENCIEUX

Il est une forme d'objection qui consiste à ne rien dire. Cela se traduit en général ainsi :

LE CLIENT.— « *Monsieur, je vous écoute !* »

Or cet interlocuteur s'exprime-t-il ainsi pour vous mettre mal à l'aise ou en raison de sa propre timidité ? En réalité, la réponse importe peu, car un même traitement de cette objection apportera une réponse aussi satisfaisante à votre interlocuteur narquois qu'à votre interlocuteur timide.

Nous avons traité de la manière de faire dans le paragraphe consacré aux pièges de la découverte ; il suffit, on se le rappelle, d'exposer – en prenant appui sur des expériences similaires – et de restituer au client, en parlant à sa place, ce qu'on pense être son raisonnement.

Si le client est timide, il appréciera l'aide que vous manifestez pour formuler son opinion. Si le client cherche à vous mettre dans l'embarras, il comprendra que son stratagème n'a pas réussi avec vous et qu'au fond vous êtes un interlocuteur digne de dialoguer avec lui.

Dans l'un et l'autre cas, selon que votre raisonnement à haute voix aura été juste ou faux, votre interlocuteur approuvera ou rectifiera votre interprétation de ses préoccupations.

LE CLIENT QUI PLACE DES PARAVENTS

Certains interlocuteurs, soit pour ne pas vous faire de peine, soit par lâcheté, ne vous livrent pas le fond de leur pensée. On sent, plus ou moins intuitivement, que les propos du client ne sont qu'un prétexte pour rompre, que l'on demeure à la surface des choses.

La tendance naturelle du vendeur est de ne pas aborder le fond de l'obstacle par peur d'un refus franc et massif, pour garder l'illusion qu'en évitant le cœur de la question, on arrivera un jour à un accord.

Il s'agit bien en effet d'une illusion. S'il n'y a pas d'accord fonda-
mental entre les deux interlocuteurs, la poursuite sur des bases
évanescentes ne fait que différer l'affirmation du désaccord. Autant
le savoir tout de suite.

Il convient donc, face à ce genre de réticences, de débarrasser
l'entretien de ces sortes de paravents, pour aborder lucidement le
cœur de la difficulté, l'objection réelle. Cette démarche demande
moins de courage que de réalisme.

En pratique, on explorera la difficulté apparente pour démasquer le
paravent en pratiquant l'effritement :

> – « *Il y a dans votre remarque quelque chose que je n'arrive pas à com-
> prendre... Pouvez-vous me l'expliquer... ?* »

LE CLIENT QUI VEUT SE SERVIR DE VOUS

Il arrive que certains interlocuteurs, qu'ils aient ou non l'intention
de traiter avec vous, cherchent à utiliser vos services pour faire leur
propre travail.

Il ne s'agit pas à proprement parler d'une objection, mais une maladresse de votre part pourrait gâter l'atmosphère de votre entretien.

Les formes que peuvent revêtir cette demande de service peuvent
être multiples et, dans bien des cas, il est de votre intérêt de rendre
au client le service demandé. Tout ceci est affaire d'appréciation à la
lumière des directives de la politique commerciale qui vous sont
données ou que vous vous êtes définies.

Nous avons retenu ici le cas particulier d'une interrogation de votre
client sur le nouveau produit d'un de vos concurrents. Ce nouveau
produit, votre concurrent est le seul à le fabriquer et votre société n'a
pas l'intention de le suivre. Quelle réponse apporter ?

Il n'est pas question pour vous de vanter ni d'argumenter en faveur du
produit nouveau du concurrent. Vous ne pouvez pas l'ignorer non plus :

ce serait donner à votre client l'impression que vous ne connaissez pas bien le marché et les produits qui sont proposés. Il serait également maladroit de jeter la suspicion sur le produit concurrent.

En fonction des réflexions qui précèdent, nous proposons une démarche en trois étapes :

• Montrer que l'on est informé :

– *« Ma direction commerciale m'a en effet informé de cette nouveauté... »*

On n'insistera pas sur ce que l'on sait précisément du produit.

• Renvoi de la question au client (selon le principe du boomerang) :

– *... « Et vous-même, puisque vous m'en parlez, qu'en savez-vous ? »*

Et sans laisser au client le temps de répondre, le presser de questions pour faire « oublier » le procédé du boomerang.

– *« Avez-vous vu un échantillon de ce produit ?*

– *L'avez-vous essayé ? »*

Si la réponse est positive :

– *« Qu'en pensez-vous ? Quels sont vos projets à ce sujet ? »*

• Esquive :

Il est possible que votre interlocuteur insiste. Alors vous vous esquivez élégamment :

– *« Il me semble que c'est à mon confrère de vous en parler. »*

LES OBSTACLES

Au cours de sa négociation un vendeur est soumis à un certain nombre d'épreuves qui sont autant d'obstacles. Il ne s'agit pas à proprement parler d'objections. Ce sont plutôt des difficultés qu'il faut aplanir. Elles émanent souvent de l'acheteur, parfois du vendeur. Nous allons en examiner quelques-unes.

L'attente excessive

Vous avez pris rendez-vous. Or l'attente se prolonge : vingt minutes, trente minutes, parfois une heure... si vous vous laissez faire.

Après un laps de temps estimé convenable, compte tenu du plus ou moins grand éloignement du client (par exemple après une demi-heure) remettez votre carte à la secrétaire de l'acheteur, avec le libellé suivant :

> – « *Désolé Monsieur Martineau. Ayant pris rendez-vous avec vous j'avais programmé mon emploi du temps. Pour ne pas être en retard chez mon client suivant, je me vois contraint de partir. Je reprendrai contact avec vous.* »

Il s'agit à la fois de donner un coup d'arrêt à ce qui pourrait bien être une tentative d'humiliation de la part de l'acheteur, tout en conservant des relations aussi courtoises que faire se peut.

En tout état de cause, le mot d'excuse écrit (et non verbal) évite une plainte de l'acheteur auprès de votre entreprise (on ne sait jamais...) telle que : – « Votre représentant a pris rendez-vous avec moi et n'est pas venu. » La carte de visite prouve le contraire et dissuade de ce genre de tentative.

La séance de signature

L'acheteur feint d'être occupé par autre chose (par exemple signer les lettres de son parapheur) et vous dit cependant :

> – « *Parlez, je vous écoute.* »

Bien entendu, vous le priez d'achever son travail et vous attendez en silence, sans parler. Si la tactique se prolonge et risque de s'achever par : – « Si vous n'avez rien à me dire, l'entretien est clos ! », faites doucement observer que la proposition que vous avez à faire à l'acheteur requiert son attention.

Négocier avec un personnage qui joue les importants

Certains acheteurs (peut-être pour camoufler une insuffisance) cherchent à mettre en déséquilibre leur visiteur, par exemple en les invitant à prendre place sur un siège plus bas que le leur ou situé au fond d'une grande pièce.

Vous montrerez, avec une touche d'humour, que vous n'êtes pas dupe. Il s'agit de vous imposer comme un interlocuteur avec lequel il faut compter. Probablement cet acheteur vous compare à tous ceux qu'il a avant vous soumis à la même épreuve. Ce personnage se comporte comme un entomologiste qui taquine les insectes pour voir comment ils vont réagir... mais vous n'êtes pas un insecte !

Ce genre d'incident, peu fréquent, est l'occasion de rappeler qu'une négociation ne peut aboutir à la satisfaction mutuelle des deux parties que dans une relation d'égal à égal.

La bible des fournisseurs

Les acheteurs des grandes compagnies tiennent à jour une documentation sur les fournisseurs. L'appartenance de votre entreprise à un groupe industriel ou financier, ses dirigeants, son état de santé financière, etc. n'ont pas de secret pour eux.

Prenez garde que votre personne soit conforme à l'image (favorable) de votre société. Il est indispensable pour tout vendeur de bien connaître son entreprise, ses dirigeants et leurs options, ses produits, ce qui la distingue de ses concurrents, etc. Chaque acheteur va jauger à la fois vos connaissances et votre comportement.

La prise de notes

La prise de notes de l'acheteur n'est pas vraiment un stratagème de sa part pour vous mettre en difficulté. Il prend des notes pour se souvenir de ce qu'il vous a demandé et de vos réponses. Mais si vos réponses fluctuent d'une visite à l'autre, vous serez l'auteur de l'obstacle.

Partir sans commande après une première visite

En temporisant, l'acheteur va comparer les éléments de votre offre à celle de vos concurrents. Pour asseoir son information, il est probable qu'il vous demandera une confirmation écrite. Raison de plus pour utiliser la ou les premières visites pour une découverte aussi complète que possible. Pour des raisons différentes, les intérêts du vendeur et de l'acheteur sont les mêmes : faire durer la relation avant de se prononcer.

Quand le décideur s'éclipse

Le président de l'entreprise cliente vous reçoit, vous présente un jeune et brillant collaborateur qu'il charge de négocier avec vous et s'éclipse sous un prétexte quelconque. Cependant, c'est bien le président qui décide.

Vous allez vous informer : quel genre de décision prend le président ? De quelles informations a-t-il besoin ? Qu'est-ce qui facilitera la présentation de la négociation par le jeune collaborateur ?

Parallèlement, efforcez-vous de comprendre la personnalité de cet interlocuteur pour qu'il ne soit pas un écran mais devienne un allié. Accordez l'importance qu'ils méritent aux conseils que vous donnera ce jeune collaborateur.

Les décideurs sont multiples et ne s'entendent pas entre eux

La négociation de biens d'équipement importants, de services et de systèmes ayant un retentissement sur le fonctionnement de l'entreprise, nécessitent des pourparlers avec plusieurs interlocuteurs. Assez vite, cependant, vous vous rendez compte que les points de vue sont loin d'être unanimes.

Vous engagez des négociations séparées avec chaque personnage impliqué par la décision vous concernant. Recensez soigneusement les points d'accord et de désaccord de chacun. Négociez ensuite les glissements envisageables sur les points de désaccord afin de diminuer les écarts qui subsistent. Confirmez par écrit, systématiquement, tous les accords obtenus[1].

Le gentil et le méchant

Soyez attentif et prenez garde aux mises en scène destinées à vous mettre en difficulté ; apprenez à les contourner.

Au cours de votre négociation, l'acheteur fait entrer sa directrice financière. Celle-ci met votre offre en pièces et se met en colère contre vos prix en invoquant une ou même plusieurs offres concurrentes ; elle peut même vous prendre personnellement à partie.

Quelques instants après, elle quitte la pièce en prétextant la nécessité de sa présence à une autre réunion.

L'acheteur se tourne alors vers vous et vous parlant amicalement, vous prie d'excuser la directrice financière et vous propose des conditions tarifaires et commerciales beaucoup plus raisonnables que celles de l'interlocutrice, mais plus défavorables que celles que vous pourriez accepter.

C'est le moment dangereux. Prenez garde à ce procédé qui consiste à abuser d'une relation soi-disant amicale et à vous proposer des conditions en apparence avantageuses, mais seulement si on les compare à ce qu'exigeait la directrice financière.

Cette dernière, en réalité, a préparé le terrain pour votre interlocuteur, dont la gentillesse n'est qu'apparente. Ces deux-là sont des complices qui espèrent que l'intervention brutale de l'un d'eux, parfois à la limite de l'incorrection, vous bouleversera psychologiquement et vous conduira à rabattre votre prix et vos conditions.

---

1. René Moulinier, *Vendre aux grands comptes*, Éditions d'Organisation.

On veut jouer de vos émotions. Ne soyez pas dupe de ce numéro et dites-le calmement, de façon à faire comprendre que vous lisez clairement dans ce manège indigne. Et vous reprenez alors la négociation comme d'habitude, par exemple en comparant les avantages et les prix de l'offre concurrente et de la vôtre.

Le client est négatif et s'oppose à tout propos

Cet interlocuteur qui semble ne rien accepter est-il indisposé physiquement ou mentalement ? Il serait inopportun d'insister, par exemple en continuant à développer votre argumentation. Constatez plutôt que la conversation semble faire du sur-place et qu'il y a une gêne (« *Il y a quelque chose qui m'échappe. Vos réflexions sont pertinentes, mais je n'en comprends pas l'origine.* »).

Je me suis trompé sur le prix

Se tromper de prix ne donne pas de soi, ni de son entreprise, une image très professionnelle. Avouer une erreur dans le calcul du prix, que vous en soyez l'auteur ou que l'erreur soit imputable au service des devis, annonce une certaine désorganisation des procédures de contrôle chez le fournisseur.

Cependant, le fait est là, l'erreur est humaine et il faut négocier le véritable prix avec le client.

Nous proposons le scénario suivant :

1. « *Pourquoi j'ai voulu vous rencontrer* ». Vous expliquez la genèse de l'affaire, en vous montrant solidaire des services intérieurs s'ils sont responsables et vous annoncez qu'un écart de prix a été constaté.

2. « *Cette situation a débouché sur une proposition inadéquate. Voilà ce qu'aurait dû être la proposition. Voilà le retentissement sur le coût* ». Et vous annoncez le coût supplémentaire ou le coût total révisé.

3. Le client va légitimement protester, déclarer qu'il « ne veut rien savoir, qu'un prix annoncé doit être tenu », etc.

    Vous laisserez s'exprimer le mécontentement du client. Puis, par petites touches, vous le sonderez sur ce qu'il est prêt à accepter, quel prix serait pour lui « convenable ».

4. À présent, vous allez défendre, en douceur, une position dure dans un premier temps : – « *Dans notre entreprise, un prix c'est un prix* ». Ainsi vous tenez un propos qui est le reflet de celui exprimé par le client pendant la phase précédente. Puis vous vous montrez conciliant. Le but de cette phase est de vous permettre d'obtenir un accord sur un montant plus proche du nouveau prix que de l'ancien.

5. Enfin vous différerez la conclusion. Il faut laisser le temps opérer une maturation dans l'esprit du client : la nouvelle a été désagréable ; il lui faut la digérer, l'admettre, s'y habituer.

Réclamation

Une réclamation n'est pas à proprement parler une objection puisqu'elle est fondée sur un événement certain et qui vient de se produire, alors que l'objection prend ses racines dans un événement aléatoire, fondé sur l'ignorance ou la crainte. Cependant la réclamation sera traitée comme une objection.

LE CLIENT.— « *J'ai été mal livré.* » (Ce pourrait être aussi bien : une erreur de facturation, l'oubli d'un avantage promis, etc.).

LE VENDEUR.— « *Voilà qui est fâcheux. Pouvez-vous me dire ce qui s'est passé ?* » (effritement).

Le vendeur prend de toute façon la question au sérieux. Il s'efforce de rester objectif et pousse son investigation de manière à s'assurer de la réalité et de l'origine de ce qui motive la réclamation. Sa société n'est pas forcément responsable de ce qui est arrivé et il doit se montrer perspicace pour situer la responsabilité.

Si la société est réellement impliquée, il se conduit en responsable et prend en main la réclamation du client ; il promet à son interlocuteur d'enquêter rapidement sur ce « léger désordre », et ne manque pas d'activer l'étude du dossier pour apporter la réponse au client. Le vendeur ne s'engage en aucune façon sur une quelconque indemnisation.

Si la responsabilité de ce qui est à l'origine de la réclamation est le fait d'un tiers, le vendeur présentera le résultat de son investigation avec doigté en évitant toute affirmation du genre – « *Je me doutais bien que nous n'étions pas responsables* », « *nous ne pouvons pas nous tromper* », car sait-on si un prochain événement ne le contraindra pas à reconnaître que sa société aussi est faillible...

S'apparente à la réclamation, la critique d'un client :

LE CLIENT.— « *Ce n'est pas du tout ce dont nous étions convenus.* » qui appelle la répartie suivante :

LE VENDEUR.— « *Revenons à notre point de départ. Quelles étaient nos intentions ?* » (effritement).

20 La défense du prix

*« Un bon vendeur, c'est quelqu'un
qui vend plus cher que ses concurrents. »*

LE « DRAME » DU PRIX

Quelle est la cause la plus répandue de la vente au prix-plancher par les représentants ? La pression de la concurrence ? Pas spécialement. Les exigences du client ? Parfois, mais bien moins souvent que ne l'affirment les forces de vente. La peur du représentant de vendre à un prix élevé ? Certainement, dans la plupart des cas.

Vendre à un prix élevé rend mal à l'aise la majeure partie des représentants qui se persuadent – sans nécessité – que s'ils se battent sur une ligne de défense de prix élevé, ils perdront la plupart de leurs affaires.

Alors, pour « amadouer » le client, pour qu'il soit bien disposé à son égard, le vendeur, dès le début de la visite se croit obligé d'annoncer « qu'il a des promotions intéressantes » et que « ses prix sont compétitifs », avant même de savoir ce que recherche le client, si même il a besoin de ce produit et s'il a la moindre idée du prix qui pourra lui être proposé.

Chacun sait qu'à l'image d'un prix élevé s'attache une notion de qualité supérieure, de plus grande performance du produit ou du service proposé.

Est-il donc judicieux pour un vendeur de dévaloriser le produit qu'il présente à sa clientèle en annonçant un « prix compétitif » ? Logiquement la réponse est négative. Mais la question de la défense d'un prix élevé n'est pas du domaine de la logique, mais de celui de la psychologie.

Conséquences d'un échec
à cause d'un prix élevé

Aussi faut-il prendre la question de la défense du prix d'une autre façon, en envisageant – pour les dédramatiser – les conséquences d'un échec pour cause de prix trop élevé. Ces conséquences sont loin d'être entièrement négatives.

Nous supposons ici que l'échec est réellement imputable au prix et que le représentant a correctement évalué le potentiel et la capacité d'acceptation de son client.

Perdre une affaire ou des commandes à cause d'un prix trop élevé a bien sûr pour conséquences internes, du point de vue de l'entreprise, d'avoir à remplacer le manque à gagner, et du point de vue du vendeur, de ne pas atteindre son quota, de risquer de ne pas bénéficier complètement de la prime d'objectif, et de se sentir exposé aux reproches de la direction des ventes.

Mais, pour relativiser cet échec, d'autres questions nous semblent pertinentes :

- Fallait-il vendre à tout prix au risque de ne pas dégager de marge, ou, pire, de vendre avec une marge négative ?
- A-t-on perdu une commande, une affaire ou un client ?
- Est-ce rattrapable ou non ?
- Le client perdu était-il acquis ou à conquérir ?
- Voulait-on réellement emporter la compétition contre la concurrence ?
- S'il s'agissait d'un client acquis, peut-on stratégiquement accepter qu'il s'habitue à un autre fournisseur ?
- S'agissait-il d'un produit très concurrencé ou d'un produit exclusif de votre entreprise ?
- Ce produit dégageait-il une marge substantielle ou faible ?

Sur le plan externe, c'est-à-dire en mesurant les conséquences du refus du client de son point de vue, l'abandon de votre produit au profit d'un produit concurrent est-il un choix indifférent (mais que font donc vos propres services de marketing ?) ou bien y aura-t-il un changement d'habitude (mode d'emploi, dosages, qualités, étiquettes, livraisons, services) qui sera plus ou moins bien accepté par les services du client ?

Toujours sur le plan externe, en se plaçant dans le cadre de la concurrence, on peut estimer qu'un échec ou une série d'échecs en raison d'un prix élevé, renseignent l'entreprise sur la politique commerciale et tarifaire de ses confrères : elle en tirera les conséquences qui s'imposent.

En cas de baisse de prix importante d'un concurrent, que recouvre une telle stratégie agressive ? Une fuite en avant pour oxygéner temporairement sa trésorerie ? Le premier signe d'une reprise du concurrent par un groupe financier solide et ambitieux ? Ce concurrent pourra-t-il pratiquer durablement une telle politique ?

La place laissée au concurrent représente-t-elle une bonne position pour lui ? Il augmente, certes, son chiffre d'affaires ; mais qu'en est-il de sa marge ?

Perdre une position peut éviter un report de l'attaque de votre concurrent chez certains de vos meilleurs clients.

ANNONCEZ UN PRIX ÉLEVÉ

Il n'existe pas de négociation commerciale sans annonce d'un prix. La question est souvent posée à l'initiative du client. Soit au début de l'entretien (« *Vous devez être cher !* » ; « *J'espère que vos prix sont compétitifs* », etc.), soit plus tard (« *Ça va nous coûter combien ce dispositif ?* » ; « *Quel budget faut-il prévoir pour financer ce programme ?* », etc.).

Nombre de commerciaux, pour « amadouer » le client (en réalité parce qu'ils ont une sainte terreur du moment où il faut aborder cette question) commettent l'erreur d'annoncer un bas prix. Ils se placent dans une situation où ils doivent faire des efforts considérables pour faire accepter ensuite le juste prix de leur proposition. Et le client pendant ce temps fait grise mine en voyant s'ajouter « plus-values », « suppléments », « majorations », etc.

Plusieurs tactiques sont envisageables. Toutes se fondent sur l'annonce d'un prix élevé :

- Première tactique, qui utilise le principe de la prévention de l'objection : précéder la question du client en annonçant d'entrée de jeu un prix élevé (sans le chiffrer).

  - *« Je suppose que, compte tenu de notre notoriété et de notre réputation vous ne vous attendez pas à obtenir le prix le plus bas du marché. »*

  Vous observerez que, lorsque vous chiffrerez le prix correspondant à votre produit ou votre prestation – prix somme toute raisonnable compte tenu des avantages personnalisés que vous n'aurez pas manqué de mettre en avant –, votre interlocuteur poussera un soupir de soulagement signifiant : – *« Je m'attendais à un prix hors d'atteinte ; en définitive ça n'est pas aussi cher que je le craignais. »*

- Deuxième tactique : annoncer le chiffrage de l'offre la plus élevée quand le client veut une information sur le « prix probable » en début d'entretien. Vous prenez soin de détailler l'ensemble des composants ou des prestations contenus dans votre offre. Vous enchaînez ensuite en faisant valoir que vous avez un bon espoir que le prix final sera d'un niveau inférieur quand vous aurez pu examiner ce qui est absolument indispensable pour le client.

- Troisième tactique : lorsque votre interlocuteur ne se préoccupe du prix qu'en fin d'entretien, procédez comme pour la deuxième tactique : annonce d'un prix élevé « tout compris », incluant des accessoires et des prestations non indispensables que vous pourrez exclure du dispositif pour alléger le coût final de l'acquisition.

Les effets psychologiques de ces tactiques sont multiples :

- Lors de l'annonce d'un prix, quel qu'il soit, la plupart des clients ont un sursaut. Le prix les inquiète ou les effraie. Mais l'annonce ultérieure ou la promesse que le prix total final sera inférieur joue un rôle sédatif.

- Annoncer un prix élevé et tenter de s'en rapprocher le plus possible en mettant le vendeur dans l'obligation d'explorer soigneusement les besoins et les attentes du client, fait constater au client le professionnalisme de son fournisseur, ce qui entraîne une bonne collaboration à la définition des questions à résoudre et des performances à réaliser.

- Cette découverte minutieuse permet au vendeur d'ajuster aussi exactement que possible l'offre et son coût à ce qui est réellement indispensable et supportable financièrement par le client.

- Psychologiquement, il est plus facile pour un client de comparer un prix final plus faible que le prix d'annonce que l'inverse, c'est-à-dire la comparaison d'un prix final plus élevé que le premier prix évoqué. Dans le second cas l'interlocuteur éprouve le sentiment désagréable d'être obligé de subir des « dépassements budgétaires » ou des « rallonges financières ».

- Le passage d'un prix élevé à un prix plus faible au cours de la négociation, même si la tactique est conduite par le vendeur, donne l'impression au client qu'il a bien négocié.

- Le prix maximum annoncé d'emblée constitue une sorte de référentiel, de « prix de marché » qui facilite les négociations futures par l'habitude que cette tactique crée, et qui permettra plus aisément de se rapprocher d'un prix devenu « légitime » compte tenu d'une certaine qualité des prestations.

QUELQUES EXEMPLES DE RÉPONSES À L'OBJECTION SUR LE PRIX

Nous proposons, à titre d'illustration, quelques réponses à des objections très classiques sur le prix du fournisseur. Bien évidemment, ces réponses ne sont pas à apprendre par cœur : elles ont uniquement pour but d'inspirer vos propres répliques. Malgré la multiplicité des exemples fournis, nous ne prétendons pas faire œuvre encyclopédique. D'autres réponses sont envisageables.

D'une manière générale, et ceci confirme l'esprit du présent chapitre, vous n'avez pas intérêt à vous présenter comme un gagne-petit.

Trop cher

LE CLIENT.— « *Ça me va, mais c'est trop cher* » (crainte).

LE VENDEUR.— « *Votre réflexion me laisse penser que vous avez des éléments de comparaison. Lesquels ?* » (interprétation suivie d'un effritement).

Autre réponse :

– « *Est-ce que cela veut dire que vous dépassez votre budget ? De combien ?* » (affaiblissement suivi d'un effritement).

Vous pouvez encore répliquer :

– « *Feriez-vous confiance à un fournisseur qui ne ferait pas de bénéfices ? Ne seriez-vous pas inquiet des livraisons, des délais, peut-être même de la qualité ?* »

Ou encore pour un revendeur :

– « *N'est-ce pas avant tout une question de bénéfice possible pour vous ?* »

Si votre politique de prix est strictement identique pour tous vos clients :

– « *Personne n'achètera moins cher que vous.* »

Et aussi, avec une pointe d'humour :

– « *Avez-vous une raison spéciale de payer moins ?* »

« Trop cher » ne masque-t-il pas une autre objection ? Par exemple votre interlocuteur n'a pas l'intention de changer de fournisseur, ou il veut vous utiliser comme « lièvre » pour obtenir un prix qui lui permettra de faire baisser le prix de son fournisseur actuel.

Peut-être aussi que ce « trop cher » dissimule un manque d'intérêt pour votre proposition : il n'adhère pas à votre argumentation. Votre découverte a-t-elle été suffisamment poussée ?

Prix trop élevé

LE CLIENT.— « *Vous êtes cher !* »

LE VENDEUR.— « *Je comprends votre souci d'acheter au meilleur prix. Mais quand vous dites que mes articles sont trop chers, à quoi les comparez-vous ?* » (effritement).

Autre solution :

LE VENDEUR.— « *Vous trouvez que les prix que nous pratiquons dépassent légèrement ceux que vous proposent nos confrères ? Ne voulez-vous pas que nous réfléchissions ensemble à votre conception de votre assortiment et que nous regardions comment s'insère notre prix parmi ceux que vous pratiquez vis-à-vis de votre clientèle ?* » (affaiblissement suivi d'une reformulation interprétation).

Troisième solution (classique) :

LE VENDEUR.— « *Quel coefficient multiplicateur appliquez-vous ?* » (effritement).

Le vendeur aidera ensuite son client à raisonner son gain en valeur absolue et fera ressortir la différence positive par rapport à la concurrence.

Avantage indirect

Votre client vous réclame un avantage de prix : par exemple, il veut être livré franco de port pour toute quantité.

LE VENDEUR.— *« Vous évoquez les conditions de livraison. Pour aborder cette question en connaissance de cause, pouvons-nous parler de votre politique d'approvisionnement ?...*
Comment voyez-vous notre collaboration à venir ? » (effritement).

Consentir un rabais

Les temps sont difficiles. Quand on doit consentir des rabais, par exemple pour continuer à faire tourner l'instrument de production, pour sauvegarder les emplois, pour parvenir à une série économique, essayez de changer les données de la question. Par exemple, si cela est envisageable, transférez la demande vers un autre article de fabrication moins coûteuse, ou bien tentez d'obtenir une quantité plus importante ou un délai plus long.

Mais verrouillez en demandant un accord formel ou une contrepartie :

– *« Donnez-moi des armes pour plaider ce rabais auprès de ma direction ».*

Et rassurez le client : il n'a pas payé trop cher ce même produit dans le passé, la qualité sera maintenue...

Céder sur le prix

Tous les prétextes sont bons pour vos clients de vous demander un avantage supplémentaire. Bien souvent votre interlocuteur vous demande cela par principe, sans avoir une idée du juste prix.

Face à cette demande, il vous faut prendre du recul, évoquer des lignes de défense (préparées à l'avance) et ne rien promettre. Vous commencez par faire du spectacle :

– *« C'est une faveur que vous me demandez. Ce sera difficile à arranger. Je ne m'engage pas à vous apporter une réponse satisfaisante. »* (exagération).

Ne commettez pas l'erreur de vous abriter derrière votre supérieur ; ce serait vous faire passer pour un simple porteur de messages de votre direction et donc d'être sans consistance vis-à-vis de votre interlocuteur.

Vous pouvez continuer ainsi :

- « *Nous allons en discuter en commission commerciale et, bien entendu, je vais plaider votre cause au mieux de nos intérêts réciproques.* » (affaiblissement).

De toute façon, différez l'annonce du prix « ajusté », même si vous avez le pouvoir de l'accorder immédiatement.

Annoncez-le au besoin par téléphone quelques heures après votre entretien, si la décision nécessite l'urgence.

Par ce procédé, vous traitez la demande avec sérieux et respect, vous ne prenez aucun engagement et paraissez pleinement responsable des avantages – et aussi des refus – vis-à-vis de votre interlocuteur. Celui-ci, même si sa demande a été éconduite, aura le sentiment de traiter avec un interlocuteur de poids.

VOS PRIX BAISSENT ?
NE VOUS RÉJOUISSEZ PAS TROP VITE

L'annonce d'une baisse de prix des produits est en général favorablement accueillie par la force de vente. « *Enfin, pensent-ils, nous allons pouvoir satisfaire tous les clients qui trouvaient nos prix trop élevés.* » Est-ce bien certain ? Attendez, ça n'est pas si simple.

Mettons-nous un instant à la place du client à qui l'on annonce une baisse des prix. Vous pensez qu'il va se réjouir d'acheter à meilleur compte et que votre commande n'a plus qu'à être cueillie ? Ça n'est pas aussi sûr que vous le pensez.

L'initiative d'un fournisseur de baisser spontanément son prix engendre un certain nombre de soupçons chez le client :

- Ce produit, cet article a-t-il la même composition ? Est-il construit avec les mêmes composants ? Est-il de la même qualité ?

- Ce fournisseur n'est-il pas en difficulté financière ? Ne baisse-t-il pas ses prix pour vendre rapidement plus de produits et s'assurer des ressources de trésorerie qui lui permettraient de passer un mauvais cap ? Cette entreprise n'est-elle pas entrée dans un processus de déclin qui risque de la rayer de la carte à court terme ? Convient-il dès lors de rester fidèle à ce fournisseur ?

- Si ce fournisseur diminue ses prix, il va entraîner ses concurrents dans une spirale de baisse ; ce prix en baisse est-il dès lors le prix plancher ? Il est peut-être urgent d'attendre...

- Ce modèle n'est-il pas soldé parce qu'un nouveau modèle, avec un autre design est sur le point de sortir et qu'il faut liquider les stocks ? Ne faut-il pas attendre ?

- Ce produit fait peut-être partie d'une série mal fabriquée ; bien que les défauts ne soient pas apparents, ne vont-ils pas se révéler à l'usage ?

Bien entendu, vous ne pouvez laisser votre client être la proie de ces doutes. Soyez extrêmement attentif à sa réaction lorsque vous lui annoncez la « bonne nouvelle » d'un prix en baisse. Il vous faut l'observer de la même façon que lorsque vous lui annonciez un prix élevé.

Si vous sentez la moindre hésitation chez votre interlocuteur, explorez les raisons de son doute. Et compensez par l'argumentation appropriée.

Premier doute : le changement de composition ou de composants. Expliquez-lui selon le cas que la qualité est absolument identique, mais que le processus de fabrication a été simplifié, ce qui a entraîné une baisse des prix de revient ; ou bien que certains composants plus onéreux ont été remplacés par d'autres avec la même fonctionnalité et la même garantie.

Deuxième doute : la mauvaise santé financière. Faites état incidemment de l'amélioration de la rentabilité de votre entreprise, expliquée par une augmentation du chiffre d'affaires et par le maintien des frais fixes. Ne faites cependant pas trop état d'une éclatante rentabilité : elle pourrait bien inspirer à votre acheteur la revendication d'une baisse de prix plus importante que celle annoncée spontanément par vous.

Troisième doute : l'amorce d'une baisse générale des prix sur ce marché. N'oubliez pas de signaler que « malheureusement » ce n'est pas le cas de tous les produits de votre catalogue et que certains prix viennent d'être relevés. Indiquez, si c'est le cas, que vous répercutez la baisse du prix d'un des composants ou d'une matière première, dont rien ne dit que dans six mois, en raison des fluctuations des cours, les prix ne seront pas sensiblement relevés. Et qu'il convient donc de ne pas attendre pour engranger des articles tant qu'ils sont à un prix aussi favorable.

Quatrième doute : la fin de série est soldée. Développez, si vous pouvez utiliser un tel argument, la volonté de classicisme du design de vos produits qui mettent vos gammes à l'abri des fluctuations de la mode et qui assurent une belle longévité à vos produits sans modification. En revanche, la fin de la période d'amortissement de la ligne de fabrication explique la baisse du prix offerte à la clientèle la plus fidèle.

Cinquième doute : la série défectueuse. Rappelez la mise en place du « challenge zéro défaut » à tous les stades de la production, depuis le contrôle des produits achetés jusqu'au conditionnement. Soulignez que les articles défectueux sont soit systématiquement rejetés par le contrôle qualité, soit proposés à certains clients (soldeurs) avec mention explicite de l'imperfection constatée.

Complétez cette argumentation par l'un des éléments qui précèdent et qui expliquent la baisse de prix.

De plus, chaque fois que cela correspond à la réalité, profitez-en pour imprégner l'esprit de votre client du succès de votre marketing qui permet à votre entreprise, en gagnant des parts de marché, par des séries de fabrication plus importantes de baisser les prix de revient unitaires et de les répercuter, selon le cas, soit sur les meilleurs clients (« ceux qui nous ont aidé à bâtir notre réussite »), soit sur l'ensemble de la clientèle.

COMMENT AUGMENTER SES PRIX
SANS PERDRE SES CLIENTS ?

Quand un de nos clients nous interroge sur ce qu'il convient de faire pour masquer ou dissimuler une hausse des prix de ses produits à ses clients et nous demande si nous avons des procédés particuliers, nous différons notre réponse pour un certain nombre de raisons : tout fidèle lecteur de nos livres a compris que nous sommes adepte de la transparence et de la vérité dans la relation entre un fournisseur et son client. Nous récusons donc *a priori* toute démarche qui consistera à masquer un prix majoré. Ensuite, il n'existe pas de solution universelle applicable à tous les clients indistinctement.

La recherche d'idées pour faire accepter un prix majoré ne peut venir que d'une très bonne connaissance des clients et de la relation qu'ils ont avec les produits et services que vous leur vendez.

Il faut aussi comprendre comment psychologiquement un client reçoit l'annonce d'un prix augmenté. Aujourd'hui, pour lui, comme pour le grand public, même dans une relation entre entreprises (ce qu'on appelle *B to B* chez les Anglo-Saxons), l'inflation étant négligeable, il s'attend à une stabilité des prix de ses fournisseurs.

Il fera toutefois exception pour les produits tributaires des variations des cours mondiaux des matières premières tels que le pétrole, le lait, le blé, etc. parce que l'information sur la tension des prix est largement diffusée. On notera ainsi la place de l'information dans l'évolution du ressenti des acheteurs face à la hausse des prix.

Dans tous les autres cas, une augmentation du prix ne peut être liée qu'à des services supplémentaires ou à une meilleure performance visible du produit, de l'équipement ou du service concerné.

En l'absence de ces justifications ou si la justification est mal perçue, le comportement naturel d'un acheteur professionnel, qui jusqu'alors se satisfaisait d'une situation d'équilibre entre son fournisseur et son entreprise, dès lors qu'unilatéralement son fournisseur rompt cet équilibre, sera d'interroger les fournisseurs concurrents pour trouver une meilleure offre de prix. On comprend qu'une hausse des prix mal acceptée est porteuse du risque de perte de clientèle.

Nous retiendrons que l'information qui précède l'annonce de l'augmentation des prix doit être particulièrement soignée car elle est chargée de préparer psychologiquement le client à son acceptation de bon gré. Cette information concerne au premier chef les commerciaux du fournisseur dont, au moyen de la formation, on mettra au point la manière habile de présenter le nouveau barème tarifaire.

Comment réaliser les services supplémentaires ? Comment améliorer les performances visibles du produit dont nous faisions état ci-dessus ? Faut-il créer des nouveaux produits qui se substitueraient aux produits actuels mais avec un prix plus élevé ? Une telle idée n'est guère envisageable, notamment quand le fournisseur est une petite ou moyenne entreprise.

En d'autres termes, comment être créatif et trouver des idées pour justifier l'augmentation des prix ? Nous ne voyons qu'une seule méthode efficace. Elle consiste à partir de la connaissance détaillée et précise de la situation et des besoins réels du client.

Voici un exemple de la démarche que vous pouvez effectuer. Quand se prépare la perspective d'une augmentation de vos prix, que l'origine en soit la volonté d'accroître la profitabilité de votre entreprise ou la répercussion de la hausse de vos coûts, prenez l'initiative de proposer à quelques clients représentatifs de votre portefeuille de clientèle un échange en profondeur – sans préoccupation de prise de commande – avec une visite du « circuit » de vos produits, biens d'équipement ou service au sein de l'entreprise cliente. Soyez attentif au moindre détail auquel votre entreprise pourrait apporter une amélioration.

Par exemple, il est possible que les produits que vous livrez sur palette donnent lieu à des manipulations multiples et coûteuses pour votre client. Chiffrez avec lui le coût de ces manipulations. Si votre entreprise est susceptible d'éliminer ces manutentions par la livraison de plus petites unités de vente directement sur le lieu d'utilisation chez votre client, ce nouveau service sera tarifé, par exemple à la moitié du coût des manutentions pour le client, tout en étant plus rémunérateur pour vous, fournisseur.

Vous pouvez aussi vous inspirer du principe du *yield management* qui consiste à établir une tarification différente selon les moments de pointe de commandes du jour, de la semaine ou de l'année, ou selon le taux de remplissage (comme avec les avions et les TGV), ceci afin d'obtenir à la fois un meilleur étalement de vos fabrications ou prestations et une hausse substantielle de vos prix aux périodes de pointe.

CLIENTS INDÉLICATS : DÉLAIS DE RÈGLEMENT EXCESSIFS

Bien que vous ayez pris les précautions nécessaires en indiquant dans vos conditions générales de vente ou d'intervention que vos factures étaient payables « au comptant sans escompte » ou « à trente jours » (usage européen), certains clients – parfois volontairement, l'argent dû aux fournisseurs étant placé et assurant un rendement financier important – doivent faire l'objet de relances.

Même si les arguments développés ici laissent insensibles les clients de mauvaise foi, ils peuvent avoir de l'effet auprès des clients « distraits ».

• Conséquence sur les prix : « *Nos prix sont calculés avec une marge réduite. Nous ne pourrons continuer à vous les consentir que si nos factures sont payées strictement aux dates convenues* ».

• Conséquence sur la gestion : « *Le délai de paiement est échu depuis deux mois. Notre marge a été entièrement absorbée par les frais de relance et les agios bancaires* ».

• Conséquence sur le fonctionnement de l'entreprise : « *Notre entreprise doit disposer d'une trésorerie normale. Pour pouvoir assurer les services que nous vous rendons, nous devons, comme toute entreprise, acheter du matériel, payer les salaires et les charges sociales* ».

Si le nombre de clients indélicats prend de l'importance, il faudra inclure dans vos conditions générales de vente une disposition prévoyant « qu'après un délai de trente jours (par exemple), tout retard de paiement donnera lieu au paiement d'agios au taux de 1 % (par exemple) par mois ou par fraction de mois au-delà du délai convenu », et... la mettre à exécution.

- La menace de mise en contentieux a un peu plus d'efficacité que les arguments précédents ; elle a pour inconvénient de détruire la relation commerciale. Il convient donc de l'employer à bon escient : « *Si votre règlement ne nous est pas parvenu le 25 avril nous engagerons contre vous un recours contentieux à vos dépens* ».

LA REPRISE DES INVENDUS

La revendication des distributeurs de reprise des invendus par le fournisseur paraît, de prime abord saugrenue.

Est-elle l'aveu de l'incompétence du commerçant qui veut bien accepter la mise en vente d'une marchandise sans savoir s'il dispose de la clientèle qui lui permettra de l'écouler dans un délai raisonnable ?

Est-elle la contrepartie d'une vente « à l'arraché » au cours de laquelle le vendeur a abusé de son pouvoir d'influence pour charger le point de vente au-delà de sa réelle capacité ?

Quoi qu'il en soit, la demande de reprise des invendus est périodiquement formulée ici et là. Que peut-on en penser ? Quelle attitude le fabricant ou le grossiste doit-il adopter ?

Le fil conducteur du raisonnement nous semble être plutôt d'ordre financier.

Quelle est la contrepartie de la marge du distributeur ? Elle rémunère le service de rapprochement de la marchandise du consommateur, donc les frais de gestion y afférent, ainsi que la part de risque prise dans cette démarche. On doit donc considérer que la marge du distributeur recouvre particulièrement le risque de mévente (la marchandise étant alors soldée par le point de vente).

Dès lors que l'acheteur spécialisé d'un point de vente ou d'une centrale d'achats réclame la reprise des invendus, le fournisseur semble être fondé à pratiquer un autre prix de vente, qui devrait se traduire par une diminution corrélative de la marge du distributeur. En effet le risque de l'invendu et son financement (frais de reprise de la marchandise, transport, détérioration de la marchandise au cours de l'exposition et des manipulations successives) sont supportés par le fournisseur.

Ainsi, aussi bien pour encourager les acheteurs des points de vente et des centrales d'achats à se comporter en véritables professionnels du commerce, que pour les dissuader de revendiquer la reprise des invendus, conviendrait-il pour les fournisseurs de définir et de tenir une ligne de conduite bien structurée en matière tarifaire : un tarif normal pour les surfaces de vente qui achètent ferme et un tarif majoré pour celles qui éludent leur responsabilité.

L'ACHETEUR DE LA GRANDE SURFACE RÉCLAME UN CHÈQUE

Quand l'acheteur de la grande surface réclame un chèque de référencement, de participation, etc. :

- Arrangez-vous pour que les exigences de l'acheteur soient exprimées avant d'annoncer votre prix et vos conditions. (Cela fait partie de la découverte).
- Vous intégrez alors le chèque, la R.F.A. ou tout autre avantage financier dans le prix que vous comptiez accorder à ce client.
- Si vous avez abattu trop tôt vos cartes, faites observer que le « chèque » s'intègre dans les conditions consenties et faites préciser à votre interlocuteur qu'il désire bien qu'« une partie » de ces conditions soient versées sous forme de chèque. En général ces

chèques sont comptabilisés à part et portés au crédit (moral) des négociations de l'acheteur.

En tout état de cause, vous ne pouvez pas accepter que la remise sous forme de chèque vienne s'ajouter aux remises déjà consenties.

Ces commentaires mettent encore mieux en évidence, si cela était nécessaire, l'impératif absolu de n'annoncer son prix définitif et ses conditions qu'après la découverte complète des modalités de la collaboration entre le distributeur et le fabricant.

LA NÉGOCIATION DU PRIX DÉBOUCHE SUR UNE MENACE DE DÉRÉFÉRENCEMENT

Parce que vous refusez ce que vous considérez comme une exigence financière sans contrepartie du directeur d'une grande surface, celui-ci menace de vous déréférencer.

Outre qu'une telle mesure contrevient aux dispositions légales, le négociateur commercial doit défendre le courant d'affaires existant entre le fournisseur et la grande surface sans que l'un perde la face et l'autre cède à des conditions exorbitantes.

À la menace de déréférencement, le commercial prendra acte de la menace en restant calme. Il demandera à son interlocuteur :

– « *Est-ce bien votre intérêt ?* »

Et il poursuivra, d'un ton tranquille, sans ironie ni arrogance, en douceur :

– « *Réfléchissons. Vous vous privez, en envisageant une mesure aussi extrême, du chiffre d'affaires que nous réalisons ensemble et de la marge qui en résulte. Ce chiffre d'affaires, vous l'apportez directement et gratuitement à vos concurrents qui se donnent déjà beaucoup de mal pour vous prendre des clients. Et ces clients qui vont rechercher nos produits chez votre concurrent, qui sait s'ils ne découvriront pas d'autres produits que ceux que l'on trouve chez vous et qui les attacheront à cet autre magasin ? Je me pose la question : est-ce bien votre intérêt ? »*

Et le commercial, après avoir répondu à la « menace d'explosion nucléaire » par une évocation aussi menaçante, de rapprocher les points de vue :

– *« Allons… nous sommes partenaires commerciaux depuis tant d'années ! On ne va pas se faire des misères. Nous allons rechercher une solution raisonnable. »*

Il poursuivra en négociant des contreparties, tout en cédant de façon minime, de manière à ce que le résultat soit économiquement équilibré : mise en avant, accroissement des volumes commandés, entrée d'un produit nouveau sans budget de référencement, etc.

VOUS AVEZ VENDU. SEREZ-VOUS PAYÉ ?

Les renards de la vente savent renifler, spécialement quand ils se trouvent en face d'un prospect qui ne fait pas de difficulté à leur passer une première commande d'importance, que peut-être celui-là est asphyxié par la surveillance de son crédit par ses autres fournisseurs et est heureux de trouver un naïf qui le livrera, alors qu'il est « à la cote » et en grave difficulté financière.

Non pas que tous les prospects qui se décident rapidement à vous confier une première affaire importante soient tous suspects, bien entendu.

Il faut être lucide : la Loi protège mieux les candidats à la faillite que leurs créanciers (une certaine idéologie peu favorable à la santé des entreprise de bonne foi et rigoureusement conduites a inspiré l'évolution de la jurisprudence).

Et la « réserve de propriété » qui prétend que le fournisseur est réputé propriétaire de la marchandise ou du matériel livré tant que le paiement n'est pas effectué, dans la mesure où elle interdit au créancier de se faire justice lui-même (par exemple en allant reprendre la marchandise ou le matériel alors qu'il est encore temps) rend cette clause illusoire.

Nombreux, en conséquence, sont ceux qui savent qu'une faillite est une bonne affaire... pour eux. Ils achètent des marchandises à crédit, les revendent ou les déplacent en utilisant astucieusement l'article 2279, alinéa 1, du Code Civil (« En fait de meubles la possession vaut titre ») et font disparaître le produit de la vente ; lorsque les créanciers se présentent devant le tribunal, l'entreprise du client est dissoute et il n'y a plus ni marchandise, ni disponibilité.

LES SECRETS DES RENARDS DE LA VENTE

Les vendeurs expérimentés n'ont pratiquement pas d'impayé à leur passif. Ont-il un secret ? Non, mais ils sont attentifs à plusieurs signaux qui les alertent :

- Augmentation subite des quantités commandées, sans que l'affaire du client ne le justifie.
- Commandes importantes et urgentes qui arrivent à l'entreprise en période de forte vente, alors que les contrôles internes du fournisseur, un peu débordés sont moins vigilants.
- Informations comptables et financières fournies par le client non vérifiables et dénuées de tout commentaire.
- Références du client qui ne peuvent être vérifiées parce que les personnes ou les sociétés citées ne peuvent pas être jointes ou ne veulent pas fournir de renseignements.
- L'entreprise cliente change brusquement de dirigeants et l'origine des capitaux est obscure.

DIX PRINCIPES POUR DÉFENDRE SON PRIX

1. Un prix élevé induit une haute qualité.

2. Baisser son prix, c'est avouer, qu'on le veuille ou qu'on s'en défende, qu'on a rogné sur quelques avantages.

3. Quand on a baissé un prix, il est toujours difficile de le relever ensuite.

4. La qualité de vos produits et de vos services – et donc la justification de leur prix élevé – est portée par l'apparence, le langage, l'entrée en matière, les méthodes qui signalent que le vendeur est un grand professionnel.

5. La rémunération, avec une bonne proportion de primes sur marge, favorise la défense du prix par les commerciaux.

6. Le prix est la contrepartie des avantages personnalisés perçus par celui ou ceux qui contribuent à la décision d'achat. Il faut en conséquence développer la connaissance détaillée et approfondie des circuits de décision et isoler le ou les personnages pour lesquels le prix est un point sensible.

7. Un prix ne s'annonce qu'après avoir développé les avantages personnalisés du produit ou du service que vous vendez, eux-mêmes tributaires de la découverte.

8. Face à une demande de prix du client, d'entrée de jeu, le vendeur répond par un écran.

9. Votre prix de revient ne regarde pas votre client.

10. La seule vérité du prix, c'est le prix le plus élevé qu'est capable d'absorber le marché.

21 Le marchandage

Pourquoi un client marchande-t-il ? Ses raisons peuvent être multiples.

- Il veut obtenir un prix moins élevé ;
- Il veut acheter à un prix qui lui permettra d'être plus compétitif que ses concurrents (soit qu'il intègre le produit acheté dans ses fabrications, soit qu'il achète pour revendre (grossistes, grande surfaces, détaillants) ;
- Il a peur de « se faire avoir » ;
- Il ne connaît pas le prix de ce qu'il désire acquérir et le situe intuitivement à un niveau plus bas que celui qui lui est proposé ;
- Corollaire de ce qui précède, il veut connaître le prix du marché ;
- Le prix en baisse qu'il obtiendrait d'un nouveau fournisseur lui permet de faire pression sur son fournisseur actuel ;
- La pression sur le prix est un élément tactique pour obtenir d'autres avantages au cours de la négociation ;
- Il masque par son objection sur le prix une autre objection plus importante de son point de vue ;
- Il veut prouver sa compétence ou justifier sa position auprès de sa hiérarchie (« *Je suis rentable, je paie mon salaire* ») ;
- Par tempérament il souhaite marquer des points et dominer le vendeur ;
- Il « tente le coup », en sachant que la plupart du temps son interlocuteur cède.

LES CHAMPS DU MARCHANDAGE

Le marchandage est une phase de la négociation que redoute tout vendeur, spécialement quand il vend des produits de grande consommation aux grandes surfaces. C'est un moment où l'acheteur justifie sa position et sa rémunération. Il raisonne en termes d'acquisition du produit, de l'équipement ou du service à un prix moindre ou en dégageant, pour les produits que l'on revend, une marge supérieure.

Cependant, le marchandage ne se limite pas au seul prix. Il se glisse insidieusement dans une multitude d'aspects qui, si le chargé de négociation n'y prend pas garde, auront un impact direct ou indirect sur la rentabilité du fournisseur.

Financier

- Prix de vente, escompte pour règlement comptant
- Remise sur facture, remise de fin d'année (bonification de fin d'année)
- Conditions de crédit
- Prêt financier

Logistique des approvisionnements

- Délai de livraison
- Régularité des commandes
- Quantités ou volumes commandés
- Conditionnement
- Transport
- Stock de dépannage
- Stockage en entrepôt proche du lieu de livraison aux frais du fournisseur
- Livraisons automatiques

Services

- Échantillonnage gratuit ou à prix promotionnel
- Installation d'essai
- Garantie
- Assurance
- Campagne de publicité
- Campagne promotionnelle

Si le coût des avantages financiers et des services est relativement facile à calculer – ce qui ne veut pas dire que le chargé de négociation en soit conscient – les coûts d'approvisionnement sont moins aisés à établir.

En tout état de cause, céder à la sollicitation appuyée de l'acheteur peut transformer une vente normalement rémunératrice en une vente à prix coûtant, voire à perte.

PRENDRE CONSCIENCE DES CONSÉQUENCES D'UN MARCHANDAGE NON MAÎTRISÉ

Essayez de répondre aux questions suivantes : si vous n'avez pas la réponse, demandez au chef comptable ou au contrôleur de gestion de vous fournir les éléments de coût. La santé financière de votre entreprise est concernée :

- Coût d'un délai de règlement reculé d'un mois sur un montant de 1 500 euros ?
- Diminution du coût de revient total d'un équipement important (par exemple 200 000 euros) assorti d'un prêt sur cinq ans, inférieur de 1 % aux conditions les meilleures du marché financier du moment ?
- Quantités supplémentaires à vendre, pour maintenir un volume de marge équivalent, pour 1 % supplémentaire de remise sur facture ?

- Même question que la précédente, pour 1 % supplémentaire de remise de fin d'année.
- Coût de livraison d'une pièce détachée en service rapide, incluant la préparation de la commande et son traitement, l'emballage, le transport ?
- Même calcul si cette pièce est livrée avec un ensemble de pièces détachées, à l'occasion d'un circuit de livraison et dans un délai normal.
- Coût du stockage, incluant les frais d'occupation du local de stockage, les frais financiers d'immobilisation de capitaux pour une durée d'un mois, de trois mois, d'un an, de deux ans ?
- Prix de revient de fabrication d'un échantillon ; mise en fabrication, éventuellement découpe, stockage, conditionnement, etc. ?
- Coût réel de l'exercice des garanties par les clients pendant une année ?
- Quel est le pourcentage du coût des garanties rapporté au chiffre d'affaires ?
- Si la garantie et autres responsabilités du fournisseur sont couvertes par une assurance, quel est le pourcentage du coût de l'assurance rapporté au chiffre d'affaires ?
- Une opération promotionnelle est censée contribuer au développement des ventes. Quel nombre d'unités supplémentaires doivent-elles être vendues pour rembourser le coût de la promotion ?
- Même question pour une campagne de publicité.

Le traitement du marchandage s'inspirera des formulations que nous avons composées dans le chapitre précédent sur la défense du prix[1].

---

1. On se référera également à la séquence 49 « Comment déjouer le marchandage » des *Entretiens de Vente*, du même auteur (Les Éditions d'Organisation, 1997).

Nombreux sont ceux qui déclarent aimer le changement. Personne ou presque n'aime le réaliser. Ce n'est pas seulement une vérité de politique. C'est vrai de toute recherche de modification d'un comportement.

Entrent en jeu des résistances. En esprit, chacun s'affirme, sans doute sincèrement, pour le changement. Celui-ci a-t-il opéré un changement d'attitude ? On en doute, car quand il faut passer à l'acte, qui est d'ordre comportemental, rien ne va plus.

Ce qui signifie que, lorsqu'on croit avoir « vendu » l'idée, on pense avoir fait accepter le message à son interlocuteur et on estime que, logiquement, le résultat souhaité sera obtenu. Or rien n'arrive.

Donc il faut aller plus loin, continuer à suivre son affaire, voir où cela bloque : raisons psychologiques ? Force de l'habitude ? Ah le terrible adversaire du vendeur qu'est la routine !

Que notre entretien soit bref ou qu'il ait duré plusieurs heures, vient le moment où il doit trouver sa conclusion.

Mais conclure un entretien ne peut se limiter à constater que l'on n'a plus rien à se dire et que, en conséquence, il est temps de se quitter.

Tout entretien – tout entretien de vente notamment – a eu au moins pour objectif de faire progresser notre interlocuteur vers la décision, que celle-ci soit positive ou négative.

Nous avons souvent été frappés du nombre d'entretiens qui s'achèvent en points de suspension. On a parlé, certes, mais aucun des deux interlocuteurs ne s'est soucié en fin d'entretien d'en analyser les résultats.

Qu'est-ce que conclure ?

Conclure, c'est faire s'engager le client. En d'autres termes, c'est essayer de tirer la quintessence d'un entretien non pas en faisant un constat objectif, mais plutôt en profitant de cette analyse pour entraîner l'interlocuteur vers la décision que nous estimons devoir lui faire prendre.

Les issues positives d'un entretien sont multiples :

• Ce peut être un accord. Par exemple une commande.

• Il peut exister une avance. Dans une négociation par étapes, on constate un progrès significatif.

• Ce peut être une affaire à suivre. Dans le même cas de figure, au cours de l'entretien on a fait du « sur-place », mais il y a des perspectives encourageantes.

• Il peut y avoir une dégradation. L'entretien se solde par un recul de nos chances.

• On peut rencontrer l'échec. Nous avons perdu une bataille. Avons-nous pour autant perdu l'enjeu ?

En tout état de cause, il faut constater l'état final des positions au terme de chaque entretien.

Conclure est difficile

On pourrait croire que, après une solide argumentation fortement chevillée aux motivations de l'interlocuteur, celui-ci devrait, sans plus de sollicitation de notre part, nous donner son accord.

Et cependant votre interlocuteur hésite. Acheter, se décider tout de suite, ne va pas de soi. Il a besoin d'être encouragé.

La phase de la conclusion est considérée par une proportion notable de commerciaux comme le moment le plus difficile d'une négociation de vente. Cette difficulté est révélatrice d'un mauvais contrôle de la négociation par le vendeur : découverte insuffisante, argumentation développée à l'excès et décalée par rapport aux attentes du client ; le client est noyé sous le flot des paroles ou se prend à hésiter : « Qui veut trop prouver détruit sa cause ». Dès lors on peut comprendre l'hésitation du vendeur quand il faut trancher.

De plus, nombre de commerciaux ont quelques scrupules à forcer la décision du client. S'y entremêle un sentiment d'anxiété au moment de la conclusion, explicable par une double crainte, aggravé parfois par le défaitisme du vendeur (« *Jamais le client n'acceptera...* ») :

• Crainte, en cas de refus du client de perdre une espérance ;
• Crainte, en proposant de conclure, de déclencher le marchandage du client.

Notons en passant que cette seconde crainte relève d'une confusion entre la discussion du prix et l'accord final. L'expérience montre qu'un client peut parfaitement discuter votre prix sans conclure avec vous : en effet le prix que vous lui aurez concédé lui servira de référence pour obtenir une baisse de prix de son fournisseur habituel et lui rester fidèle !

Ainsi les raisons sont multiples pour que le vendeur diffère le moment où le client va se prononcer par « oui » ou « non ».

LES OBSTACLES DE LA CONCLUSION

Mais après tout, est-ce bien au vendeur de donner le signal de la conclusion ? En bonne logique, c'est au client qu'il appartient de prendre sa décision. Pourtant le client a, de son côté, de bonnes raisons de ne pas conclure.

• Choisir, c'est refuser une ou plusieurs autres solutions. Par exemple, choisir de changer de fournisseur, c'est changer d'habitudes, c'est parfois rompre avec un tissu de complicités. Ça n'est pas si facile.

- Le client peut craindre de se lier à un vendeur, dont il ne sait pas encore si son argumentation et les preuves annoncées sont tout à fait sincères.

- La personne rencontrée par le vendeur chez le client peut ne pas être le bon interlocuteur. Par exemple, le vendeur a négocié avec quelqu'un qui joue les importants et lui a laissé croire qu'il avait un pouvoir de décision, alors qu'il n'en est rien[1]. Cet interlocuteur, en somme « le concierge de l'immeuble » n'est pas fondé à donner le moindre accord.

- Le commercial se trouve bien en présence d'un interlocuteur qui participe à la décision, mais il n'est pas le seul. Il se trouve au cœur d'un réseau de prise de décision d'achat dont il devra détecter et rencontrer toutes les composantes pour que l'accord soit possible[1].

- La décision à prendre par l'acheteur n'est pas si simple, car elle met en œuvre des procédures complexes qui échappent au commercial[1].

- L'interlocuteur peut être de naturel indécis. Il peut avoir l'esprit de contradiction (« *Oui, mais...* », « *Non car...* ») et se jouer du vendeur.

- Le client a placé peu d'obstacles au cours de l'entretien de vente, comme s'il ignorait qu'à son terme il devrait s'engager. Au moment où l'on passe aux « choses sérieuses », il se rétracte, se montre résistant et cherche dès lors à se dérober.

- Les vendeurs, comme les hommes politiques, ont la réputation d'être des menteurs. Les menteurs se recrutent aussi chez les acheteurs.

- L'acheteur, échaudé par quelques précédents fâcheux, se montre méfiant ou réservé. Il estime qu'il est urgent d'attendre et ne s'engage pas pendant la négociation.

- Variante, peut-être plus redoutable de la situation précédente, le client manifeste un enthousiasme de pure façade et laisse entrevoir

---

1. Lire à ce sujet *Vendre aux grands comptes, op. cit.*

une acceptation qui ne repose sur aucun fondement. Le client agit ainsi soit par tempérament, soit par jeu tactique pour éconduire les visiteurs.

- Parce qu'il est rusé, le client se dit qu'il a tout intérêt à remettre l'accord à plus tard ou à n'accepter que le minimum.
- S'il s'agit d'un particulier, l'achat, surtout s'il est important, peut être culpabilisant. Alors il regimbe, tergiverse, se sent pris de scrupules.
- Par son caractère « public » l'achat professionnel est inquiétant : la décision d'achat est connue de plusieurs personnes qui gravitent autour de l'acheteur ; acheter, c'est se faire prendre, c'est s'engager, c'est endosser une responsabilité, c'est s'enfermer dans une solution dont on aura à rendre des comptes.
- Tant qu'aucun choix n'est fait, l'acheteur conserve sa liberté. En choisissant il l'aliène.

Les indécis alimenteraient-ils particulièrement l'espèce des acheteurs ? Bien évidemment, non.

Tous nos interlocuteurs ne sont pas abouliques, bien entendu. Ils ne sont pas de ces personnages de Tchekov, incapables de prendre la moindre décision et se complaisant dans les délices de virtualités qu'un peu de volonté leur permettrait de saisir. Et pourtant nous sommes tous, peu ou prou, portés à hésiter, surtout quand le choix revêt une certaine importance.

On sait qu'un individu se décide d'autant plus facilement qu'on trouve en lui des qualités d'activité, de vigueur, d'impulsivité, de leadership, de stabilité émotionnelle, de sociabilité, de réflexion, d'esprit d'initiative.

Dans la mesure où cet interlocuteur idéal n'existe qu'en un petit nombre d'exemplaires, c'est au vendeur qu'il appartient de compenser cette espèce de déficit de l'aptitude à la décision de son client. Il faut donc que le client soit assisté dans sa prise de décision.

De plus, le client estime que si le vendeur s'est déplacé, c'est avec l'intention de faire avancer la négociation en cours.

QUI A LA RESPONSABILITÉ DE LA CONCLUSION ?

Or précisément celui qui a pris l'initiative de rencontrer le client, celui qui a communiqué à l'entretien un certain rythme, une certaine tonalité, celui qui a exploré le problème qui se pose au client, celui qui a essayé de comprendre sa psychologie, celui qui a proposé et argumenté, celui qui a répondu aux objections, celui-là est tout indiqué pour continuer à mener le jeu jusqu'au bout. C'est donc le vendeur qui va aider le client à se décider : c'est le vendeur qui aide à conclure. Cela fait partie de son domaine de responsabilité.

Est vendeur celui qui est apte à faire prendre des décisions. Les Anglo-Saxons détectent les talents des dirigeants et des vendeurs à leur aptitude à faire prendre des décisions par les autres.

Ils appellent ces personnages des « decision-makers », des faiseurs de décision.

Pour ce qui nous préoccupe ici – la vente – est donc considéré comme bon vendeur celui qui est apte à faire prendre des décisions, ou en d'autres termes celui qui poursuit son action jusqu'au bout, jusqu'au verrouillage de l'accord final.

Mais il y a manière et manière de parvenir à cette fin.

Écartons tout de suite les façons indignes – et d'ailleurs fragiles – d'obtenir un résultat :

• implorer (« Accordez-moi une petite commande ») ;
• menacer ou abuser d'une position momentanément forte. C'est la « vente forcée » dont le client s'ingéniera à se dégager le plus tôt possible.

Seule la volonté d'aboutir provoque des résultats positifs, réguliers et durables.

Examinons cependant cette affirmation.

Il existe une proportion importante de vendeurs qui échouent parce qu'ils renoncent prématurément devant le premier froncement de sourcils de leur client.

Timidité, pudeur, désir de ne pas forcer la main pour ne pas laisser se fermer la porte, sont en général les excuses invoquées par ceux-là. Avez-vous un instant réfléchi à l'effet que peut produire cette renonciation du vendeur face à l'obstacle placé par le client ?

Le client peut estimer :

• soit que le vendeur n'est pas persuadé au plus profond de lui-même des avantages de sa proposition pour le client. Fuir dès la première objection, c'est en somme avouer que l'on manque de foi et d'ardeur, et probablement que le produit ou le service proposés n'ont pas grand intérêt.

• soit que le vendeur manque de compétence : peut-être, en effet, ne connaît-il pas à fond les utilisations possibles et les bénéfices que le client va retirer de l'adoption de l'offre.

• soit que le vendeur n'est pas très psychologue : n'a-t-il pas compris que ces objections signifiaient que le client hésitait à prendre sa décision ? Parce qu'il craignait certaines conséquences imprévisibles. Parce qu'il ignorait encore certaines performances bénéfiques pour lui et pour l'organisation à laquelle il collabore. Parce qu'il attendait que le vendeur le rassure en mettant en pièces ses doutes.

• soit que lui, client, doit être de peu d'intérêt pour ce vendeur puisque celui-ci ne s'acharne pas pour emporter la décision. Le client peut alors penser que ce fournisseur a déjà trop de clients, ce qui explique cette sorte de négligence du vendeur. En conséquence, ce client estimera que de toute façon il aurait été maltraité et qu'il vaut mieux se mettre en quête d'un autre fournisseur. Il sera difficile à ce vendeur, quelques années plus tard, de tenter de revenir si le client entre temps s'est développé.

Il est clair que le vendeur qui bataille pour faire prendre une décision en sa faveur par un client lui dit en quelque sorte : « Observez combien je vous apprécie pour me donner tant de mal pour vous conquérir ».

On pourrait faire un parallèle avec une conquête féminine : l'ardeur, l'empressement d'un homme ne laissent jamais indifférente une femme (même si celle-ci n'est pas décidée à vous accorder ses faveurs). Et parfois, quand une compétition est serrée (aussi bien sur le plan commercial que sur le plan sentimental), la balance penche en faveur de celui qui se montre le plus volontaire et le plus déterminé. Le plus apte à faire prendre des décisions.

LA VOLONTÉ DE CONCLURE

Ainsi donc, si vous vendeur, êtes responsable de l'entraînement du client vers un accord, cela implique que vous ayez le désir intense de conclure.

La force d'un vendeur réside dans sa volonté de conclure. Tout son entretien va être éclairé et stimulé par la préoccupation permanente de construire et d'achever l'édifice. Il doit être prêt à trancher à tout moment.

Bien entendu vouloir conclure, c'est aussi avoir le courage de surmonter les refus et de repartir de l'avant, soit avec d'autres clients, soit plus tard avec ce même client. Le courage doit se doubler de persévérance : c'est peut-être au moment où vous allez rayer un prospect de votre liste de clients à visiter que celui-ci va abandonner son fournisseur habituel pour commencer à collaborer avec vous. Ceci ne veut pas dire que la persévérance doit faire abstraction de clairvoyance : ne la confondons pas avec l'obstination.

BATTRE LE FER QUAND IL EST CHAUD

Quand un vendeur repart sur une promesse plus ou moins précise, une promesse qui n'a pas été verrouillée, il arrive souvent que lors de la visite suivante il apprenne de son client qu'un concurrent a enlevé l'affaire.

Nous pensons qu'on a toujours tort de croire que logiquement un client convaincu doit commander de lui-même sans que le vendeur ait besoin de lui faire prendre sa décision.

Il faut battre le fer quand il est chaud. On ne gagne rien à laisser le client livré à lui-même.

QUAND CONCLURE ?

Qu'on nous permette une anecdote pour répondre à la question sur le moment opportun pour conclure.

Mark Twain raconte l'histoire d'un prédicateur qui monta en chaire un dimanche matin et commença à exhorter ses paroissiens à donner de l'argent pour les missions en Chine.

Il fit un exposé magistral de la question.

Mark Twain fut ému par ce plaidoyer passionné comme il ne l'avait jamais été auparavant. Il résolut de donner 25 dollars.

Le prédicateur continua son plaidoyer mais après quinze minutes de sermon supplémentaire, Mark Twain en arriva à réduire sa contribution à 10 dollars.

Le prédicateur ne conclut toujours pas, continua à parler, et Mark Twain qui commençait à trouver le temps long, décida de diminuer de 5 dollars la contribution qu'il avait fixée un quart d'heure auparavant et de ne donner que 5 dollars.

Le pasteur continua toujours à développer son exposé en faveur des missions en Chine et Mark Twain, gagné de plus en plus par l'ennui, résolut de ne donner qu'un dollar.

Finalement le prédicateur conclut. Il y avait près d'une heure qu'il parlait. Le plateau de la collecte circula. Au lieu de donner 25 dollars comme il l'avait pensé au début, Mark Twain raconte que lorsque le plateau passa devant lui, il y subtilisa un dollar...

Parler trop, au moment où votre client est convaincu, est une erreur. Il est donc important de conclure *aussitôt* que possible.

C'est une question d'esprit d'entreprise et de volonté, c'est aussi une question d'expérience.

En effet, un certain nombre de signes annoncent que le client est prêt à se décider. Soit – c'est le cas le plus facile – il vous donne lui-même son accord. Soit, il vous interroge en détail sur le prix, sur les délais de livraison, sur les garanties dont il bénéficiera, et plus généralement il vous demande des précisions qui permettent de comprendre qu'il a mentalement acheté votre produit ou votre service ou qu'il est acquis à votre idée. Soit encore, les objections qu'il vous fait ne concernent que des détails et vous sentez bien qu'il est d'accord sur l'essentiel.

COMMENT HÂTER LA CONCLUSION ?

Un entretien de vente se distingue d'une conversation mondaine au moins sur deux points : le temps en est limité, un objectif doit être atteint. Pour que le temps consacré à la vente ne soit pas excessif il est bon de stimuler notre interlocuteur, de solliciter son accord en permanence et de verrouiller cet accord chaque fois qu'il l'exprime, pour l'empêcher de le reprendre.

Les enfants sont particulièrement habiles pour tisser leur nasse et nous empêcher d'en sortir. La petite fille à son père :

– « *Dis papa, tu as eu sept ans comme moi ?*

– *Oui.*

– *Et quand tu avais sept ans, tu aimais t'amuser ?*

– *Oui, bien sûr.*

– *Dis quand tu avais sept ans, tu allais au cirque ?*

– *Oui, parfois.*

– *Et ça t'amusait le cirque ?*

– *Oui.*

– *Dis papa, tu veux m'emmener au cirque ? »*

Et le père s'est alors rendu compte que, quelques instants avant, ils venaient de passer devant une affiche de cirque. Il avait dit quatre fois « oui ». Pouvait-il refuser ce spectacle à son enfant ?

La technique que suggère cette anecdote est impeccable. Chaque accord obtenu prévient davantage le risque d'un refus.

Le père était « ferré », comme le poisson dont le pêcheur s'assure la prise en donnant un petit coup sec à sa canne.

L'ENCHAÎNEMENT DES OUI DANS LA VENTE

Une des caractéristiques de la démarche persuasive est de rechercher, tout au long de la négociation, l'accord de l'interlocuteur.

La recherche constante de l'accord, ou si l'on préfère l'enchaînement des « oui » entraîne beaucoup plus sûrement le client vers une conclusion positive.

Dans tout entretien de vente les occasions ne manquent pas de vérifier si nous sommes bien en phase avec l'interlocuteur.

Dès que celui-ci prend, tant soit peu, ses distances, le dissentiment, dès qu'il est perçu, sera exploré par le chargé de négociation pour rétablir l'ajustement des points de vue.

Pendant la découverte, vous prenez des points d'appui. À l'évocation des avantages appréciés par le client vous lui faites souligner son propos. Vous ponctuez par :

– « *C'est important pour vous ? »*,

– « *Oui* ».

Votre client redoute certains inconvénients ou aimerait en être débarrassé (ce que lui promet votre solution). Vous soulignez par :

– « *Ça doit être gênant ? »*, – « *Ça doit bien vous embarrasser... »*

et de nouveau le client vous répond :

– « *Oui* ».

À la fin de la découverte, vous effectuez une synthèse de la découverte pour vérifier la compréhension d'ensemble. Vous reformulez en résumant les principaux aspects exposés par ce client. Vous sollicitez l'approbation de cette synthèse. Vous obtenez un nouvel accord :

– « *Oui* ».

On notera bien entendu que cette quête des « oui » est aussi une invitation faite au client – qui ne manque pas de le faire – d'apporter les précisions et les nuances nécessaires et qui, en même temps qu'elles affinent la compréhension de son raisonnement l'entraînent à adhérer à notre construction progressive de l'accord final.

Lors de l'argumentation, vous vérifiez la portée de vos arguments par une question de contrôle :

– « *C'est bien ce que vous recherchez ?* »

– « *Oui* ».

Démarche identique après une objection : s'il a fallu argumenter, vous vérifiez l'acceptation du nouvel argument énoncé.

Les ballons d'essai sont encore un moyen de poursuivre la recherche de l'ajustement aussi « intime » que possible au contexte, aux contraintes, aux aspirations, à l'atteinte d'objectifs, à la psychologie de l'interlocuteur. Ici encore un « oui, » sera demandé.

Cette recherche constante des accords intermédiaires n'a rien de mécanique comme pourrait le laisser supposer l'expression de l'enchaînement des oui. Il n'est pas non plus question de penser que si l'on a obtenu tant de oui, le climat serait mûr pour conclure.

Il faut comprendre que la sollicitation continue de l'approbation de l'interlocuteur conduisant le chargé de négociation à un ajustement constant à son client a pour effet de faire participer ce dernier au développement de l'entretien et à la construction d'une solution acceptable pour les deux parties.

C'est donc bien une méthode efficace pour hâter la construction, examiner immédiatement les difficultés rencontrées et y apporter une solution, et se rapprocher plus rapidement de l'accord final.

Les « oui » recueillis au cours de la vente préparent bien le « oui » de la conclusion.

VOTRE ATTITUDE AU MOMENT DE LA CONCLUSION

Sûr de vous, ni nerveux, ni agressif – l'agressivité est un signe de faiblesse – vous parlez lentement et calmement. Vous communiquez à votre interlocuteur l'impression que la décision va de soi.

Vous évitez d'être trop pressant pour votre client, sinon il pensera qu'il est votre seul espoir.

Vous évitez également d'être trop détaché, sinon il pensera qu'il a affaire à un dilettante.

Votre attitude est inspirée par un juste équilibre entre l'intérêt que représente pour vous ce résultat et l'intérêt propre du client.

Votre attitude tient également compte de la maturité décisionnelle de votre vis-à-vis.

S'il est homme ou femme à se décider aisément tout seul, vous accompagnez la décision avec doigté.

La décision suggérée sur le mode interrogatif est habile :

– « *Pourquoi ne pas commencer à jeter les bases de notre contrat dès aujourd'hui ?* »,

Si les rapports de force sont équilibrés, le mode affirmatif est suffisamment efficace :

– « *Vous agirez sagement en prenant votre décision sans tarder.* »

Ou encore :

– « *Vous constaterez rapidement que nous avons eu raison d'insister auprès de vous...* »

Quand, enfin, vous vous trouvez en présence d'un interlocuteur un peu pusillanime, ou sur lequel vous disposez d'un certain ascendant, vous pouvez, avec tact et courtoisie, utiliser la forme impérative pour qu'il prenne la décision d'acheter :

- *« Il faut prendre la décision d'acheter avant que votre concurrent ne le fasse. »*

Il ne peut s'agir en aucune façon de donner des ordres à votre interlocuteur. Ce serait de l'arrogance et une réaction de rejet ne tarderait pas.

LES FAUTES À NE PAS COMMETTRE

Nous avons l'impression que certaines formations de vente polluent la pratique de la conclusion. Il semblerait qu'on enseigne des trucs, à moins que ceux-ci ne se transmettent de génération en génération comme des « remèdes de bonne femme » ou des gestes magiques qui ont un effet saisissant.

Un vendeur faisant du porte à porte nous a raconté un jour que pour faire signer le contrat au couple qui le recevait il laissait, comme par maladresse, tomber son stylo. L'homme ou la femme le ramassait et il disait simplement :

- *« C'est ici qu'il faut signer. »*

Nous trouvons ce procédé indigne et nous doutons d'ailleurs de son efficacité. Mais les mots d'ordre (« au feu vert vous foncez », « faites de multiples tentatives de conclusion », « concluez le plus vite possible », etc.) s'ils sont efficaces pour des ventes de peu d'importance, deviennent des directives dangereuses pour vendre à des clients que l'on veut fidéliser ou encore quand l'enjeu est important.

Utiliser la pression du délai, de la fin du stock, de l'augmentation de tarif et même la fameuse alternative (qui sera évoquée plus loin), si de tels procédés sont considérés comme des « trucs » infaillibles, nous paraissent dangereux.

Même baptisés « techniques » ou « méthodes » ces procédés ont pour but de forcer la conclusion contre la volonté librement consentie du client. Ils ont de plus pour effet de disqualifier le vendeur aux yeux de son client et donc de l'entraîner vers une rupture définitive.

LES EXPRESSIONS À ÉVITER

On entend souvent des vendeurs utiliser des expressions que nous avons clouées au pilori : expressions négatives (« *alors, vous n'en voulez pas ?* » – « *réellement, vous ne vous décidez pas ?* » – « *vraiment il ne vous faut rien ?* ») parfois ponctuées d'un « non » et qui entraînent immanquablement la réponse négative du client ; expressions dévalorisantes (« *alors vous me donnez une petite commande ?* ») qui sont le révélateur de l'esprit « pense-petit » du vendeur ; expressions dubitatives ou conditionnelles (« *si vous acceptiez cette proposition* ») qui n'entraînent pas forcément l'interlocuteur vers un accord formel.

Ces expressions dévalorisent le vendeur et le font mépriser de son client...

LE « DRAME » DU BON DE COMMANDE

Certains jeunes vendeurs se demandent quand il faut sortir le bon de commande, comment il faut s'y prendre pour ne pas effrayer le client.

Autant de questions révélatrices de l'appréhension du vendeur au moment où il faut conclure. Ce vendeur a sans doute l'impression qu'il va « mettre à mort » le client, porter l'estocade à tout le moins.

Outre qu'il ne faut pas confondre vente et corrida, nous voyons encore ici une appréciation insuffisante de l'état de la réflexion du client, d'une méconnaissance du besoin, de la psychologie du client, des solutions qu'il envisage, de celles qu'il écarte et pourquoi.

En réalité, sortir un bon de commande est un geste anodin. Si vous avez de l'appréhension à ce moment-là, placez le bon de commande à portée de main dans votre carnet de notes, de façon que son apparition se fasse naturellement. Accompagnez l'invitation au client à prendre sa décision de phrases douces :

- « *Si on faisait un premier essai ?* »
- « *Voulez-vous que je vous conseille pour le choix ?* ».

VENDEZ AUSSI VOS CONTRAINTES

Légitimement votre entreprise vous demande de respecter et de faire respecter par vos clients quelques règles de bonne gestion : délai de livraison, formalités d'ouverture de compte pour un nouveau client, délai de règlement.

Encore faut-il vous montrer adroit et pédagogue pour faire accepter ce que vous percevez parfois comme des contraintes, en raison des grognements d'insatisfaction de vos clients.

Ouverture de compte

L'intérêt de votre entreprise, et le vôtre si la partie variable de votre rémunération n'est versée que « pour les ventes menées à bonne fin »[1] est d'avoir des clients en bonne santé financière. Vous allez donc exiger d'eux quelques formalités avant de leur ouvrir un compte. Vos clients sains, eux-mêmes exposés aux risques d'impayés – le mal se répand – comprendront ces formalités. Les clients douteux protesteront. Laissez-les protester.

---

1. René Moulinier, *Manager les vendeurs*, chapitre 7, *op. cit.*

Délai de paiement demandé par le client

Vous devez connaître à fond le dossier de la relation financière de chacun de vos clients avec votre entreprise. Normalement la consultation de votre base de données clients vous renseigne à ce sujet. Vous vous rappelez d'autre part (voir chapitres 20 et 21) que tout report d'échéance a un coût et qu'il ne saurait être accepté sans contrepartie.

Délai de livraison

Vous ne pouvez accepter n'importe quel délai de livraison sous prétexte que le client le demande et que votre entreprise développe une politique de service. Savoir vendre le délai c'est affirmer l'existence de la chaîne de qualité, au bénéfice du client, dont le vendeur est le premier maillon. En tout cas, demandez à votre client d'exposer les raisons qui lui font demander un délai exceptionnel.

ABANDONNER UN FOURNISSEUR

Une des grandes difficultés pour un nouveau client est de se décider à dire à son fournisseur actuel qu'il va l'abandonner.

Même si vos produits ou services sont supérieurs, votre client se sent mal à l'aise à l'idée d'annoncer sa décision à votre concurrent. Dès que vous comprenez qu'il hésite, engagez la conversation sur cet aspect. Pesez avec lui les justifications qu'il devra invoquer. Proposez-lui aussi un essai qui lui permettra de continuer quelque temps avec son ancien fournisseur (« Un oubli progressif est plus facile à accepter »). Il comparera et choisira le meilleur.

LES INCIDENTS DE LA CONCLUSION

Parfois l'interlocuteur ne vous laisse pas l'initiative de la conclusion. Il peut brusquer l'entretien et rompre :

– *« Je ne dispose pas d'un temps suffisant ; laissez-moi votre carte, je reprendrai contact avec vous. »*

Il peut faire monter l'enchère :

– *« Votre proposition est insuffisante. Il faut revoir le prix. Revenez me voir quand vous aurez une proposition avantageuse à me faire... »*

Nous nous trouvons là en présence d'objections recensées (manque de temps, prix trop élevé) dont le traitement a été évoqué dans le chapitre 19.

L'interlocuteur peut tout simplement invoquer un prétexte pour se dérober.

La variété des prétextes invoqués est étonnante.

L'un d'entre eux nous a pris au dépourvu il y a quelques années : il émane de ce type d'homme que nous appelons « l'éternel prometteur ». Il est d'accord avec vous sur toute la ligne, il promet tout ce que vous voulez – mais prend bien garde de ne pas le confirmer par écrit – il s'engage sur les dates, le tout dans un climat d'enthousiasme et de gaieté. Et le moment venu rien ne se passe ; le bonhomme s'est joué de vous et s'est dérobé sans donner prise.

C'est en pensant à ce jovial et éternel prometteur que nous avons amélioré la pratique des techniques de conclusion indiquées ci-dessous, en les assortissant de cette réflexion que le temps travaille souvent contre le vendeur et qu'il n'est jamais bon de remettre à demain ce qui peut être réglé le jour même.

LES MÉTHODES DE CONCLUSION

Les différentes méthodes de conclusion que nous allons passer en revue vous permettront de vous adapter à la fois à l'interlocuteur et à la façon dont vous ressentez le déroulement de l'entretien.

L'engagement direct

Le vendeur indique simplement que l'accord peut être pris maintenant. Cette manière de proposer au client de se décider implique que l'on ait suffisamment évalué ce qu'il peut accepter et que l'on estime qu'il est prêt à l'accepter.

On améliore l'efficacité de l'engagement direct en vérifiant que le client n'a pas d'autres questions à poser, qu'il dispose de tous les éléments nécessaires pour prendre sa décision, qu'il en a bien la responsabilité entière et unique et que rien ne justifie un délai de réflexion.

Ayant ainsi invité le client à se prononcer, le commercial attend silencieusement sa réponse.

L'alternative

En présentant une alternative, c'est-à-dire le choix entre plusieurs solutions, qui ne sont pas toutes aussi avantageuses pour le fournisseur mais qui sont néanmoins toutes positives, le vendeur « enferme » son client dans un choix entre deux ou trois « oui ».

L'alternative porte sur deux produits comparables, sur deux ou trois quantités, sur des agencements différents d'un assortiment, etc.

    – « *Ou bien celle-ci... ou bien celle-là... ou encore...* »

Chacun des termes de l'alternative est justifié par une légère argumentation en prenant bien garde à ce qu'aucune ne dévalorise et n'écarte définitivement l'autre ou les autres solutions. Tous les choix doivent être perçus favorablement par le client.

L'alternative peut également porter sur des aspects secondaires d'une proposition directe. En quelque sorte, on déporte l'attention du client, de l'aspect principal de la proposition vers des aspects secondaires.

C'est la fameuse pratique des garçons de café :

- « *Votre café, vous le préférez normal ou décaféiné ?* » (il ne vous est pas demandé si vous voulez du café).

On comprend qu'à travers l'alternative on essaie de limiter le libre choix du client.

Il ne s'agit pas de lui proposer :

- « *Combien en voulez-vous ?* »

ce qui lui permettrait de s'échapper, mais de concentrer sa faculté de choisir entre les seules propositions que vous lui avez faites.

Le procédé de l'alternative est aujourd'hui largement pratiqué par les vendeurs et repéré par les acheteurs : il s'agit donc pour les premiers de pratiquer cette technique avec discernement.

L'anticipation de l'accord

Le vendeur décrit le résultat obtenu grâce à l'achat comme si celui-ci avait été effectué. Dans ce cas on abondera autant que faire se peut en détails bénéfiques significatifs.

Ce procédé qui convient bien pour les enjeux mineurs est favorisé par l'usage systématique du temps présent. En agissant ainsi vous anticipez la possession du bien ou l'usage du service.

Au lieu de :

- « *Avec ceci vous obtiendrez* », où la possession est future, donc aléatoire, vous substituez dans l'esprit de l'interlocuteur une certitude en lui disant :

- « *Avec ceci vous bénéficiez de telle remise, vous obtenez tel résultat...* »

Le client a l'impression que l'argent est déjà épargné, que le résultat promis est déjà constaté.

L'anticipation de l'accord peut également consister à familiariser le client avec le mode d'emploi, les formalités à accomplir, les modalités de l'acquisition. Le vendeur explique préalablement ce qui logiquement est exposé après la vente.

Le client lui-même peut aussi anticiper l'accord en demandant des précisions qui montrent qu'il est déjà installé dans ce que vous lui vendez.

Il s'agit bien sûr d'un signal d'achat, mais également, selon une des expressions favorites d'un journal satirique, de « paroles verbales » qui n'engagent que celui qui les a entendues. Il est indispensable de concrétiser l'accord, par exemple en faisant signer une « lettre d'intention » qui, même si elle ne crée pas l'obligation d'acheter, a malgré tout valeur de promesse écrite.

Le jeu des conjugaisons

Poursuivons sur l'emploi des verbes. Ici, on commencera par le conditionnel (« *si vous...* »), donc par une évocation qui n'engage pas l'interlocuteur. On poursuit par le futur (« *quand vous aurez...* ») qui psychologiquement installe le client dans les résultats à venir d'un accord qu'il n'a pas donné. Alors on passe au présent de l'indicatif (« *je vous propose donc...* ») pour achever sur le passé, comme si l'accord pris était déjà accepté comme une chose acquise.

Le bilan

Les ventes ne sont pas toutes faciles, tant s'en faut. Certains interlocuteurs sont coriaces, ou simplement votre proposition rencontre de légitimes résistances. Plutôt que de nier les réticences de l'interlocuteur, il est préférable de les intégrer en dressant une sorte de bilan de l'entretien, dans lequel les inconvénients – édulcorés si possible – seront contrebalancés par les avantages de la proposition. (Ce procédé rappelle la compensation utilisée pour traiter certaines objections).

Il s'agit bien entendu de faire apparaître que les avantages l'emportent sur les inconvénients.

Par exemple :

– « *J'ai prêté attention aux réserves que vous faites : vous regrettez ceci..., cela... Cependant j'attire votre attention sur les avantages importants que vous retirerez de notre proposition : vous appréciez tel aspect, tel autre... Ne pensez-vous pas que vos réserves sont finalement minimes par rapport aux profits matériels et moraux que vous apporte cette proposition ? Qu'en pensez-vous ?... Prenons-nous notre décision maintenant ?* »

L'acceptation limitée

Ici nous pensons aux essais, aux accords conditionnels ou limités dans le temps, mais aussi à la mise en évidence de la garantie qui limite les risques pour le client.

La pression du temps

Sont invoqués le risque de pertes dû à un retard pris pour donner l'accord, la contrainte du calendrier (« *faisons un compte à rebours : pour un début de production à telle date, il faut que le matériel commandé vous parvienne au plus tard, tel jour ; compte tenu de nos délais de fabrication, il faut pratiquement prendre votre décision maintenant* »).

L'avance prise sur les concurrents, grâce au matériel ou au produit commandé, inscrit aussi la compétition dans le temps.

L'ultime concession

Bien que nous nous replacions dans le domaine du marchandage, l'ultime concession annoncée en échange d'un accord immédiat, ferme et définitif fait aussi partie des méthodes de conclusion.

La réunion des décideurs

En cas de pluralité de décideurs, de réseau de prise de décision, l'idéal est de réunir ensemble toutes les parties prenantes à l'accord. Dans ce cas, si le décideur prépondérant n'est pas encore repéré, le vendeur en proposant une méthode de travail observera vers qui les participants tournent leur regard avant de se prononcer sur la méthode proposée : on peut émettre l'hypothèse que celui-là est un personnage de référence pour les autres et probablement le décideur ultime[1].

ET SI L'ENTRETIEN A ÉTÉ PLUTÔT NÉGATIF

Nous avons déjà observé que l'accord sans réserve et le refus absolu sont rares. On a la plupart du temps envie d'exprimer un non relatif ou un oui partiel. Si donc l'entretien nous semble particulièrement mauvais pour la cause que nous défendons, plutôt que de se quitter sur un constat d'échec, nous allons garder la porte ouverte en procédant de manière analytique.

Pour ce faire, nous allons dresser, verbalement, une sorte de *protocole final* qui se présentera selon le même schéma que celui utilisé dans la technique du « bilan ».

Le meneur de jeu constate premièrement, les points de désaccord. Placer en premier ce rappel des réticences de l'interlocuteur a pour but d'éviter tout renforcement de l'envie de fermer définitivement la porte que peut avoir notre interlocuteur. En apparence, nous abondons dans son sens.

Deuxièmement, nous dressons l'inventaire des points d'accord. On en trouvera toujours, même dans l'entretien le plus négatif. Puis nous faisons réfléchir notre client sur ce qu'il faudrait faire pour transformer les points de désaccord en points d'accord (en nous

---

1. René Moulinier, *Vendre aux grands comptes*, *op. cit.*

appuyant sur cette observation qu'un « non » contient une dose suffisante de « oui » pour virer au « peut-être »...).

Quatrièmement, le vendeur et son client, toujours sur la suggestion du vendeur, réfléchissent aux actions à entreprendre et décident des délais de réalisation (« qui doit faire quoi et quand ? »).

Il s'agit en effet – c'est l'objectif essentiel du protocole final – de se forger des prétextes pour revenir. Il s'agit d'essayer de créer les conditions d'une évolution de la situation, soit en prenant nous-mêmes l'initiative de présenter une nouvelle proposition, soit en tablant sur l'intervention possible (évaluée) d'un événement chez l'interlocuteur qui l'entraînera à modifier son point de vue.

Si ce protocole final n'est pas d'une efficacité absolue, c'est encore le meilleur moyen pour ne pas rompre la négociation.

PRENDRE CONGÉ

L'accord est pris ou une étape de la négociation a été effectuée. Ne vous éternisez pas. D'autres négociations vous attendent. Dans l'euphorie de la fin de l'entretien, si celui-ci a pris un tour positif, ne vous livrez que le moins possible à des considérations générales et autres digressions. Vous risquerez d'autant moins de commettre un fâcheux impair.

Un client est rarement un ami (et s'il devient votre ami, vous risquez de le perdre comme client, selon nos propres expériences). Votre client vous apprécie comme professionnel, restez professionnel jusqu'au bout. En sachant partir rapidement.

Ne vous perdez pas en remerciements en cas d'accord ou de commande : chacun, acheteur et vendeur a fait son métier. Tout au plus remerciez votre hôte de l'accueil qu'il vous a réservé, si la relation a été particulièrement agréable ou cordiale.

Il ne s'agit nullement de prescrire un comportement utilitaire et sans chaleur, mais plutôt d'adopter un style de départ sobre et souriant.

Verrouiller la conclusion

Nous revenons sur un aspect du quatrième volet du protocole final : celui qui consiste à définir :

- ce qu'on doit faire ;
- qui en prend la responsabilité ;
- quand on doit le faire.

Définir ces trois points, revient à prévenir la dilution des résultats de l'entretien dans les sables de l'oubli et de l'inefficacité.

Nous avons tous entendu ces relations de rencontre vous dire :

– « Alors, on se téléphone et on prend un pot. » L'usage veut que l'on ne commette pas l'impair de sortir son calepin pour provoquer effectivement une nouvelle rencontre. En effet cette expression signifie très clairement : – « Surtout qu'aucun de nous deux n'en fasse rien. »

Vouloir obtenir un résultat de son entretien va consister à prendre le contre-pied du jeu social relaté ci-dessus.

Un accord final se prend en sortant son calepin et en notant ostensiblement les actions, les responsables et les dates sur un calendrier.

Réflexion sur l'utilisation du calendrier

Au sujet des dates, un petit conseil. Il est bon de paraître occupé.

L'inaction vraie ou supposée à travers un emploi du temps laissant beaucoup de disponibilité rend suspect d'insuccès. Or le succès va au succès. Même si vous disposez de beaucoup de temps, faites comme si vous étiez occupé, sinon votre interlocuteur penserait qu'il est seul à vous faire vivre et serait tenté de faire pression sur vous.

Vous pouvez au contraire être tellement occupé que votre abondance de contacts vous rend suspect de dispersion. À cet excès d'emploi du temps correspond chez votre interlocuteur l'impression que vous ne pouvez pas sérieusement penser à lui. Votre client ne sera donc pas forcément admiratif de votre emploi du temps.

Craignez plutôt qu'il ne songe à consulter votre concurrent.

En somme, votre interlocuteur vous attend « occupé mais disponible ».

LA LETTRE D'APRÈS-VISITE

Quand on est reçu par des amis ou des parents dans leur propriété, il est d'usage dans la bonne société d'adresser une « lettre de château » en remerciement de l'accueil et des attentions qui ont rendu si agréable le séjour.

La lettre d'après-visite pourrait s'apparenter à la lettre de château. Cependant le simple remerciement adressé au client ou au prospect en raison de la qualité de son accueil (et même si l'accueil a été plutôt indifférent) ne nous paraît pas suffisant.

Cette lettre doit participer activement à la démarche de vente. Aussi plutôt que de se contenter d'une formule universelle (« Nous vous remercions de l'accueil que vous avez réservé à notre collaborateur » ou « Je vous remercie de l'aimable accueil que vous m'avez réservé »), nous recommandons de personnaliser la lettre d'après-visite et de prendre en compte les promesses et les engagements du client.

Ainsi, nous prenons au mot ce que nous dit notre interlocuteur (alors que peut-être a-t-il prononcé de vagues promesses sans avoir l'intention de s'engager), nous prenons ses propos pour argent comptant. En agissant ainsi nous avons évidemment l'intention de faire aboutir la négociation amorcée en notre faveur, nous prenons date, nous précisons les termes de l'échange afin qu'il n'y ait pas de malentendu.

Rien n'est plus fallacieux dans la vente que de rester dans le flou, dans l'indécis, dans l'illusion d'un vague accord. Il faut que notre interlocuteur se prononce, quitte à ce qu'il refuse (mais alors nous savons à quoi nous en tenir et nous avons encore la ressource d'explorer les raisons du refus comme on traite les objections).

Une lettre d'après-visite comporte quatre parties :

- le remerciement pour l'accueil courtois dont on a bénéficié ;
- le rappel des points traités et des principaux arguments émis ;
- la prise en compte de l'attitude, des promesses, voire des engagements pris par l'interlocuteur ;
- l'annonce de la rencontre suivante, prochaine étape de la négociation.

Nous insistons auprès de notre lecteur pour souligner une nouvelle fois que ces méthodes ne sont pas des procédés magiques qui créeraient le « miracle » d'une décision favorable alors qu'elle paraît inatteignable.

Les méthodes présentées sont l'achèvement d'un entretien de vente correctement conduit, au cours duquel le client se sera montré coopératif et intéressé par la démarche et la personnalité du vendeur.

23 La visite d'entretien de la relation commerciale

Périodiquement, même sans perspective de vente immédiate, chaque vendeur effectue des visites qui, même qualifiées de « visites de courtoisie », participent directement à la démarche de vente.

Pourquoi visite-t-on un client acquis ? Les raisons sont multiples :

- conseiller le client sur l'emploi du matériel ou des produits techniques qu'il a achetés ;
- vérifier sa satisfaction, recevoir ses observations ;
- détecter de nouveaux besoins et vendre des produits nouveaux ou anciens qu'il n'a pas encore achetés ;
- s'assurer que la concurrence n'est pas en train de le séduire ou, si elle est déjà présente, qu'elle n'est pas en cours de conquête d'une partie du potentiel d'achat du client ;
- entretenir une relation cordiale pour que le client continue à penser au fournisseur ;
- etc.

Et si l'on n'a rien à dire ? Nous rappellerons que la vente consiste moins à parler qu'à écouter. De plus, n'a-t-on vraiment rien à se dire ? N'y a-t-il pas chez le client et chez le fournisseur des évolutions dont on peut s'entretenir ?

Quelques conseils pour mener à bien le déroulement de la visite d'entretien

Préparation de la visite

Le vendeur doit être totalement au courant de la moindre relation entre le client et l'un des services de l'entreprise. Il fera le tour des services (« Où en sommes-nous avec ce client ? ») et consultera les dossiers, les comptes rendus, les échanges de correspondance.

Prise de rendez-vous par téléphone

On en profitera pour proposer un ordre du jour afin que le client se prépare lui aussi.

Découverte

L'objectif, non déclaré, est de détecter des besoins nouveaux ou une extension des besoins actuels pour enclencher la vente.

La découverte comportera trois axes :

- Actualisation de la découverte : « Quelles sont les évolutions ou ce qui est nouveau depuis ma dernière visite ? ». Seront passés en revue l'usine, les matériels, les activités, le personnel, les produits, le chiffre d'affaires, les marges, les incidents, etc. selon la liste-guide de découverte (dont nous donnons des exemples au Chapitre 11).
- Complément de la découverte : « Nous n'avons jamais parlé de… ».
- Présentation des nouveautés du fournisseur, dans la mesure où elles intéressent le client : « Êtes-vous au courant de notre propre évolution ? ». Tester l'intérêt porté à ces nouveautés.

Dans la mesure où un besoin aura été détecté, le vendeur enchaînera classiquement la proposition, l'argumentation, le traitement des objections et la conclusion.

Prise de congé

Quelle que soit l'issue de cet entretien, la visite ultérieure, même éloignée de plusieurs mois, sera annoncée pour montrer le suivi et l'intérêt porté au client.

Quand on évoque la question de la courtoisie dans les relations d'affaires, quelques bons esprits ricanent parce qu'ils limitent le domaine du savoir-vivre à quelques comportements hypocrites ou à quelques gestes ridicules.

On sait que le véritable contenu de la courtoisie est d'abord et essentiellement fondé sur le respect d'autrui, quel qu'il soit, quels que soient son sexe, son rang, sa fortune, son métier, son rôle, et d'abord, pour ce qui nous occupe, quelle que soit sa fonction chez le client ou le prospect[1].

Un précepte chinois dit que « Celui qui ne sait pas sourire ne doit pas tenir boutique ». Nous prolongerons ce précepte en ajoutant que celui qui n'est pas capable d'avoir en permanence une attitude courtoise envers les autres est mal préparé aux métiers de la vente.

Faut-il rappeler que les clients sont les personnages les plus importants de votre entreprise car ils ont, par leurs achats ou par leur refus d'acheter, droit de vie et de mort sur votre entreprise.

Permettez-nous de vous rappeler quelques prescriptions concernant les relations courtoises avec vos clients et vos prospects :

• ayez le souci de la qualité, c'est-à-dire un professionnalisme irréprochable à tous les stades directs et indirects du déroulement de la prestation ou de la fourniture. Il ne s'agit pas seulement d'observer les prescriptions de la norme de qualité ISO, mais surtout de respecter ceux qui apportent leur chiffre d'affaires à votre entreprise ;

• répondez rapidement (c'est un principe élémentaire de réactivité commerciale) à toute demande de devis ou de prestation ;

---

1. René Moulinier, *Guide du savoir-vivre dans les affaires*, Chinon éditeur.

- interdisez-vous de critiquer les fournisseurs concurrents ;
- remerciez le client ou le prospect qui vous a consulté ;
- en cas de refus de votre offre, restez aimable courtois et souriant malgré votre déception ;
- tenez vos promesses. Une promesse est une bombe à retardement, ne pas la tenir s'apparente à l'explosion d'une bombe : cela crée des brèches dans la qualité de la relation ;
- en cas de retard dans le calendrier de réalisation, prévenez immédiatement les différents interlocuteurs et examinez avec eux les conséquences dommageables ou non de ce retard ;
- en cas de réclamation, adoptez une attitude d'enquêteur neutre pour situer le plus précisément possible l'origine du dysfonctionnement. Ne niez pas *a priori* la responsabilité de votre entreprise. Ne l'admettez pas non plus avant de savoir ;
- quand un client est en colère en raison d'un incident survenu dans votre relation, restez stoïquement courtois et détendu, quand bien même votre interlocuteur se montrerait grossier ;
- interdisez-vous (mais cela se pratique-t-il chez vous ?) toute tentative de compromission de l'acheteur (voyage offert, cadeau de grande importance, enveloppe, etc.) qui constituerait une pratique déloyale faussant la concurrence.

Au cœur de la réussite

Nous voici parvenus au terme de cette exploration attentive des très nombreux facteurs qui concourent à la réalisation d'une vente. Vous avez compris que la vente est un véritable métier, riche de composantes aussi bien rationnelles que psychologiques, les unes et les autres étant d'ailleurs indissociables.

Et si nous devions relever ce qui est au centre de toute vente, nous insisterions de nouveau sur l'indispensable connaissance préalable des besoins, des raisonnements et de la psychologie du client.

Seul le client sait – confusément ou clairement – ce qu'il attend qu'on lui dise du produit, du service ou de l'idée qu'on a l'intention de lui vendre. L'exploration de son point de vue, la découverte, est donc au cœur de la réussite de la négociation.

Chaque vente est un événement unique, dont l'issue n'est jamais acquise d'avance, et où le vendeur, pour peu qu'il ait assimilé et mis en œuvre ce que nous avons expliqué dans ces pages, détient un réel pouvoir pour orienter le choix du client en sa faveur.

Postface
La vente aura-t-elle un jour droit de cité dans notre pays ?

> *«... C'est un trait général du Français.*
> *Politiquement par exemple, il n'est pas doué*
> *pour la négociation, mais pour la confrontation,*
> *pour la rupture. »*
> Paul RICŒUR

C'est devenu une banalité de rappeler combien, dans notre vieux pays toujours imprégné d'une culture agricole et étatique, le vendeur est encore considéré comme un être inférieur. Et ici et là, avec une belle régularité, on parle et on écrit sur la nécessaire revalorisation de la fonction commerciale.

LES TECHNIQUES DE LA VENTE

Les mésaventures de la première édition des *Techniques de la vente* illustrent combien a priori celui qui fait profession de vendre est déclassé par rapport aux « élites ».

Le livre avait été commandé par un éditeur qui, conscient de ses difficultés financières renonça finalement à la publication de l'ouvrage. Et nous voilà obligé, notre manuscrit sous le bras, de faire le tour des éditeurs techniques. Leurs réponses étaient identiques et péremptoires :

– « Un livre sur la vente ? Vous n'y pensez pas... les vendeurs ne lisent pas ! »

Il se trouva cependant un éditeur perspicace, en la personne du directeur éditorial des Éditions d'Organisation pour miser sur le livre. Bien lui en a pris. La première édition de 2 000 exemplaires fut épuisée en trois mois et le livre figura trois mois consécutifs au palmarès des libraires de l'*Expansion* des meilleures ventes de livres de gestion.

Le choix du titre provoqua un débat. Finalement l'éditrice considérant qu'elle avait en mains un classique de la vente, nous recommanda d'accepter un titre qui situerait l'ouvrage bien au cœur de son marché.

En 1979, *Les Techniques de la Vente* étaient le premier ouvrage français moderne sur la vente. D'autres auteurs allaient le concurrencer. Ce qui ne manqua pas d'arriver et qui n'a pas nui à un succès régulier. Les autres auteurs durent se positionner par rapport à notre ouvrage.

Vingt ans après la première édition nous assistons à une floraison d'ouvrages sur la vente, y compris de professeurs. Allons, la revalorisation de la fonction commerciale est en marche, grâce aux multiples filières des IUT de techniques de Commercialisation, des BTS d'action Commerciale, des Instituts des Forces de Vente (IFV) et d'autres écoles de commerce. On sait cependant que les Écoles Supérieures de Commerce ont renoncé à l'enseignement de la vente, elles éliminent de plus en plus le mot commerce au profit du mot management quand elles ne changent pas carrément d'appellation : sans doute, aux yeux de leurs directions, la vente ne concerne-t-elle pas les élites ?

Ces ouvrages rédigés par des enseignants fleurent bon l'esprit de la thèse. À défaut d'expérience de première main, on fait de la compilation à partir des ouvrages des praticiens. Ces derniers, dont nous faisons partie, sont plutôt flattés que leurs expérimentations et les enseignements qu'ils en retirent accèdent à cette sorte de consécration.

L'ÉCOLE LATINE DE LA PERSUASION

Or justement, il est temps de s'apercevoir et d'affirmer que nous sommes au cœur d'une école de réflexion sur la vente que nous qualifierons de latine – elle s'inspire d'ailleurs aussi de certains modèles de la Grèce antique – et fondée sur la démarche persuasive plutôt que sur la recherche brutale de la conviction de l'autre.

Persuasion, conviction. Nos dictionnaires contemporains, y compris le prestigieux *Littré*, confondent les deux démarches. Nous rappelons à la suite de Joseph Joubert qu'« on peut convaincre les autres par ses propres raisons, mais on ne les persuade que par les leurs ». En d'autres termes le processus de conviction peut être assimilé à une pression du vendeur pour faire accepter son raisonnement par le client, tandis que le processus de persuasion se préoccupe d'abord du point de vue du client pour y adapter la présentation du produit et son argumentation.

La persuasion respecte davantage l'individu. On lui reprochera peut-être d'être plus insinuante. Elle est en tout cas une démarche subtile et fine. La démarche persuasive est-elle efficace ? Par quelles preuves soutenez-vous cette thèse ? nous demandera-t-on.

Considérera-t-on comme probantes des collaborations personnelles de cinq à dix années avec des entreprises, souvent de premier plan, qui nous ont confié la formation de la totalité de leur force de vente ? Il ne semble pas qu'il se soit agi de mécènes, mais plutôt d'entreprises ambitieuses qui attendent des résultats. La durée de la collaboration, la progression des chiffres d'affaires – parfois sur des marchés en régression – semblent des éléments probants. D'autre part, sans nous placer à la remorque des travaux américains, souvent fort intéressants il est vrai, nous nous sommes aperçu que certains auteurs américains (Miller et Heiman notamment) découvraient avec émerveillement la finesse et l'efficacité de la vente persuasive. Et l'annoncent, ainsi qu'ils savent le faire, comme la dernière invention qui rend obsolètes toutes les méthodes de vente antérieures. L'Amérique redécouvre l'Europe en quelque sorte !

Les indices de l'efficacité de la démarche persuasive sont donc nombreux.

POURQUOI CET INTÉRÊT PORTÉ À LA VENTE ?

Une question nous est régulièrement posée : – « En fonction de votre formation initiale qui vous promettait à des disciplines d'essence plus élevée, pourquoi vous êtes-vous autant intéressé et avez-vous consacré autant de travaux aux méthodes de vente et au management des commerciaux ? » (Encore ce regard condescendant sur le secteur de la vente).

Notre réponse tient à l'observation du monde de l'entreprise. Les matériels et logiciels de communication électronique s'ils assistent l'efficacité de leurs utilisateurs, ont aussi pour particularité d'enfermer les collaborateurs de l'entreprise dans une cellule à partir de laquelle ils communiquent plus intensément avec l'extérieur et l'intérieur et en même temps au sein de laquelle ils se trouvent de plus en plus isolés du contact physique avec les autres, l'écran et le clavier devenant l'interlocuteur habituel. Le projet de télétravail où l'individu exercera son activité professionnelle sans quitter son domicile accentuera l'isolement des individus. Bien sûr nous n'en sommes pas encore là, mais le risque est latent qui ferait perdre à l'entreprise sa fonction de centre de convivialité.

Parallèlement à cette tendance à l'atomisation des postes de travail, on assiste à la montée du travail en équipe, souvent pluridisciplinaire, à l'intérieur de l'entreprise mais également interentreprises dans le cadre de coopérations industrielles, nationales et internationales.

Ainsi, apprendre à vendre, développer ses qualités et ses talents de négociateur, dont le présent ouvrage transmet le savoir-faire, est un des préludes à l'accession aux responsabilités d'encadrement.

DIMENSION CULTURELLE DE LA VENTE

Cette dimension de l'art de la négociation ne semble pas perçue de l'ensemble de la population. Ce qui est excusable de la majorité ne l'est plus de la part des dirigeants des plus grandes écoles de Commerce.

L'un d'entre eux ne déclarait-il pas publiquement, tandis que les entreprises se débattaient au plus fort de la grande crise économique, pendant que leurs responsables « pilotaient à vue » et que la vente devenait la priorité absolue, que « la vente et le commercial n'avaient plus leur place au sein de son école ».

Vue stéréotypée de la question ? Aveuglement ? Stratégie pédagogique décidée au mépris des réalités ? Nous sommes en présence d'un mystère insondable.

Passons sur ce qui n'est qu'une péripétie sans grande importance pour aborder une autre réflexion sur la vente. S'intéresser à la vente, cultiver l'art de la négociation recèle des richesses extrêmement stimulantes pour l'esprit de celui qui s'y consacre. Nous nous demandons même si les disciplines voisines du marketing (dont la vente et la force de vente sont des composantes) ont autant d'attraits.

Qu'il s'agisse de la psychologie de la relation, de la connaissance des individus et de leur évolution, de l'étude des comportements, de la théorie de la communication, de la sémantique, des facteurs qui influencent une prise de décision, de la connaissance pratique du tissu économique et industriel du territoire de vente, des particularités des systèmes d'organisation et de production de chaque client, des applications des produits ou équipements ou services vendus, et nous sommes loin d'avoir épuisé le sujet, il y a de quoi occuper l'esprit le plus curieux pendant une vie entière[1].

---

1. La simple consultation de nos ouvrages *Manager les vendeurs* et *Le livre du chef des ventes* montre l'étendue et la variété du champ d'investigation du management des commerciaux. Dans ce domaine-là, l'ennui ne risque guère de vous gagner.

On est loin ici d'une apparence de la vente qui est encore la pratique des maladroits qui se limitent à une vague relation avec leur client ou qui se contentent de présenter un produit et de déblatérer à son sujet.

La vente est une activité de professionnel avec cette particularité que toute personne de bonne volonté peut l'apprendre et, en s'exerçant, en acquérir une bonne maîtrise et être couronné par le succès.

Index

L'auteur témoigne sa reconnaissance envers les quelques centaines de sociétés qui, par la confiance qu'elles lui ont manifestée en lui demandant une intervention auprès de leur force de vente, lui ont permis de perfectionner cet ouvrage.

Si ce livre a suscité de votre part des remarques, des suggestions ou des critiques, ou si vous souhaitez entrer en relation avec l'auteur pour concevoir et animer une formation à la vente et à la négociation, vous pouvez le joindre par e.mail : rene.moulinier@wanadoo.fr

Lightning Source UK Ltd.
Milton Keynes UK
UKHW020758110222
398547UK00009B/442